学ぶ人は、変えてゆく人だ。

く、

挑み続けるために、　　ぶ。

「学び」で、

少しずつ世界は変えてゆける。

いつでも、どこでも、誰でも、

学ぶことができる世の中へ。

旺文社

大学入学

共通テスト

現代文
集中講義

改訂版

駿台予備学校講師

鈴木里美 著

旺文社

はじめに

はじめまして。大学受験の予備校で現代文を教えている鈴木里美です。

この本を手に取ってくれたあなたは、「現代文」という科目にどんなイメージを抱いていますか？「現代文は、日本語なのに解けない」「毎回フィーリングで『なんとなく』解いていて、解ける時と解けない時がある」「同じ文章が出るわけじゃないから、勉強しても意味がない」……こういう意見をたくさん聞きます。実は私が受験生だった時も、同じようなことを思っていました。「現代文なんて、運ゲーでしょ」って。運が良ければ点が取れるし、運が悪ければ点が取れない……他にもやらなきゃいけないことはたくさんあるし、だったら勉強の仕方が分かりやすい科目に時間を割こう、そう思って「現代文」に向き合うことを避けてきた受験生は、たくさんいると思います。

でも、受験における「現代文」という科目の試験は、実はすごく単純なルールのもとで行われているゲームなんです。

そもそも、大学入試というのは、あなたに何を求めているのでしょうか？　努力？　根性？　いえいえ、そんな形の見えない、測定もできない力が求められても、どうやって発揮したらいいのか逆に困る。大学があなたに求めているのは、「入学した後にその大学で学ぶために前提となる学力」です。「うちの大学で学びたいなら、このくらいのことは知っておいてくださいね、そうじゃないとうちの大学で学ばせることはできませんよ」という意図で、受験生の学力を確認すること、これが大学入試という選抜の目的です。

「現代文」という科目について考えてみましょう。「うちの大学で学びたいなら、このくらいの日本語の文章は読めてくださいね」。この「書かれた文章を読む力」を問うことが、大学入試における「現代文」という科目の役割です。日本の大学に入ったら、日本語で書かれた論文を読む必要があります。過去の研究を正しく理解して、そこから新しい学びが始まる。その時に、「書いてあることを書いてある通りに読める力」がないと、困ってしまう。過去の研究の理解ができないと、大学での学びのスタート地点に立てない。そういうことのないよう、入試の段階で学力を確認するのです。（もちろん、専門的な知識については、入学後に新しく学んでいくことになるので、その知識がないから過去の研究の理解ができない、というのは当たり前です。ここで指摘しているのは、「文章を読む力」についてです。）

では「書いてあることを書いてある通りに読める力」は、どのように確認できるでしょうか？特定の文章を読んでもらって、その後にその内容について、理解を確認する質問をすればいいのです。「これについては文章中でなんて書いてありましたか？」「このことの理由は文章中でどのように述べられていますか？」のように、問えばいい。「書いてある通りに読める」人は、問われたことに対して文章の中から答えを探し、それを答えることができる。

つまり、入試現代文の基本ルールはただ一つ。

文章を読んで、設問を確認して、「設問で聞かれていることの答えを、本文から見つける」こと！

これが、入試現代文の問題に必ずある「次の文章を読んで、後の問いに答えよ」という指示に対する有効な戦略につながります。

「簡単じゃん」って思いますか？　その通り、「現代文」という科目は、ルールにおいてはとても単純なのです。

ここで、共通テストの特徴について、見ておきましょう。大学入試センターが公表した「共通テスト問題作成方針」において、共通テストの国語で求められる能力は次のように説明されています。

「言語を手掛かりとしながら、文章の内容を多面的・多角的な視点から解釈したり、目的や場面等に応じて、情報を的確に理解したり、より効果的な表現に向けて検討、工夫したりする力などを求める。」

これを、マーク式の共通テストの出題形式に即して考えると、「言語」は〈言語で書かれている**設問**や**本文**〉、「文章の内容」を「解釈」して得られる「情報」は〈**本文**から読み取った内容〉といえます。

より簡単にまとめると、共通テストで求められる能力は次のようになります。

①　言語で書かれている設問や本文をもとに＝**文章を読んで、設問を確認して**

②　設問要求に応じた答え（正答選択肢の判断に必要な内容）を＝**設問で聞かれていることの答えを**

③　本文から読み取った内容を解釈して見つける＝**本文から見つける**　力

入試現代文の基本ルールが、共通テストで求められる能力に対応していることが分かると思います。

なお、共通テストでは、文章だけでなく図表などの資料が提示されたり、文章が複数提示されたりする場合があります。その場合も基本ルールは変わりませんが、「多面的・多角的な視点」による〈**応用的思考力**＝様々な情報を関連づけながら総合的に判断する力〉がより強く求められます。この〈応用的思考力〉も、本書でしっかり養いましょう。

ここで一つ、私の学生時代の話をさせてください。

私は本当にひねくれた人間で、学校の教科書に載っている文章なんてどこかの偉い人が書いた綺麗事《きれいごと》だし、小説に出てくる人間はみんな困難を乗り越えて頑張って生きていたり、日常の些細《ささい》な出来事に感動したり、全然共感できないなぁ、私にはよく分からないなぁ、とずっと思っていました。そして、世の中で「正しい」とされる意見や感想に同調できないから、現代文の試験で出てくる文章も理解できないし、試験でもなんとなく解くしかないのかなぁ、と、勉強することを避けていました。

でも、大学入試、特に共通テストで求められる能力は、「文章の内容」を「解釈」して得られる「情報」=〈本文から読み取った内容〉をもとに設問の答えを見つける力でしたね。「個人の意見」や「個人の感想」では、この能力を測ることはできません。このことを知らない受験生がとても多い。特に現代文の試験を「自分で考えた意見を発表する場所」「文章を読んだ自分の感想を表現する場所」だと思っている人は、とても多いです。

良い意味でも悪い意味でも、共通テストの現代文では、「自分の意見」を封印して「筆者の意見」「本文の内容」「登場人物の心情」に意識を向ける必要があります。「私個人としては違うと思うけど、でも、あなたはそうなんですね」という姿勢は、「相手が言っていることを、相手の言っている通りに解釈する」ことにつながります。共通テストの現代文で求められるのは、ここまで。

もし本文の内容に異議があるなら、大学に入った後に、自分の言葉で発信していけばいい。でもそれは、大学に入った後の楽しみとして、とっておいてください。その前に、大学で学ぶために必要とされる「書いてあることを書いてある通りに読める力」を養っていきましょう。

鈴木里美

もくじ

編集協力：広瀬菜桜子
　加藤陽子、鈴木充美、山下絹子
　そらみつ企画
装丁デザイン：及川真咲デザイン事務所（内津剛）
本文デザイン：ME TIME（大貫としみ）

大学入学共通テストの特徴

「大学入学共通テスト」とは？

「大学入学共通テスト」（以下「共通テスト」）とは、各大学の個別試験に先立って行われる全国共通の試験です。国公立大学志望者のほぼ全て、また私立大学志望者の多くがこの試験を受験し、大学教育を受けるための基礎的な学習の達成度が判定されます。

共通テスト「国語」の特徴は？

2025年以降の共通テスト「国語」の出題内容・形式は、大学入試センターより次のように公表されています（2024年4月現在）。

▼試験時間…90分

▼出題内容…現代文（論理的文章・文学的文章・実用的文章）3題、古文1題、漢文1題（計5題）

▼配点…200点（論理的文章45点・文学的文章45点・実用的文章20点・古文45点・漢文45点）

共通テスト「国語」は、試験時間に対し、問題量が非常に多いのが特徴の一つです。試験時間内に、効率よく解答するために、あらかじめ大問ごとの解答時間の目安を決め、どの大問から取り組むか、自分なりの戦略を立てておきましょう。

共通テストは、〈応用的思考力〉が重視されることが大きな特徴です。「国語」では、複数の文章や資料を関連づけて解釈する力、具体的な事例へ応用する力、題材から論理的に考えを導き出す力などが求められます。

どのように対策すればいい？

限られた試験時間内で、早く、確実に、正答を導くための解法を身につけましょう。本書では、これを**「正答へのアプローチ」**として解説しています。この手順で考えれば、**どんな文章が出題されても、同じ解き方で正答を導く**ことができます。

解法を学習した後に、実戦的なトレーニングへ移行しましょう。共通テストの出題傾向に慣れるため、本書のチャレンジテストや過去問集などを活用してできるだけ多くの問題に取り組み、解法が定着するよう実戦力を養っていきましょう。

本書の特長と構成

本書は、共通テストの現代文で高得点を取ることを目的としています。二部構成で、前半の第1～6章で解法を解説し、後半のチャレンジテスト（共通テスト・センター試験の過去問）で実戦力を培います。チャレンジテストは、解答・解説を本冊に、問題を別冊に掲載しています。

本書では、**「正答へのアプローチ」**として、**どんな文章が出題されても同じ手順で正答を導く**ための、汎用性・再現性の高い解法を示しています。解法を学習した後、これを着実に身につけるため、チャレンジテストも**「正答へのアプローチ」**の手順で解説しています。

「正答へのアプローチ」（第2・3・4章 2）

論理的に正答の根拠を見つけ、確実に正答を導く解法の手順です。続く例題の解説も読み進めながら、理解を深めてください。

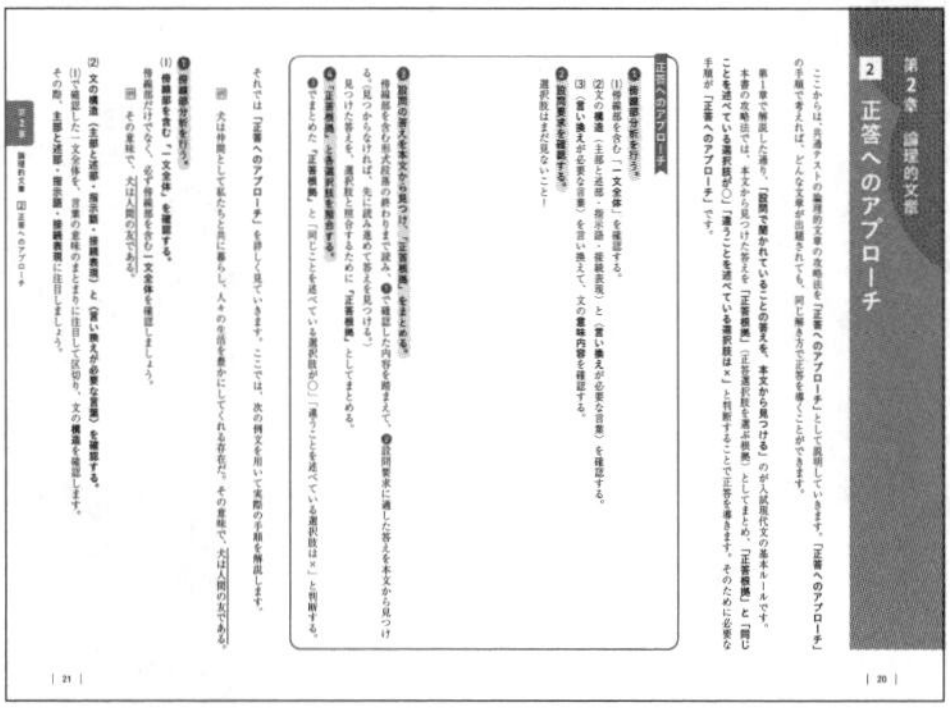

チャレンジテスト（解答・解説）

「正答へのアプローチ」の手順で解説しています。早く、確実に、正答を導く解法がしっかりと身につきます。

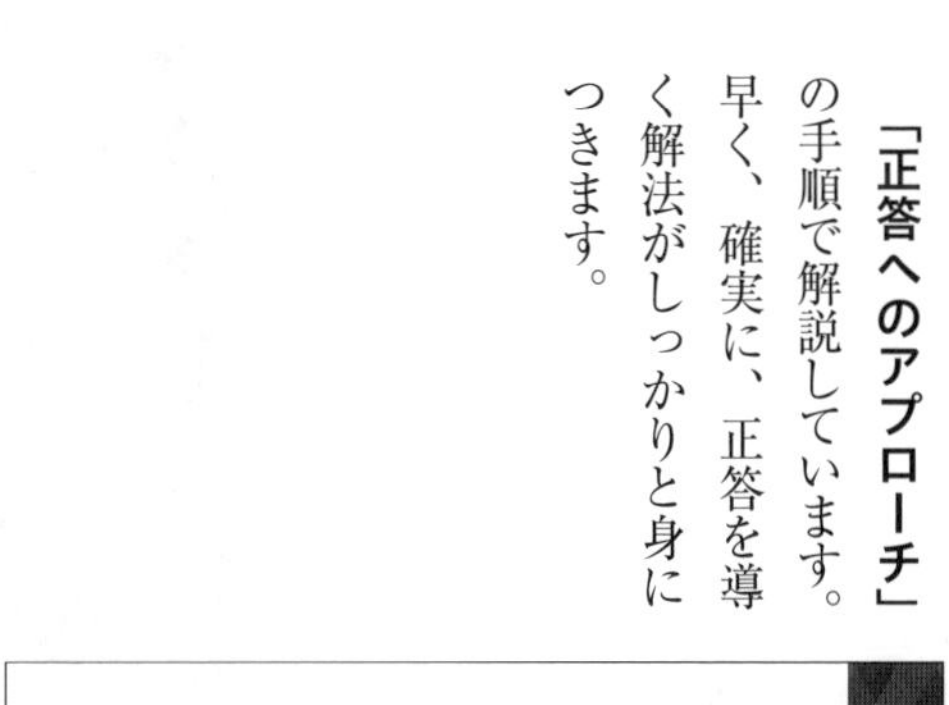

第1章　入試現代文の基本ルール

❖入試現代文の基本ルール

入試現代文ではどのような問題でも（文言に多少の違いはあっても）最初に「次の文章を読んで、後の問いに答えよ」という指示が、必ず書かれています。この指示は、「『後の問い』の答えは『次の文章』の中に書いてあるから、それを探して答えよ」ということを意味します。目の前にある試験問題の中に、答えが書いてあって、それを探す。

「現代文」の試験は、すごく単純なゲームであるといえます。

そこで、あなたがやらなければならないことは一つです。

文章を読んで、設問を確認して、「設問で聞かれていることの答えを、本文から見つける」これだけです。

これが「入試現代文」というゲームにおける、絶対の基本ルールです。

何を当然のことを言っているのか、と思った人もいますよね。ただ、その当然のことを行うには、実は前提となる力が必要です。それは「書いてあることを書いてある通りに読める」ことです。あなた自身の意見や感想に引き付けず、筆者の書いている通りに**客観的**に読み取ることは、意外と難しくありませんか？（読み方については詳しくは「読解の基本方針」（論理的文章→14ページ／文学的文章→56ページ／実用的文章→102ページ）で説明します。）

そこで正答を選ぶための解決策が、答えを「本文から見つける」ことなのです。本文に書かれていることであれば、それは問題の最初にある「次の文章を読んで」という指示に絶対に合致しますから。

繰り返しますが、答えを「本文から見つける」ことが単純かつ絶対のルールなのです。

入試現代文の基本ルール
設問で聞かれていることの答えを、本文から見つける

「早く、確実に」正答を導き出すために

共通テスト現代文において、全受験生に立ちはだかる大きな課題が三つあります。

①時間がない　②選択肢で悩む　③文章が難しい

本書では、この三つの課題のうち、特に①②の解決を目指していきます（③については「読解の基本方針」（→14ページ／56ページ／102ページ）を参考にしてください）。

①について、「時間がなくて解き終わらない」という課題は、「読むのが遅い」ことと「解くのが遅い」ことに原因があります。「読むのが遅い」ことについては「読解の基本方針」を参考にしてください。

「解くのが遅い」のはなぜなのか。設問を読んですぐに選択肢の確認に移り、選択肢の内容が「本文にあるか、ないか」を全て照らし合わせて、解答しようとしているからです。

ここで再度「入試現代文の基本ルール」を確認しておきましょう。あなたがやるべき作業は「設問で聞かれていることの答えを、本文から見つける」ことでしたね。**設問を読んだ後、すぐに選択肢を見るのではなく、本文に戻りましょう。**答えを本文の中から事前に見つけておけば、選択肢の検討がうまくいきます。次のように考えてみてください。

あなたは、犬や猫、うさぎがどんな動物か知っていますね。もし、目の前に「猫、犬、うさぎ」がいて、「犬を選んでください」と言われたら、迷わず犬を選ぶことができるでしょう。「猫は毛が生えている点では犬と言えなくもないかもしれない……」、「うさぎは耳の長さをごまかせば犬と言い張れるのでは……」などと考えることはないはずです。もし、全く知らない動物がいたとしても、あなたが知っている犬という動物の特徴に合わない部分があれば……たとえば、羽が生えていたり、うろこがあったりしたら、少なくとも犬ではないと分かります。犬の特徴に合っていれば犬、違うところがあれば犬ではないというわけです。

共通テストの選択肢の検討においても同じです。答えを本文から見つけておけば、その答えを根拠（正答根拠）として、根拠に合うものが正解、合わないものは不正解と判断できます。合わない部分がある選択肢について、「この部分は根拠に合わないけど、他の部分は傍線部の近くに書いてあることだから、正解かも……」などと考えて時間を無駄にする必要はないのです。

大切なのは**選択肢を見る前に、設問の答えを本文から見つける**ことです。

この戦略の強みは二つ。

▼答えを先に見つけているので、正答率が上がる（当たり前ですが、一番大切）

▼誤答の選択肢にかける時間を大幅に省略できる

この作業によって、課題①「時間がない」の原因の一つ「解くのが遅い」、課題②「選択肢で悩む」を解決し、本文を根拠に自信を持って解答を導き出せるようになります。論理的文章・文学的文章・実用的文章それぞれの「正答へのアプローチ」（→20ページ／60ページ／106ページ）で、より詳しく説明しているので読み進めてください。

共通テストの現代文においては、「**限られた時間**の中で、いかに**正確に本文を読み**、**設問の要求を把握**し、**解答を見つけることができるか**」という**「情報処理の能力」**が問われています。本書では、これに対する戦略として、**選択肢を見る前に、設問の答えを本文から見つけ、「正答根拠」**（正答選択肢を選ぶ根拠）**を確定する**ことで、正答率を高めると同時に、選択肢吟味に時間をかけないことを目指し、情報処理の「精度」と「速度」を高めていきます。本書を通じて、一問の配点が大きい共通テスト現代文において、「早く、確実に」正答を導き出す訓練を行っていきましょう。

❖「早く、確実に」正答を導き出すために
選択肢を見る前に、設問の答えを本文から見つけ、「正答根拠」を確定する

1 読解の基本方針

1 論理的文章の読解は、「論理の流れ」を追う

論理的文章は「常識とは異なる新たな見方」や「一般論とは異なる新たな考え方」など、何か伝えたい見解（主張や意見）がある筆者が、それを読者に分かってもらうために、論理的に説明した文章です。

論理的文章の読解において重要なのは、**「論理の流れ」（展開）**を追っていくことです。「論理」とは、**〈説明の「筋道」＝「主張と論拠のつながり」〉**のことをいいます。筆者が伝えたいこと（主張）を説明するために、どのような論拠を示し主張（結論）までたどり着くのかの筋道を追っていきます。

次のように、筆者の意見を整理しながら、**「論理の流れ」**を追って読み進めていきましょう。

> ❶ **「話題」の確認**（何の話をしようとしているのか）
> ❷ **「言葉の定義」の確認**（説明の中でその語句はどういう意味で使われているのか）
> ❸ **「論拠」の確認**（主張の根拠となる説明はどのような内容か）
> ❹ **「主張（結論）」の確認**（筆者が伝えたいことは何か）
>
> （❷❸：説明）

❶「話題」の確認

まず、文章の「話題」＝テーマ（筆者がこれから何について説明をしていくのか）を確認します。

「○○について考えてみよう」「○○が……であるのはなぜだろうか」のように**問題提起**として示されることが多いです。「これから何の話をしようとしているのか」が分からないと話の展開についていけないので、読み飛ばさないようにしましょう。

問題冒頭のリード文や本文の最後に示される出典（本文のタイトル）もヒントになります。

❷「言葉の定義」の確認

筆者の説明を読み進めながら、本文中で使われている**言葉の意味内容**を確認しておきましょう。❶「話題」に関連する語句は、本文読解のキーワードとして特に重要です。

入試現代文においては、「本文の中で筆者が述べていること」が絶対です。そのため筆者が使っている言葉の意味を正しく捉える必要があります。本書では「筆者がどのような意味でその語句を使っているか」を「言葉の定義」と呼びます。

「言葉の定義」の確認には、次の表現がヒントになります。

ポイント 「○○とは」「……という意味で」

「○○とは」「……という意味で」などの表現は、筆者がその言葉の意味を定義していることを表します。言葉の意味内容を読み手と共有した上で、その内容についての説明が続いていくので、必ずチェックするようにしましょう。

ポイント 指示語

「この」「その」「こうした」「そうした」などの指示語は、同内容の語句の反復を避けるための言い換えとして使われます。

指示語が出てきたら、その指示語が指し示している内容（同内容の語句）を確認しながら読み進めましょう。

参考「言葉の定義」は「筆者が本文の中でどのような意味でその語句を使っているか」を示すものです。本文の中における「定義」は、本文を読んでいる読者にしか共有されません。このことは後に説明する「正答へのアプローチ」（↓20ページ）にも関係してくるので、心に留めておいてください。

❸「論拠」の確認

筆者の**主張の根拠**となる内容の説明を確認します。

❶「話題」について説明をしていく際には、筆者が分かったこと（＝主張の根拠）を段階的に示した上で❹「主張（結論）」にたどり着くので、その流れを追っていきます。具体例や一般論との対比によって読者に分かりやすいように説明が補足されますが、筆者の主張の中心を見失わないように、最初に確認した❶「話題」**とのつながりを意識しながら**読み進めていきましょう。

その際、**形式段落と接続表現**に着目すると、「**論理の流れ**」が分かりやすくなります。

ポイント 形式段落

形式段落は一つの内容のまとまりを示すので、それぞれの形式段落ごとに❶「話題」**について分かったこと（＝主張の根拠）**・❷「言葉の定義」の内容説明を整理していくと、「**論理の流れ**」が把握しやすくなります。

ポイント 接続表現

接続表現は、前後の内容の関係を示します。「**論理の流れ**」を把握するのに役立つので、注目しながら読み進めましょう。

▼全体の内容把握で重要な接続表現

・順接　〈原因→結果〉の関係を示す（だから・それゆえ・よって・～ことで・～から・～ので・～ため　など）

・逆接　前後で逆の内容をつなぐ（しかし・だが・ところが・～が・とはいえ・にもかかわらず　など）
・対比　前後の内容を比較して説明する（一方・それに対して　など）
・並列　前後の内容を並べる（～も・また　など）
・まとめ　それまでの内容をまとめて説明する（つまり・要するに・すなわち・いわば・言い換えれば・このように　など）
・話題転換　前後で話題を変える（さて・ところで　など）

接続表現は、傍線部の理解にも役立ちます。詳しくは「正答へのアプローチ」（↓20ページ）で説明します。

❹「主張（結論）」の確認

「筆者が伝えたいことは何か」を把握します。

❶「話題」、❸「論拠」とのつながりを追いながら読み進め、**「この文章の中で筆者が一番伝えたいこと／読者に一番分かってほしいこと」**が何かを確認します。もしそれが分からなくなったら、**「何の話をしようとしているのか」（❶話題）・「どういう意味のことを」（❷言葉の定義）・「どのような内容を根拠として（❸論拠）説明しているのか」**の流れに立ち返って考えましょう。

複数の主張を根拠として、最終的な結論を説明する文章もあります。その場合でも、それぞれの「論拠→結論」のつながりを追っていくことで、最終的な結論にたどり着ければ問題ありません。

> 論理的文章では、❶**「話題」**、❷**「言葉の定義」**、❸**「論拠」**、❹**「主張（結論）」**を確認して、**「主張と論拠のつながり」**を意識しながら、**「論理の流れ」**を追って読み進めること！

2 「情報処理」の意識を強く持ち、設問を手がかりにして読解する

論理的文章は、知らない語句が出てきたり、表現が難解だったりと、内容を理解することは簡単ではありません。ただ、ここで、入試現代文の基本ルールを思い出してください。

入試現代文の基本ルール　「**設問で聞かれていることの答えを、本文から見つける**」

つまり、**「聞かれていること」の答えさえ見つけられれば、本文の全ての内容を理解できなくても、解答は出せる**のです。

加えて、それぞれの設問は、受験生の本文の理解の程度を確認するために設定されています。逆に言えば、その設問の分析を適切に行うことが、本文の理解の助けになってくれる、ということです。**傍線部や設問文は、本文読解において「どこに注目すべきなのか」という読解の指針を与えてくれる**のです。第1章で述べたように、共通テストの現代文では「情報処理の能力」が問われています。**「情報処理」の意識を強く持ち、与えられた情報を整理する**ことを心がけてください。

もっとも、何の話をしているのか分からなくなると、設問で聞かれていることの答えを見つけるのは難しくなります。文章の**「論理の流れ」**を追っていくことは必須です。

一方で、試験時間が限られている以上、一文一文を全て完璧に理解しながら読み進めていくのは、現実的な戦略とはいえないでしょう。**途中で分からない表現があっても先に読み進め、形式段落の終わりで「この段落は〈何について〉〈どのように〉言っていた」のかが把握できれば大丈夫**です。形式段落ごとにおおまかな内容を捉え、設問を手がかりにしながら本文の読解を進めていきましょう。

参考 大学入試で出題される論理的文章は、高校生が普段読むような文章よりも、はるかに難しいことが多いです。「何を言っているか全く分からなかった」経験もあれば、「言っていることは分かるけど問題は解けなかった」経験もあるかと思います。でも「設問で聞かれていることの答えを、本文から見つける」という入試現代文の基本ルールは、「聞かれていないことについて分からないことが多少あっても、そこは目をつむる」ことを許容してくれるルールなのです。入試現代文で出される文章は、本の中の長い文章から一部だけを切り取ってきていることが多いので、それだけを読んで全て分かった気になる方が、問題です。難しい文章を読む上で、設問は、読解の最大のヒントです。これをぜひ利用しましょう。

> 共通テスト現代文では、**「情報処理」の意識**を強く持つ！
> 設問は、読解の指針を与えてくれる。

第2章 論理的文章

2 正答へのアプローチ

ここからは、共通テストの論理的文章の攻略法を**「正答へのアプローチ」**として説明していきます。**「正答へのアプローチ」**の手順で考えれば、どんな文章が出題されても、同じ解き方で正答を導くことができます。

第1章で解説した通り、**「設問で聞かれていることの答えを、本文から見つける」**のが入試現代文の基本ルールです。本書の攻略法では、本文から見つけた答えを**「正答根拠」**（正答選択肢を選ぶ根拠）としてまとめ、**「正答根拠」と「同じことを述べている選択肢が○」「違うことを述べている選択肢は×」**と判断することで正答を導きます。そのために必要な手順が**「正答へのアプローチ」**です。

正答へのアプローチ

❶ 傍線部分析を行う。

(1) 傍線部を含む「**一文全体**」を確認する。

(2) 文の**構造**（主部と述部・指示語・接続表現）と〈**言い換えが必要な言葉**〉を確認する。

(3) 〈**言い換え**が必要な言葉〉を言い換えて、文の**意味内容**を確認する。

❷ 設問要求を確認する。

選択肢はまだ見ないこと！

❸設問の答えを本文から見つけ、「正答根拠」をまとめる。

傍線部を含む形式段落の終わりまで読み、❶で確認した内容を踏まえて、❷設問要求に適した答えを本文から見つける。（見つからなければ、先に読み進めて答えを見つける。）

見つけた答えを、選択肢と照合するために**「正答根拠」**としてまとめる。

❹「正答根拠」と各選択肢を照合する。

❸でまとめた**「正答根拠」**と「同じことを述べている選択肢が○」「違うことを述べている選択肢は×」と判断する。

それでは**「正答へのアプローチ」**を詳しく見ていきます。ここでは、次の例文を用いて実際の手順を解説します。

例　犬は仲間として私たちと共に暮らし、人々の生活を豊かにしてくれる存在だ。その意味で、犬は人間の友である。

❶傍線部分析を行う。

⑴ 傍線部を含む「一文全体」を確認する。

傍線部だけでなく、必ず傍線部を含む**一文全体**を確認しましょう。

例　その意味で、犬は人間の友である。

⑵ 文の構造（主部と述部・指示語・接続表現）と〈言い換えが必要な言葉〉を確認する。

⑴で確認した一文全体を、言葉の意味のまとまりに注目して区切り、文の**構造**を確認します。その際、**主部と述部・指示語・接続表現**に注目しましょう。

接続表現は「読解の基本方針」でも紹介しました（➡16ページ）が、傍線部分析においては、特に次のものに注目します。

▼傍線部分析で重要な接続表現

・順接　〈原因➡結果〉の関係を示す（よって・～ことで・～から・～ので・～ため）
・逆接　前後で逆の内容をつなぐ（しかし・～が）
・並列　前後の内容を並べる（～も）
・まとめ　それまでの内容をまとめて説明する（このように）

〈**言い換え**が必要な言葉〉とは、（本文を読まずに）**傍線部を含む一文を読んだだけでは意味を捉えられない表現**のことです。指示語や、「話題」に関連する語句、「○○とは」などの形で筆者が定義している言葉は特に重要です。

例　その意味（指示語）で、／犬は（主語）／人間の友である。（述部）
〈**言い換え**が必要な言葉〉「その意味」（指示語）・「人間の友」

(3) 〈言い換えが必要な言葉〉を言い換えて、文の意味内容を確認する。

(2)で確認した〈**言い換え**が必要な言葉〉について、本文から**言い換え**となる表現を探し、傍線部を含む一文の**意味内容**を確認します。〈**言い換え**が必要な言葉〉の「言葉の定義」（➡15ページ）が説明されている部分を探しましょう。本文を全く読んでいない人にも、傍線部を含む一文の内容が分かるように言い換えることを目指します。

例
・「その意味」…「仲間として私たちと共に暮らし、人々の生活を豊かにしてくれる存在だ（という意味）」
・「人間の友」…「仲間として私たちと共に暮らし、人々の生活を豊かにしてくれる存在」

❷ 設問要求を確認する。

設問文をよく読んで、**設問で聞かれていること**は何かを確認します。ただし、**選択肢はまだ見ないこと！**

設問形式に応じて、〈設問で聞かれていること＝本文から見つけなければならないこと〉は何かを把握しましょう。

《設問形式の主な例》

・**内容説明**（「どういうことか」「どのようなことか」）…**傍線部の内容を言い換えて**説明することが求められる。

・**理由説明**（「なぜか」）…**傍線部の理由**を説明することが求められる。

❸ 設問の答えを本文から見つけ、「正答根拠」をまとめる。

傍線部を含む形式段落の終わりまで読み、その設問の答えを本文から見つけます。そのためにまず、❷で確認した「設問要求」から、「この内容がないと設問の答えにならない」という「解答に必要な要素」を整理しましょう。

・**内容説明**の場合…❶傍線部分析で確認した〈**言い換え**が必要な言葉〉を言い換えた内容。（この内容をまとめたものが設問の答えとなる。）

・**理由説明**の場合…傍線部の理由を説明した内容。

〈理由〉の見つけ方　❶傍線部分析の結果から、論理のスタート「○○は」とゴール「××である〈結果や主張〉」を確定させ、間をつなぐ「……だから〈理由〉」を探す。

注意　傍線部を含む一文の中に「スタート」と「ゴール」が片方しか含まれないこともあります。理由説明の設問では「ゴール」の内容が傍線部となることも多いので、「スタート」が傍線部を含む一文にない場合は、他の文から探すことも必要になります。その文章の形式や設問の要求に応じて分析を行いましょう。

見つけた答えは、**選択肢と照合して正答を選ぶ根拠＝「正答根拠」**としてまとめます。

・**内容説明**の設問

例　傍線部「犬は人間の友である」とあるが、どういうことか。

解答に必要な要素

・「その意味」の言い換え…「仲間として私たちと共に暮らし、人々の生活を豊かにしてくれる存在だ（という意味）」

・「人間の友」の言い換え…「仲間として私たちと共に暮らし、人々の生活を豊かにしてくれる存在」

正答根拠

「犬は人間と共に暮らし、生活を豊かにしてくれる存在だということ。」

・**理由説明**の設問

例　傍線部「犬は人間の友である」とあるが、なぜか。

解答に必要な要素

・「犬は」

↓

……たから〈理由〉←この部分の説明

↓

「人間の友である」〈主張〉

例文では、傍線部直前にある指示語「その意味」の指示する内容を〈理由〉に当てはめると意味が通ります。

・「その意味」の言い換え…「仲間として私たちと共に暮らし、人々の生活を豊かにしてくれる存在だ（という意味）」

正答根拠

（犬は）「仲間として人間と共に暮らし、生活を豊かにしてくれる存在だから」（人間の友である。）

❹「正答根拠」と各選択肢を照合する。

❸でまとめた**「正答根拠」**と各選択肢を照合し、正答選択肢を選びます。

「正答根拠」と「同じことを述べている選択肢が○」「違うことを述べている選択肢は×」と判断していきましょう。**「正答根拠」**を使って選択肢を判断すること、そのために、**選択肢を見る前に、設問の答えを本文から見つける**ことが大切です。正答候補の選択肢の中に、**「正答根拠」**と同じかどうか悩む部分があったら、最後に本文に戻って確認しましょう。本文中の表現と照合した上で、本文の内容の言い換えとして妥当なものだと判断できたらその選択肢で解答を確定します。

以上が、〈傍線部分析と設問要求を手がかりに、設問の答えを本文から見つけ、その答えを**「正答根拠」**として正答を導く〉**「正答へのアプローチ」**の手順です。この手順で考えれば、どんな文章が出題されても、同じ解き方で正答を導くことができます。**選択肢を見る前に、設問の答えを本文から見つける**ことを常に心がけてください。これは、共通テストに限らず、全ての入試現代文の選択問題に当てはまる攻略法です。×の選択肢を消す消去法に頼らず、**○の選択肢を見つける意識**を強く持って、問題に取り組みましょう。

参考　設問は「形式段落」ごとに確認する

「正答へのアプローチ」❸について、傍線部を含む形式段落を読み終わった段階で答えが見つけられたら、そのまま❹の選択肢の検討に進みます。

ただし、設問で求められていることの答えが次段落以降で述べられている場合や、次段落以降でより分かりやすい具体例で説明し直されている場合もあります。❸で答えが見つけられない場合は次段落以降に読み進めましょう。答えを見つけたと思って❹に進んだが選択肢の判断に自信が持てない場合も、一度その設問の選択肢吟味から撤退して、本文読解に戻り、次段落以降を確認しましょう。

例題1 傍線部のある設問

❖ 次の文章を読んで、後の問いに答えよ。

ハローキティやミッフィーなどのキャラを思い起こせばすぐに気づくように、最小限の線で描かれた単純な造形は、私たちに強い印象を与え、また把握もしやすいものです。生身のキャラの場合も同様であって、あえて人格の多面性を削《そ》ぎ落とし、限定的な最小限の要素で描き出された人物像は、錯綜《さくそう》した不透明な人間関係を単純化し、透明化してくれるのです。

また、きわめて単純化された人物像は、どんなに場面が変化しようと臨機応変に対応することができます。日本発のハローキティやオランダ発のミッフィーが、いまや特定の文化を離れて万国で受け入れられているように、特定の状況を前提条件としなくても成り立つからです。生身のキャラにも、単純明快でくっきりとした輪郭が求められるのはそのためでしょう。

（土井《どい》隆義《たかよし》『キャラ化する／される子どもたち』）

問 **傍線部「生身のキャラにも、単純明快でくっきりとした輪郭が求められる」とあるが、それはなぜか。その説明として最も適当なものを、次の①～⑤のうちから一つ選べ。**

① ハローキティやミッフィーなどは、最小限の線で造形されることで、国や文化の違いを超越して認識される存在になったが、人間の場合も、人物像が単純で一貫性をもっているほうが、他人と自分との違いが明確になり、互いの異なる価値観も認識されやすくなるから。

② ハローキティやミッフィーなどは、最小限の線で造形されることで、その個性を人びとが把握しやすくなったが、人間の場合も、人物像の個性がはっきりして際だっているほうが、他人と交際するときに自分の性格や行動パターンを把握されやすくなるから。

③ ハローキティやミッフィーなどは、最小限の線で造形されることで、特定の文化を離れて世界中で人気を得るようになったが、人間の場合も、人物像の多面性を削ることで個性を堅固にしたほうが、文化の異なる様々な国での活躍が評価されるようになるから。

④ ハローキティやミッフィーなどは、最小限の線で造形されることで、その特徴が人びとに広く受容されたが、人間の場合も、人物像の構成要素が限定的で少ないほうが、人間関係が明瞭になり、様々な場面の変化にも対応できる存在として広く受け入れられるから。

⑤ ハローキティやミッフィーなどは、最小限の線で造形されることで、様々な社会で人びとから親しまれるようになったが、人間の場合も、人物像が特定の状況に固執せずに素朴であるほうが、現代に生きづらさを感じる若者たちに親しまれるようになるから。

（センター試験）

前節で説明した**「正答へのアプローチ」**を用いて、例題を解いてみましょう。

❶ 傍線部分析を行う。

(1) 傍線部を含む「一文全体」を確認する。

生身のキャラにも、単純明快でくっきりとした輪郭が求められるのはそのためでしょう。

(2) 文の構造（主部と述部・指示語・接続表現）と〈言い換えが必要な言葉〉を確認する。

主部と述部・指示語・接続表現を整理すると次のようになります。「そのため」という指示語に注目しましょう。

主部
生身のキャラ(にも)、／単純明快でくっきりとした輪郭が求められるのは
→並列の接続表現

／

述部
[そのため]でしょう。
→指示語

次に〈**言い換え**が必要な言葉〉を整理します。言い換えを探す指針は、「本文を全く読んでいない人に、その意味が分かるかどうか」です。本文を読んでいない人がこの一文だけ読んで意味が分からない言葉は、言い換える必要があります。

〈**言い換え**が必要な言葉〉
a「生身のキャラ(にも)」…並列されているものを確かめる
b「単純明快でくっきりとした輪郭」…「言葉の定義」を確かめる
c「そのため」（指示語）…指示内容を確かめる

この時点で、〈**言い換え**が必要な言葉〉を明確に意識しておきましょう。

(3) 〈言い換えが必要な言葉〉を言い換えて、文の意味内容を確認する。

では、〈**言い換え**が必要な言葉〉を本文に戻って一つずつ確認していくことで、傍線部を含む一文の意味内容を確認していきましょう。

a「生身のキャラ(にも)」
直前の文や第1段落の内容から「ハローキティやミッフィー」のような「（生身ではない）キャラ」と**並列**されているこ

とが分かります。そこで、この文は次のように言い換えることができます。

生身のキャラにも、
＝ 並列
（ハローキティやミッフィーなどのキャラと同様に）／
　単純明快でくっきりとした輪郭が求められるのは／そのためでしょう。

b「単純明快でくっきりとした輪郭」

aで「生身のキャラ」と「ハローキティやミッフィーなどのキャラ」の**並列**関係を捉えました。「生身のキャラにも、単純明快でくっきりとした輪郭が求められる」ということは、「ハローキティやミッフィーなどのキャラ」にも「単純明快でくっきりとした輪郭」があるということです。よって、それぞれの「単純明快でくっきりとした輪郭」を確認していきます。

第1段落で、「ハローキティやミッフィーなどのキャラ」の場合における「単純明快でくっきりとした輪郭」は、「最小限の線で描かれた単純な造形」として示されており、「私たちに強い印象を与え」「把握もしやすい」ものとして述べられています。

さらに続いて「生身のキャラの場合も同様で」という**並列**がここにも存在することに注目しましょう。「生身のキャラ」の場合の「単純明快でくっきりとした輪郭」は、「人格の多面性を削《そ》ぎ落とし、限定的な最小限の要素で描き出された人物像」「きわめて単純化された人物像」にあたります。そして「生身のキャラ」における「きわめて単純化された人物像」は、（「ハローキティやミッフィーなどのキャラ」の場合と同様で）「強い印象を与え」「把握もしやすい」がために、「錯綜《さくそう》した不透明な人間関係を単純化し、透明化してくれる」のです。

c「そのため」

「そのため」とあることから、「その」は理由にあたる内容を指していると分かります。傍線部「生身のキャラにも、単純明快でくっきりとした輪郭が求められる」ことの理由です。これを踏まえて、指示語と置き換えて意味が通る内容（＝指示内容）を探します。

まず直前の文の「特定の状況を前提条件としなくても成り立つから」が理由の説明になっていることを確認しましょう。ただしこの文は「きわめて単純化……対応することができ」る理由を、ハローキティやミッフィーを例に説明したものです。例の部分を省いて、指示語を含む一文より前の内容をまとめると次のようになります。

「きわめて単純化された人物像は、（特定の状況を前提条件としなくても成り立つから、）どんなに場面が変化しようと臨機応変に対応することができ」る

bで「生身のキャラ」の「単純明快でくっきりとした輪郭」は「きわめて単純化された人物像」のことだと確かめました。よって、右の内容は、傍線部の理由として成り立ちます。（　）の部分は補足的な部分なので省略して、指示語の「その」と置き換えると、

「生身のキャラにも、単純明快でくっきりとした輪郭が求められるのは【きわめて単純化された人物像は、どんなに場面が変化しようと臨機応変に対応することができる】ためでしょう」

となり、意味が通ります。

ここまでの内容を踏まえ、本文を「ハローキティやミッフィー」と「生身のキャラ」で色分けし、整理しておきます。

ハローキティやミッフィーなどのキャラを思い起こせばすぐに気づくように、最小限の線で描かれた単純な造形は、私たちに強い印象を与え、また把握もしやすいものです。生身のキャラの場合も同様であって、あえて人格の多面性を削ぎ落とし、限定的な最小限の要素で描き出された人物像は、錯綜した不透明な人間関係を単純化し、透明化してくれるのです。

また、きわめて単純化された人物像は、どんなに場面が変化しようと臨機応変に対応することができます。日本発のハローキティやオランダ発のミッフィーが、いまや特定の文化を離れて万国で受け入れられているように、特定の状況を前提条件としなくても成り立つからです。生身のキャラにも、単純明快でくっきりとした輪郭が求められるのはそのためでしょう。

「ハローキティやミッフィーなどのキャラ」と「生身のキャラ」の**並列**関係について、図にしてまとめるとより分かりやすくなります。

ハローキティやミッフィーなどのキャラ
最小限の線・単純な造形　＝単純明快でくっきりとした輪郭
↓
強い印象・把握しやすい
↓
万国で受け入れられている（特定の状況を前提条件としなくても成り立つから）

＝同様（並列）

生身のキャラ
限定的な最小限の要素の人物像／きわめて単純化された人物像　＝単純明快でくっきりとした輪郭
↓
（強い印象・把握しやすい↓）人間関係を単純化・透明化
↓
場面に応じて臨機応変に対応できる（特定の状況を前提条件としなくても成り立つから）

「単純な造形」であるハローキティやミッフィーは、どんな時もどんな場所においても「ハローキティ」「ミッフィー」として成り立つので、様々な国で受け入れられている。それと同様に「単純化された人物像」は、どんな場面においてもキャラとして成り立つので、臨機応変に対応することができる、というわけです。

❷ 設問要求を確認する。

この設問は「それはなぜか」と傍線部の**理由説明**を要求しています。

❸ 設問の答えを本文から見つけ、「正答根拠」をまとめる。

前節「正答へのアプローチ」で、理由説明の設問は、論理の「スタート」と「ゴール」を確定させて〈理由〉にあたる内容を探すと説明しました（↓23ページ）が、この文では❶(3)で確認したように、指示語「そのため」の指示内容が〈理由〉にあたることが明らかです。この設問を解くためには**「そのため」の指示内容**が必要な要素だと分かります。

また、同じく❶(3)で確認した「生身のキャラ」と「ハローキティやミッフィーなどのキャラ」の並列関係、それぞれの「単純明快でくっきりとした輪郭」の「言葉の定義」も踏まえて、「解答に必要な要素」を確定させましょう。

解答に必要な要素

・〈理由〉である「そのため」の言い換え（指示内容）

…「きわめて単純化された人物像は、どんなに場面が変化しようと臨機応変に対応することができ」るため

・「単純明快でくっきりとした輪郭」の「言葉の定義」

「ハローキティやミッフィーなどのキャラ」…「最小限の線で描かれた単純な造形」

「生身のキャラ」…「限定的な最小限の要素で描き出された人物像」「きわめて単純化された人物像」

←

・「単純明快でくっきりとした輪郭」を持つことでどうなるのか

「ハローキティやミッフィーなどのキャラ」…「強い印象を与え」「把握もしやすい」、「万国で受け入れられている」

「生身のキャラ」…「人間関係を単純化し、透明化してくれる」、「どんなに場面が変化しようと臨機応変に対応することができ」る

以上の内容から**「正答根拠」**をまとめると次のようになります。

> **正答根拠**
>
> 「ハローキティやミッフィーなどのキャラ」は、「最小限の線で描かれた単純な造形」によって「強い印象を与え」、キャラとして「把握」されやすく、「万国で受け入れられている」。
>
> これと同様に「生身のキャラ」は「限定的な最小限の要素で描き出された」「きわめて単純化された人物像」によって「人間関係を単純化し、透明化してくれる」し、「どんなに場面が変化しようと臨機応変に対応することができ」るため。

❹ 「正答根拠」と各選択肢を照合する。

「正答根拠」と「同じことを述べている選択肢が〇」「違うことを述べている選択肢は×」と判断していきます。

「ハローキティやミッフィーなどのキャラ」については、どの選択肢も似たような説明になっています。そこで「生身のキャラ」である「人間の場合」についての説明を確認していきましょう。**「正答根拠」**の〈「単純化された人物像」によって「場面が変化」しても「臨機応変に対応することができ」る〉という理由を適切に説明しているものは、④「人物像の構成要素が限定的で少ないほうが」「様々な場面の変化にも対応できる存在として広く受け入れられるから」です。④「人間関係が明瞭になり」は「人間関係を単純化し、透明化してくれる」を言い換えた表現です。「ハローキティやミッフィーなど」の説明についても、④「最小限の線で造形されることで、その特徴が人びとに広く受容された」が**「正答根拠」**の「最小限の線で描かれた単純な造形」によって「万国で受け入れられている」に対応しています。解答は④です。

他の選択肢は**理由の説明が「正答根拠」と違う**ので、その他の部分でいかに本文に近い内容が書いてあっても、「**設問の答えになっていないので×**」であると判断することができます。

参考 右のように、「設問の答えになっていない」ことを本書では**〈設問ズレ〉**と呼びます。

誤答の選択肢には、出題者によって、様々な「ズレ」が仕掛けられています。「ズレ」には他に、内容に誤りを含むことを意味する**〈内容ズレ〉**があります。**〈内容ズレ〉**は**〈定義ズレ〉〈因果関係のズレ〉**などさらにいくつかのパターンに分けることができます。これらの**〈誤答のパターン〉**をおさえておくと、**「正答根拠」**との照合で○か×か迷った時に、判断の助けになります。詳しくは第6章「誤答のパターン」（↓144ページ）を参照してください。

① ハローキティやミッフィーなどは、最小限の線で造形されることで、国や文化の違いを超越して認識される存在になったが、人間の場合も、人物像が単純で一貫性をもっているほうが、他人と自分との違いが明確になり、互いの異なる価値観も認識されやすくなるから。

定義ズレ× 「単純化された人物像」は「強い印象」を与えるだけ（〈他人との違いが明確になる〉とは述べていない）

設問ズレ× 理由の説明が「正答根拠」と違う

② ハローキティやミッフィーなどは、最小限の線で造形されることで、その個性を人びとが把握しやすくなったが、人間の場合も、人物像の個性がはっきりして際だっているほうが、他人と交際するときに自分の性格や行動パターンを把握されやすくなるから。

設問ズレ× 理由の説明が「正答根拠」と違う

③ ハローキティやミッフィーなどは、最小限の線で造形されることで、特定の文化を離れて世界中で人気を得るようになったが、人間の場合も、人物像の多面性を削ることで個性を堅固にしたほうが、文化の異なる様々な国での活躍が評価されるようになるから。

設問ズレ× 理由の説明が「正答根拠」と違う

◎ ④ ハローキティやミッフィーなどは、最小限の線で造形されることで、その特徴が人びとに広く受容されたが、人間の場合も、人物像の構成要素が限定的で少ないほうが、人間関係が明瞭になり、様々な場面の変化にも対応できる存在として広く受け入れられるから。

設問○理由の説明が「正答根拠」に合う

⑤ ハローキティやミッフィーなどは、最小限の線で造形されることで、様々な社会で人びとから親しまれるようになったが、人間の場合も、人物像が特定の状況に固執せずに素朴であるほうが、現代に生きづらさを感じる若者たちに親しまれるようになるから。

定義ズレ×「単純化された人物像」と「素朴」は無関係

設問ズレ× 理由の説明が「正答根拠」と違う

解答 ④

❸で本文から確認した**「正答根拠」**をもとに判断すると、選択肢で迷わずに済みます。「本文に書いてある」表現に惑わされず、**「正答根拠」と合っているか**という観点から選択肢の判断をすることで、誤答の選択肢の判断に**余計な時間をかけることが避けられる**ようになります。

「正答へのアプローチ」に従って問題を解くことも、スムーズな問題解答につながります。この設問では❶傍線部分析の段階で「そのため」という指示語の存在に気づくはずです。そして❷で理由説明の設問だと確認するので、「そのため」の指示内容が設問の答えになることが分かります。指示内容は❶ですでに確認しているので、❸で**「正答根拠」**をすぐまとめられます。このように**「正答へのアプローチ」**に沿った解答の道筋をたどることで、素早く解答することができます。**「正答へのアプローチ」**をしっかり身につけ、「いつでも同じ手順で解く」ことを心がけましょう。

例題2 傍線部のない設問

❖ 次の文章を読んで、後の問いに答えよ。

リテラシー(注1)が機能していないと、何かをわかってもらおうとしても空回りしてしまうことがあるので、最低限のリテラシーを形成するための啓蒙《けいもう》の必要性が、とりわけゼロ年代(注2)になってからよく語られるようになってきました。たとえば芸術にかんしても、ある作家や作品に対する価値判断に一定の正当性を持たせるためには、どうしても啓蒙という作業が必要になってくるという意見があります。時間軸(注3)に拘束されない、崩壊した「歴史」の捉え方が、九〇年代以後、少しずつメインになってきて、僕はそれは基本的に良いことだと思っていたのですが、ゼロ年代になってくると、その弊害も起こってきた。そのひとつの例が「意図的なパクリ(注4)」だったりします。だから、ここまでくると、啓蒙も必要なのかもしれないという気持ちが、僕にも多少は芽生えてきました。けれども、やはり僕自身は、できれば啓蒙は他の人に任せておきたいのです。啓蒙を得意とする、啓蒙という行為に何らかの責任の意識を持っている人たちがなさってくれればよくて、僕はそれとは異なる次元にある、未知なるものへの好奇心／関心／興味を刺激することの方をやはりしたい。けれどもそれも今や受け手のリテラシーをある程度推し量りながらする必要がある。そこが難しい所であるわけですが。

（佐《さ》々《さ》木《き》敦《あつし》『未知との遭遇』による）

（注）1 リテラシー——読み書き能力。転じて、ある分野に関する知識を活用する基礎的な能力。

2 ゼロ年代——西暦二〇〇〇年以降の最初の十年間。

3 時間軸に……捉え方——出来事を時間の流れに即してつなぐことによって見出《みいだ》される因果関係を歴史と捉えるのではなく、歴史全体を「塊」のように全体的に捉える見方。筆者はここより前の部分で、人類は長い歴史を持っているので自分が作ったものが無意識的に何かに似てしまうのは仕方のないことだと述べた上で、受け取る側のリテラシーの低さゆえに「意図的なパクリ（盗作）」

に気づけないことを問題視している。

4　パクリ――盗作を意味する俗語。「パクる」という動詞の名詞形。

問　この文章を踏まえ、「啓蒙」という行為に対する筆者の考えをまとめたものとして最も適当なものを、次の①～⑤のうちから一つ選べ。

① 現代では、教養を他者に分け与え価値判断の基準を整える啓蒙という行為の重要性は高まり続けている、と筆者は思っている。そのため、単に他者を啓蒙するだけにとどまらず、有効な啓蒙の方法を模索することも必要だと考えている。

② 現代では、正当な価値判断を行うためのリテラシーを形成する啓蒙という行為の必要性は高まり続けている、と筆者は思っている。しかし、みずからその作業を率先して担うよりは、好奇心を呼び起こすことで人が自力で新たな表現を生み出すよう促す側に身を置き続けたいと考えている。

③ 現代では、他者に知識を分け与える啓蒙という行為についての責任を特定の誰かが負う必要はなくなった、と筆者は思っている。しかし、新たな発想が生まれることを促すために、あえて他者を啓蒙する場にとどまり続けたいと考えている。

④ 現代では、故意による盗作行為を抑止する営みとしての啓蒙は不可欠である、と筆者は思っている。そのため、啓蒙という行為に積極的に関わることで人々の倫理意識を高めたいと考えている。

⑤ 現代では、歴史を正しく把握する態度の大切さを人々に教える啓蒙という行為の意義は高まる一方である、と筆者は思っている。しかし、あえて啓蒙の意義を否定し、歴史の束縛から解放されることによって現状を打破すべきだと考えている。

（センター試験　改）

この設問では、「『啓蒙《けいもう》』という行為に対する筆者の考えをまとめたもの」として適当なものが求められています。傍線部のない設問は、「その設問が本文のどの部分の内容と対応しているのか」を自分で考える必要があるので、従来のセンター試験に多かった傍線部型の設問よりも難しくなっています。それでも、**「設問で聞かれていることの答えを、本文から見つける」**という入試現代文の基本ルールを考えれば、**「正答へのアプローチ」**の仕方は同じであることが分かります。傍線部のない設問についても、設問要求の確認を行い、先に本文から答えを見つけ、**「正答根拠」**をまとめておいて、その後で選択肢の吟味を行う、という順番で**「正答へのアプローチ」**を行っていきましょう。特に、**「正答へのアプローチ」**の❷❸の手順を丁寧に行うことを心がけてください。

では、**「正答へのアプローチ」**を用いて例題を解いていきましょう。

❷ 設問要求を確認する。

〈設問で聞かれていること＝本文から見つけなければならないこと〉は何か、設問要求を確認しましょう。この設問で要求されているのは、「『啓蒙』という行為」に対する「筆者の考え」についての**内容説明**です。

❸ 設問の答えを本文から見つけ、「正答根拠」をまとめる。

この設問の「解答に必要な要素」を確認しましょう。「この内容がないと設問の答えにならない」という要素を確認することが重要です。

解答に必要な要素

・「『啓蒙』という行為」の「言葉の定義」
・「『啓蒙』という行為」に対する「筆者の考え」

まず、「啓蒙」というキーワードに着目して、本文における「言葉の定義」を確認しましょう。「啓蒙」という言葉については、「最低限のリテラシーを形成するため」に必要なものであり、例として芸術においては「ある作家や作品に対する価値判断に一定の正当性を持たせるため」に必要な作業であると説明されています。

次に、「『啓蒙』という行為」に対する「筆者の考え」を、本文から探していきましょう。

筆者はまず、「『啓蒙』という行為」について、「ある作家や作品に対する価値判断に一定の正当性を持たせるため」に「啓蒙という作業が必要になってくる」という「意見」を紹介します。次に「九〇年代以後、少しずつメインになってきた」という「時間軸に拘束されない、崩壊した『歴史』の捉え方」を紹介した上で、「基本的に良いことだと思っていた」と述べています。しかし、ゼロ年代に生じた「弊害」の例として「意図的なパクリ」を挙げ、「ここまでくると、啓蒙も必要なのかもしれないという気持ち」が「僕（＝筆者）にも多少は芽生えてきました」と意見を述べています。「意図的なパクリ」を防ぐためには、受け取る側に「価値判断」に対する「最低限のリテラシー」が必要となる、というわけです。

ただし、「筆者の考え」として「できれば啓蒙は他の人に任せておきたい」「僕（＝筆者）はそれ（＝啓蒙）とは異なる次元にある、未知なるものへの好奇心／関心／興味を刺激すること」の方をしたい、と続いていることに注意しましょう。〈「啓蒙」という行為が必要であることは分かっているが、他の人に任せておきたい〉というのが、この文章における「筆者の考え」です。

以上の内容を、「解答に必要な要素」に沿って、**「正答根拠」**としてまとめると次のようになります。

正答根拠

・「『啓蒙』という行為」の「言葉の定義」
「最低限のリテラシーを形成するため」「価値判断に一定の正当性を持たせるため」に必要な作業
・「『啓蒙』という行為」に対する「筆者の考え」
「啓蒙も必要なのかもしれない」
けれども
「他の人に任せておきたい」、啓蒙とは異なる「未知なるものへの好奇心／関心／興味を刺激すること」をしたい

ここまでの内容を確認した上で、選択肢の判断に移りましょう。

4 「正答根拠」と各選択肢を照合する。

各選択肢について、**「正答根拠」**と照合する形で検討します。**「正答根拠」**の「『啓蒙』という行為」の「言葉の定義」と、それに対する「筆者の考え」を適切に説明している選択肢しか解答になり得ません。

・「『啓蒙』という行為」の「言葉の定義」が適切なもの
②「正当な価値判断を行うためのリテラシーを形成する啓蒙という行為」
（＝「最低限のリテラシーを形成するため」「価値判断に一定の正当性を持たせるため」に必要な作業）

・「『啓蒙』という行為」に対する「筆者の考え」の説明が適切なもの

②「みずからその作業を率先して担うよりは、」

（＝「他の人に任せておきたい」）

「好奇心を呼び起こすことで人が自力で新たな表現を生み出すよう促す側に身を置き続けたい」

（＝「未知なるものへの好奇心／関心／興味を刺激することをしたい」）

この二点を適切に説明しているものは、②のみであり、②が解答の候補になります。

②「啓蒙という行為の必要性は高まり続けている」は本文「啓蒙の必要性が……よく語られるようになってきました」の説明にあたります。同じく「人が自力で新たな表現を生み出すよう促す」は本文「それ（＝啓蒙）とは異なる次元」にある「未知なるものへの好奇心／関心／興味を刺激すること」の内容の説明として妥当なものだと判断できます。これにより、解答が②に決定できます。選択肢の表現で悩む内容があれば、本文に戻って照合するようにしてください。

他の選択肢は、「『啓蒙』という行為」についての「言葉の定義」が誤っているので、その時点で誤答と判断することができます。

それぞれの選択肢の表現を本文に照らし合わせて確認すると、判断に無駄な時間がかかります。〈本文から答えを見つけ、**「正答根拠」**をまとめる→**「正答根拠」**と同じものは◯、違うものは×〉というアプローチによって、正答率を上げつつ、時間を節約する訓練を続けていきましょう。

参考 次ページの**〈内容ズレ〉〈定義ズレ〉**などの**〈誤答のパターン〉**について、詳しくは第6章「誤答のパターン」（→144ページ）を参照してください。

①　現代では、教養を他者に分け与え価値判断の基準を整える啓蒙という行為の重要性は高まり続けている、と筆者は思っている。そのため、単に他者を啓蒙するだけにとどまらず、有効な啓蒙の方法を模索することも必要だと考えている。

定義ズレ×　「『啓蒙』という行為」

記述ナシ×　本文にない記述

◎

②　現代では、正当な価値判断を行うためのリテラシーを形成する啓蒙という行為の必要性は高まり続けている、と筆者は思っている。しかし、みずからその作業を率先して担うよりは、好奇心を呼び起こすことで人が自力で新たな表現を生み出すよう促す側に身を置き続けたいと考えている。

定義◯　「『啓蒙』という行為」　○

内容◯　筆者の考え

③　現代では、他者に知識を分け与える啓蒙という行為についての責任を特定の誰かが負う必要はなくなった、と筆者は思っている。しかし、新たな発想が生まれることを促すために、あえて他者を啓蒙する場にとどまり続けたいと考えている。

定義ズレ×　「『啓蒙』という行為」

内容ズレ×　筆者の考え「啓蒙を得意とする、啓蒙という行為に何らかの責任の意識を持っている人たち」にやってほしい

内容ズレ×　筆者の考え

④　現代では、故意による盗作行為を抑止する営みとしての啓蒙は不可欠である、と筆者は思っている。そのため、

定義ズレ×　「『啓蒙』という行為」

内容ズレ× 筆者の考え
因果関係のズレ× 「『啓蒙』という行為」は「人々の倫理意識を高める」ために必要なわけではない

啓蒙という行為に積極的に関わることで人々の倫理意識を高めたいと考えている。

定義ズレ× 「『啓蒙』という行為」

⑤ 現代では、歴史を正しく把握する態度の大切さを人々に教える啓蒙という行為の意義は高まる一方である、と筆者は思っている。しかし、あえて啓蒙の意義を否定し、歴史の束縛から解放されることによって現状を打破すべきだと考えている。

内容ズレ× 「啓蒙の必要性」は分かる
記述ナシ× 本文にない記述

解答 ②

解説の冒頭でもふれましたが、傍線部のない設問は、「その設問が本文のどの部分の内容と対応しているのか」を自分で考える必要があるので、傍線部型の設問よりも難しくなっています。今後は、このように傍線部がない設問や、図表を示した上で本文の内容と関連づけた判断を求める設問の出題が増えてくると考えられます。これは、共通テストのねらいが「文章を読んで、設問を確認して、設問要求に応じた答えを本文から見つける力」としての〈応用的思考力〉を問うものであるからです。ここで「設問要求に応じた答えを」という部分に注目してください。

傍線部のない設問でも、設問には必ず指示があります。設問は「自分が何を見つけなければならないか」という読解の指針を示してくれるものです。**傍線部がない場合は、設問をヒントにして**考えましょう。

例題3 複数の題材からなる問題

❖次の【文章】は名和《なわ》小太郎《こたろう》の『著作権2.0 ウェブ時代の文化発展をめざして』（二〇一〇年）の一部であり、【資料】は著作権法（二〇一六年改正）の条文の一部である。これらを読んで、後の問いに答えよ。

【文章】

著作者は最初の作品を何らかの実体――記録メディア――に載せて発表する。その実体は紙であったり、カンバスであったり、空気振動であったり、光ディスクであったりする。この最初の作品をそれが載せられた実体とともに「原作品」――オリジナル――と呼ぶ。

著作権法は、じつは、この原作品のなかに存在するエッセンスを引き出して「著作物」と定義していることになる。そのエッセンスとは何か。記録メディアから剝がされた記号列になる。著作権が対象とするものは原作品ではなく、この記号列としての著作物である。

論理的には、著作権法のコントロール対象は著作物である。しかし、そのコントロールは著作物という概念を介して物理的な実体――複製物など――へと及ぶのである。現実の作品は、物理的には、あるいは消失し、あるいは拡散してしまう。だが著作権法は、著作物を頑丈な概念として扱う。

【資料】

「著作権法」（抄）

（目的）

第一条　この法律は、著作物並びに実演、レコード、放送及び有線放送に関し著作者の権利及びこれに隣接する権利を定め、これらの文化的所産の公正な利用に留意しつつ、著作者等の権利の保護を図り、もつて文化の発展に寄与することを目的とする。

（定義）

第二条　この法律において、次の各号に掲げる用語の意義は、当該各号に定めるところによる。

一　著作物　思想又は感情を創作的に表現したものであつて、文芸、学術、美術又は音楽の範囲に属するものをいう。

二　著作者　著作物を創作する者をいう。

三　実演　著作物を、演劇的に演じ、舞い、演奏し、歌い、口演し、朗詠し、又はその他の方法により演ずること（これらに類する行為で、著作物を演じないが芸能的な性質を有するものを含む。）をいう。

（技術の開発又は実用化のための試験の用に供するための利用）

第三十条の四　公表された著作物は、著作物の録音、録画その他の利用に係る技術の開発又は実用化のための試験の用に供する場合には、その必要と認められる限度において、利用することができる。

（営利を目的としない上演等）

第三十八条　公表された著作物は、営利を目的とせず、かつ、聴衆又は観衆から料金（いずれの名義をもつてするかを問わず、著作物の提供又は提示につき受ける対価をいう。以下この条において同じ。）を受けない場合には、公に上演し、演奏し、上映し、又は口述することができる。ただし、当該上演、演奏、上映又は口述について実演家又は口述を行う者に対し報酬が支払われる場合は、この限りでない。

（時事の事件の報道のための利用）

第四十一条　写真、映画、放送その他の方法によつて時事の事件を報道する場合には、当該事件を構成し、又は当該事件の過程において見られ、若しくは聞かれる著作物は、報道の目的上正当な範囲内において、複製し、及び当該事件の報道に伴つて利用することができる。

問　傍線部「記録メディアから剝がされた記号列」とあるが、それはどういうものか。【資料】を踏まえて考えられる例として最も適当なものを、次の①～⑤のうちから一つ選べ。

① 実演、レコード、放送及び有線放送に関するすべての文化的所産。
② 小説家が執筆した手書きの原稿を活字で印刷した文芸雑誌。
③ 画家が制作した、消失したり散逸したりしていない美術品。
④ 作曲家が音楽作品を通じて創作的に表現した思想や感情。
⑤ 著作権法ではコントロールできないオリジナルな舞踏や歌唱。

（共通テスト試行調査）

共通テストの論理的文章における「資料を含む問題」では、論理的文章と資料が複数の題材として示され、**文章について、資料と関連づけながら、内容を的確に読み取る力**が求められます。設問の要求に応じて、**文章と資料を関連づけて情報を解釈・判断する**ことが必要です。

では、**「正答へのアプローチ」**、開始！

❶ 傍線部分析を行う。

(1) 傍線部を含む「一文全体」を確認する。

記録メディアから剝がされた記号列になる。

(2) 文の構造〈主部と述部・指示語・接続表現〉と〈言い換えが必要な言葉〉を確認する。

この文には主部がないので、前の内容に注目して、省略されている主部を補います。

そのエッセンスとは何か。／（そのエッセンスは）［主部］／記録メディアから剝がされた記号列になる。［述部］

〈言い換えが必要な言葉〉

a 「そのエッセンス」…指示内容を確かめる

b 「記録メディア」…「言葉の定義」を確かめる

c 「（記録メディアから）剝がされた」…「言葉の定義」を確かめる

d 「記号列」…「言葉の定義」を確かめる

(3) 〈言い換えが必要な言葉〉を言い換えて、文の意味内容を確認する。

a 「そのエッセンス」

どのような「エッセンス」なのか説明している部分を探します。傍線部の二つ前の文の「エッセンス」の説明にあたる内容が、「その」で言い換えられています。

「そのエッセンス」＝「原作品のなかに存在する『エッセンス（＝本質）』」＝「著作権法」が、「著作物」と定義しているもの

b 「記録メディア」

第1段落の内容から、著作者が作品を載せる「何らかの実体」（紙・カンバス・空気振動・光ディスクなど）のことだと

分かります。

c 「（記録メディアから）剝がされた」

「記録メディア」が「何らかの実体」であることから、「剝がされた」とは〈（作品を載せる）実体から「引き出して」取り離された〉といった意味であると考えられます。

d 「記号列」

「記録メディア（＝作品を載せる実体）から剝がされた（＝「引き出して」取り離された）記号列」とあるので、実体としての作品ではない、作品の内容を表していると読み取れます。

ここまでの内容を踏まえて、傍線部を含む文の意味をまとめておきましょう。

（そのエッセンスは） ＝ （原作品のなかに存在し、「著作物」と定義されるエッセンスとは）
記録メディアから ＝ 作品を載せる実体から
剝がされた ＝ 「引き出して」取り離された
記号列になる。 ＝ 作品の内容である。

つまり、「著作物」とは、作品を載せる実体（紙やカンバスなど）ではなく、作品の内容だということです。傍線部の直後の文にも「記号列としての著作物」＝「著作権が対象とする」もの とあります。

❷ 設問要求を確認する。

この設問は「それはどういうものか」という**内容説明**の設問です。さらに「**【資料】**を踏まえて考えられる例」を選べ、とあります。**【文章】**にある傍線部の**内容を把握**した上で、**【資料】**を確かめて、ふさわしい例を考えることが求められています。最初に述べたように、**文章と資料を関連づけて情報を解釈・判断する**ことが重要です。

参考 「資料を含む問題」においても、傍線部のない設問が出題されることがあります。その場合は、**「正答へのアプローチ」❷**からスタートして解いていきましょう。設問要求は、「その設問が本文や資料のどの部分と対応しているのか」を把握するヒントになります。また、「どの部分と対応しているのか」が把握できれば、「どの部分から設問の答えを見つければよいのか」という〈分析対象の範囲〉を確定することができます。

❸ 設問の答えを本文から見つけ、「正答根拠」をまとめる。

この設問の「解答に必要な要素」を確認しましょう。

解答に必要な要素

・傍線部の内容と**【資料】**の両方に合う例

まず、傍線部の内容については、❶(3)で確かめた傍線部を含む一文の意味によって把握できます。

・傍線部の内容

原作品のなかに存在し、「著作物」と定義されるエッセンス

＝作品を載せる実体から「引き出して」取り離された作品の内容

次に、**【文章】**（傍線部）と**【資料】**を関連づけて、**【資料】**から読み取るべきことを考えます。**【資料】**の中で傍線部と関連しているのは「著作物」の定義です。

・**【資料】**

（定義）

第二条　この法律において、次の各号に掲げる用語の意義は、当該各号に定めるところによる。

一　著作物　思想又は感情を創作的に表現したものであつて、文芸、学術、美術又は音楽の範囲に属するものをいう。

以上の内容を**「正答根拠」**としてまとめると次のようになります。

正答根拠

「著作物」と定義されるもの・著作権が対象とするもの

・**【文章】**（傍線部）エッセンス＝実体から「引き出して」取り離された作品の内容（作品の「実体」ではない）

＋

・**【資料】**　第二条一　思想又は感情を創作的に表現したもの
文芸、学術、美術又は音楽の範囲に属するもの

参考　「エッセンス」と「実体」の関係については、続く第3段落でも対立するものとして説明されています。対比を整理してまとめると、次のようになります。

「著作物」…原作品のなかに存在するエッセンス（著作権法のコントロール対象・頑丈な概念）

⇔

「作品」…現実の作品（物理的な実体・著作物が載せられた実体）

〈作品の「実体」ではなく、「エッセンス」〉が「著作物」であることを踏まえた上で、その「例」として考えられるものが正答になることを確認してから、選択肢の吟味に移りましょう。

4 「正答根拠」と各選択肢を照合する。

各選択肢について、「正答根拠」と照合する形で検討します。

「正答根拠」より、**【文章】**と**【資料】**に書かれている「著作物」の定義に当てはまる例が正答になることが分かります。

・**【文章】**（傍線部）の定義に合うもの

④〈作曲家が……表現した〉「思想や感情」（＝実体ではない「エッセンス」といえる）

・**【資料】**の定義に合うもの

④「作曲家が音楽作品を通じて」（＝「文芸、学術、美術又は音楽の範囲に属する」）「創作的に表現した思想や感情」（＝「思想又は感情を創作的に表現」）

この二点を適切に説明しているものは、④のみです。解答は④です。

続いて、他の選択肢も見ておきましょう。

「著作物」の定義として誤っているものは、誤答であると判断することが必要です。

①「文化的所産」は「実体」を含みます。②「文芸雑誌」・③「美術品」・⑤「舞踏や歌唱」は、全て「実体」であり、「エッセンス」ではないので、誤りと判断できます。

参考 ⑤「舞踏や歌唱」は〈モノ〉ではありませんが、**【文章】**の第1段落にある「記録メディア」のうちの「空気振動」に該当するものです（「歌唱」は「音声」であり「空気振動」です）。

また、①「実演、レコード、放送及び有線放送に関する……文化的所産」・②「活字で印刷した文芸雑誌」は、【資料】「創作的に表現したもの」という定義に合いません。③「画家が制作した」だけではそれが「創作的」に「表現」されたものだという判断はできません。

⑤「オリジナルな」は「創作的」である点は踏まえていますが、「著作権法ではコントロールできない」が、傍線部が「著作物の定義」を説明していることと矛盾し、設問の答えにならないので誤りだと判断できます。

① 実演、レコード、放送及び有線放送に関するすべての文化的所産。
　定義ズレ×「創作的に表現」にあたらない／「実体」を含む＝定義ズレ×「著作物」

② 小説家が執筆した手書きの原稿を活字で印刷した文芸雑誌。
　定義ズレ×「創作的に表現」にあたらない←／「実体」＝定義ズレ×「著作物」

③ 画家が制作した、消失したり散逸したりしていない美術品。
　定義ズレ×これだけで「創作的」とは判断できない／「実体」＝定義ズレ×「著作物」

◎④ 作曲家が音楽作品を通じて創作的に表現した思想や感情。
　定義◯「音楽の範囲」／定義◯「創作的に表現」／エッセンス＝定義◯「著作物」

⑤ 著作権法ではコントロールできないオリジナルな舞踏や歌唱。
　設問ズレ×傍線部は「著作物」であり著作権法の対象／「実体」＝定義ズレ×「著作物」

解答 ④

「はじめに」で述べたように、共通テストでは次のような能力が求められます。

「言語を手掛かりとしながら、文章の内容を多面的・多角的な視点から解釈したり、目的や場面等に応じて、情報を的確に理解したり、より効果的な表現に向けて検討、工夫したりする力などを求める。」（大学入試センターの公表による）

本文の内容と対応する具体例を判断する設問は、「多面的・多角的な視点」による〈応用的思考力〉がより強く求められることから、今後の共通テストでも多く出題されると考えられます。文章と資料から、設問要求に応じた内容を把握した上で、その内容を具体例に当てはめて解釈するように心がけて訓練しましょう。

第3章　文学的文章

1　読解の基本方針

1　文学的文章で問われる読解力

文学的文章は、小説や随筆、エッセイ、詩など、作者が表現したいことが言葉によって形になったものです。論理的文章と比較すると、必ずしも読者に対して伝えたいことが明確に示されているわけではなく、むしろ多様な受け取り方が想定されている点で、読解が難しい題材だともいえます。

一方で、文学的文章であっても、試験である以上は答えが一つに定まるようになっています。文学的文章で問われる読解力は、大きく二つに分けることができます。

〈文学的文章で問われる読解力〉

・登場人物の心情や言動の意味について、本文に即した理解ができる力
・構成や表現の特徴を読み取る力

「表現の特徴」については、第5章「表現の設問の解き方」（→130ページ）で扱います。ここでは「本文に即した理解」について詳しく説明します。

2 文学的文章の読解は、「場面」と「心理の流れ」を追う

「本文に即した理解」にあたっては、「文章全体の把握」と「部分の把握」とで、それぞれ確認するべき内容があります。

▼文章全体の把握――場面の整理（場面・人物関係・時系列）

文章全体の内容を把握するためには、登場人物が置かれている**場面の状況**と、**人物関係**をおおまかに確認します。途中で回想などの過去のエピソードがはさまれることも多いので、**時系列**にも気をつけましょう。

次の判断基準を参考に、「場面の切れ目」を把握しておくことも大切です。

ポイント　「場面の切れ目」の判断基準

・空白行
・時の変化
・場所の変化
・登場人物の出入り

また、「言葉の定義」（↓15ページ）についても、論理的文章と同様に、本文を読みながら確認しておきましょう。

▼部分の把握――心理の流れ（心理を因果関係の「流れ」の中で捉える）

部分的な読解では、**「心理の流れ」**をつかむことが特に大切です。

文学的文章であっても、**与えられた文章を読み、設問の要求を確認した上で「設問で聞かれていることの答えを、本文から見つける」**という入試現代文の基本ルールは変わりません。

その際に「心情表現が出てきたらチェック」という形で、「うれしい」「悲しい」などの心理を単独で解釈してしまう受験生がとても多いです。心理には、「原因となる事態」や「結果として表れた行動」という**因果関係**（〈原因→結果〉の関係）の流れが存在します。大切なのは、**本文の表現に即した「心理の流れ」を、因果関係として（論理的に）把握すること**です。

心理の流れ（因果関係）

事態（原因）	（何があった）	**きっかけ**となる出来事
↓		↓
心理	（どう思った・考えた）	**内面**の動き
↓		↓
行動（結果）	（どうした・どうなった）	**反応**（心理の表出）

心情表現だけで解釈しようとせず 事態⇩心理⇩行動 のセットで確認する！

注意 行動には、動作だけでなく、**反応・態度・様子**など**心理の結果として表れたもの**が全て含まれます。「内面の動き」＝〈外から見ても分からないもの〉が心理、「心理の表出」＝〈外から見ても分かるもの〉が行動だと考えると分かりやすいです。

ポイント **「心情表現」が出てきたら、二つのツッコミを！**

❶なんで？（心理の原因＝事態を確認）「なんでそう思った？」
❷だから？（心理の結果＝行動を確認）「だから（それから）どうした？」

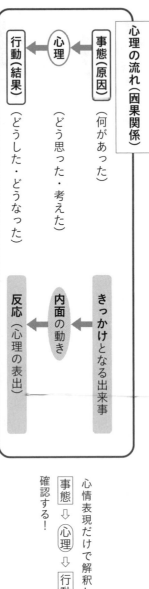

設問では心理や行動を傍線部として「なぜか」「どういうことか」という形で、傍線部に関連する部分の**因果関係**を的確に読み取れているかが問われることが多いです。具体的な傍線部分析の行い方については、次節「正答へのアプローチ」（→60ページ）で例文を扱いながら確認していきましょう。

3 設問は読解の指針

ここで改めて、入試現代文の基本ルールを確認しましょう。

入試現代文の基本ルール　「設問で聞かれていることの答えを、本文から見つける」

大学入試で出題される文学的文章は、読者自身の立場とは大きく異なる状況における他者の心情を推論する必要があることも多く、難しく感じられがちです。しかし、どのような文章においても、「答えを、本文から見つける」際には、設問要求を正しく把握することが必要です。言い換えれば、文学的文章においても、論理的文章と同じく、設問が読解の指針になってくれるのです。

文学的文章では、特に**「心理の流れ」**を捉えるにあたり、因果関係をつかむことが重要なので、**傍線部や設問に関連する部分の因果関係**を的確に把握しながら、読み進めていきましょう。

参考　**複数の題材からなる問題**

これまでの共通テストや試行調査では、詩とエッセイ、小説と批評のような、複数の題材の内容を比較・統合して理解する力を求める形の設問がありました。このような設問で、特に「文学的文章とそれに対する批評・評論」の組み合わせになっている場合、「批評・評論」は筆者の考えを説明したものなので、論理的文章の**「正答へのアプローチ」**を用いて読解することで対応しましょう。それ以外の組み合わせでも、それぞれの題材を正しく読解した上で、共通点や相違点に注意して設問要求に答えましょう。詳しくは例題3やチャレンジテストを確認してください。

2 正答へのアプローチ

ここからは、共通テストの文学的文章の攻略法を**「正答へのアプローチ」**として説明していきます。

文学的文章においても、**「設問で聞かれていることの答えを、本文から見つける」**という入試現代文の基本ルールに変わりはありません。よって、**「正答へのアプローチ」**の基本的な手順も論理的文章の場合と同じです。

ただし、細かい部分でいくつかの違いがあります。「読解の基本方針」で述べたように、文学的文章の「部分の把握」においては心理を因果関係の「流れ」の中で捉えることが重要です（→57ページ）。**「正答へのアプローチ」**もその点を踏まえた内容となります。

正答へのアプローチ

❶ 傍線部分析を行う。

(1) 傍線部を含む「**一文全体**」を確認する。

(2) 文の**構造**（主部と述部・指示語・接続表現）と〈**言い換え**が必要な言葉〉を確認する。

(3) 〈**言い換え**が必要な言葉〉を言い換えて、文の**意味内容**を確認する。

(4) 文の内容を［事態(原因)］（心理）［行動(結果)］に当てはめ、**「心理の流れ」**（因果関係）を整理する。

❷ 設問要求を確認する。

選択肢はまだ見ないこと！

❸ 設問の答えを本文から見つけ、「正答根拠」をまとめる。

傍線部を含む場面の終わりまで読み、❶で確認した内容を踏まえて、❷設問要求に適した答えを本文から見つける。

（見つからなければ、先に読み進めて答えを見つける。）

見つけた答えを、選択肢と照合するために**「正答根拠」**としてまとめる。

❹ 「正答根拠」と各選択肢を照合する。

❸でまとめた**「正答根拠」**と「同じことを述べている選択肢が○」「違うことを述べている選択肢は×」と判断する。

それでは**「正答へのアプローチ」**を詳しく見ていきます。ここでは、次の例文を用いて実際の手順を解説します。

例　散歩をしているよその家の犬を見ると、私は思わず微笑《ほほえ》みそうになる。

❶ 傍線部分析を行う。

(1) 傍線部を含む「一文全体」を確認する。

傍線部だけでなく、必ず傍線部を含む一文全体を確認しましょう。

例　散歩をしているよその家の犬を見ると、私は思わず微笑みそうになる。

⑵ 文の構造（主部と述部・指示語・接続表現）と〈言い換えが必要な言葉〉を確認する。

⑴で確認した、文全体を、言葉の意味のまとまりに注目して区切り、文の**構造**を確認します。

また、〈**言い換え**が必要な言葉〉を把握しておきます。〈**言い換え**が必要な言葉〉は、論理的文章と同じく、作者が定義している言葉や指示語など、（本文を読まずに）**傍線部を含む一文を読んだだけでは意味を捉えられない表現**です。

例 散歩をしているよその家の犬を見ると、／私は（主語）／思わず微笑みそうになる。（述部）

〈**言い換え**が必要な言葉〉なし

⑶ 〈言い換えが必要な言葉〉を言い換えて、文の意味内容を確認する。

⑵で確認した〈**言い換え**が必要な言葉〉について、本文から**言い換え**となる表現を探し、傍線部を含む一文の**意味内容**を確認します。例文には〈**言い換え**が必要な言葉〉は特にありませんので、次の項目に進みましょう。

⑷ 文の内容を 事態（原因） 心理 行動（結果） に当てはめ、「心理の流れ」（因果関係）を整理する。

傍線部を含む一文の内容が、**「心理の流れ」**（因果関係）（↓58ページ）の 事態（原因） 心理 行動（結果） のどれに当てはまるかを確認して整理します。（事態（原因） 心理 行動（結果） の全てが一文内にあるとは限りません。）

ポイント 「心理の流れ」の捉え方

・「きっかけとなる 事態 」＝ 心理 を引き起こした**原因**は何か

・ 心理 の内容

・ 行動 ＝ 心理 の**結果**として表れた 行動 （反応）はどのようなものか

例

事態（原因） 散歩をしているよその家の犬を見る
↓
心理 ？？？
↓
行動（結果） 思わず微笑みそうになる

傍線部「思わず微笑みそうになる」は、心理の結果として生じたものなので行動に整理されます。「……になる」という表現が、**内面の動きや変化の結果を示す表現**であることに注目しましょう。

また、「散歩をしているよその家の犬を見ると」の「と」に注目してください。「猫が鳴く〈と〉ネズミが逃げる」のように、**「と」には因果関係を示す使い方があり、心理の原因となった事態を見つけるヒント**になってくれます。

心理にあたる内容は直接書かれていません。

心理 行動については、主体＝〈誰の〉、対象＝〈何（誰）に対する〉ものなのかも合わせて確認しておきましょう。

例

散歩をしているよその家の犬（対象）を見ると、／私（主体）は／思わず微笑みそうになる（行動）。

例文は行動を含むので、行動の主体と対象を確認します。

参考 例文には「思わず」という表現があります。「思わず」が「意識・意図しないで」という意味で「そうしようと思ったわけではないのに（思わず微笑みそうになる）」という状況を示す点をおさえておくと、より正確な読み取りにつながります。

❷ 設問要求を確認する。

設問文をよく読んで、**設問で聞かれていること**は何かを確認します。ただし、**選択肢はまだ見ないこと！**

設問形式に応じて、〈設問で聞かれていること＝本文から見つけなければならないこと〉は何かを把握しましょう。

ポイント　傍線は (心理) [行動] のどちらかに引かれることが多い

《設問形式の主な例》

・**理由説明**（(心理) [行動] に傍線が引かれていて、「なぜか」のように理由を問われる場合）

…なぜそのような (心理) [行動] に至ったのか、**「心理の流れ」**をつかんで説明することが求められる。

例　——傍線部「思わず微笑みそうになる」とあるが、なぜか。

傍線部の**理由説明**の設問です。[行動] に傍線が引かれていて、なぜそのような [行動] に至ったのか、**「心理の流れ」**をつかんで説明することが求められています。

・**内容説明**（(心理) [行動] に傍線が引かれていて、「どういうことか」のように内容を問われる場合）

…傍線部の (心理) [行動] について、**「心理の流れ」**をつかんで具体的に説明することが求められる。

例　——傍線部「思わず微笑みそうになる」とあるが、どういうことか。

傍線部の**内容説明**の設問です。[行動] に傍線が引かれていて、その [行動] について**「心理の流れ」**をつかんで具体的に説明することが求められています。

❸ 設問の答えを本文から見つけ、「正答根拠」をまとめる。

傍線部を含む場面の終わりまで読み、その設問の答えを本文から見つけます。

❷で確認した「設問要求」から、「この内容がないと設問の答えにならない」という「解答に必要な要素」を整理しましょう。

理由説明の場合も、**内容説明**の場合も、傍線部の心理行動につながる**「心理の流れ」**が必要です。

- 心理が傍線部↓きっかけとなる事態をおさえる
- 行動が傍線部↓〈きっかけとなる事態↓心理〉の流れをおさえる

また、❶(4)でおさえた、〈誰の〉〈何（誰）に対する〉心理行動なのかも必要な要素です。

例 **内容説明**の設問…傍線部「思わず微笑みそうになる」とあるが、どういうことか。

解答に必要な要素

- 傍線部の行動「思わず微笑みそうになる」のきっかけとなる事態↓心理の流れ

…この例文では、心理が言葉で明示されていません。その場合は、**事態と行動から因果関係を考え**、論理的に推測できるものを補いましょう。

事態(原因) 散歩をしているよその家の犬を見る
↓
心理 うれしい・喜ばしい・かわいい・愛らしい・魅力的だ・幸せな気持ちになった
↓
行動(結果) 思わず微笑みそうになる

「散歩をしているよその家の犬を見た」ことと、「思わず微笑みそうになる」という**原因**と**結果**をつなぐ内容として、間に入り得る心理を推定します。「微笑み」というのは「うれしい・喜ばしい」などの心理によって生じる**反応（結果）**であり、この心理は「散歩をしているよその家の犬を見た」という**原因**からも論理的につながり得るものだと判断できます。**原因**とのつながり・**結果**とのつながりの両方が論理的に妥当であるものを考えましょう。

・〈誰の〉〈何（誰）に対する〉行動か
…「私」の「散歩をしているよその家の犬」に対する行動

正答根拠
散歩をしているよその家の犬を見ると、私は喜ばしく感じるので、意図せずに微笑みが浮かんでくるということ。

「ので」という形で、**「心理の流れ」**を因果関係として説明します。

注意「思わず微笑みそうになる」という表現は、〈実際はそんなに微笑まなかった〉ことを含意しています。これについては〈「よその家の犬」なのでそんなにあからさまに笑顔にはなれない〉（あからさまに笑顔になると、周囲の人々に変に思われはしないか）、という意識で「思わず微笑みそうになる（が我慢して微笑まなかった）」のような内容説明を補うと分かりやすいでしょう。また実際に設問を解く際には、「思わず」という表現から「〈意図せずに〉微笑みそうになる（が、我慢した・微笑まなかった）」という内容が読み取れることにも注意するようにしてください。

参考「散歩をしているよその家の犬を見たからって私はかわいいと思わない！」「散歩をしているよその家の犬を見ていらいらする人だっているかもしれないじゃないか」といった、**「主観的な読解」にはくれぐれも注意**してください。

入試現代文においては、「設問で聞かれていることの答えを、本文から見つける」という基本ルールが絶対です。あくまでも「本文に書いてあること」が全てなので、「あなたの意見」「あなたの感想」のような「主観」を交えて読解してはいけません。主観が入りそうになったら、「本文中の表現を根拠として、論理的に説明ができるか」という視点に立ち返って、本文中の表現と向き合うよう心がけましょう。

また、「散歩をしているよその家の犬を見ていらいらする人だっているかもしれない」パターンの疑問について、世間は広いので、確かにそういう人も存在するかもしれません。ただし、この例の場合、「散歩をしているよその家の犬を見る」という[事態]と、「思わず微笑みそうになる」という[行動]の両方に論理的につながるものでないと、答えとして不適切です。「散歩をしているよその家の犬を見た　から　いらいらする」という[事態]→(心理)のつながりが仮に妥当だとしても、「いらいらする　から　思わず微笑みそうになる」という(心理)→[行動]を論理的に妥当だと考えるのは難しいので、答えとして不適切だと判断します。

❹「正答根拠」と各選択肢を照合する。

❸でまとめた**「正答根拠」**と各選択肢を照合し、正答選択肢を選びます。

「正答根拠」と「同じことを述べている選択肢が○」「違うことを述べている選択肢は×」と判断していきましょう。**「正答根拠」**を使って選択肢を判断すること、そのために、**選択肢を見る前に、設問の答えを本文から見つける**ことが大切です。

正答候補の選択肢の中に、**「正答根拠」**と同じかどうか悩む部分があったら、最後に本文に戻って確認しましょう。実際の問題では、選択肢に様々な表現が用いられます。本文中の表現と照合した上で、本文の内容の言い換えとして妥当なものだと判断できたらその選択肢で解答を確定します。

例　今回の例文の場合は、特に次の二点をおさえたものが正答になることを確認しておきましょう。

①「散歩をしているよその家の犬を見る」という事態（**原因**）によって起きる心理として、論理的に妥当なものである。

②「思わず微笑みそうになる」という行動（**結果**）につながる心理として、論理的に妥当なものである。

注意 選択肢においては、「因果関係」〈原因→結果〉の関係について「ズレ」を作ることで誤答が作られることがとても多いです（→第6章「誤答のパターン」144ページ）。また、心理が同じでも、そのきっかけとなる事態（**原因**）との論理的なつながりが間違いであれば全く違う事象になります。あるいは登場人物の行動（**結果**）について、その行動につながる心理や事態を本文と変えて因果関係の「ズレ」を作るパターンも多いので、注意してください。具体的な誤りについては、例題やチャレンジテストでも解説します。

この節では**内容説明**の例を使って説明してきましたが、**理由説明**の設問の場合は、「**傍線部の理由の説明になっているか**」という点を意識することが重要です。本文に書いてある内容であっても、傍線部の理由の説明になっていないものは設問の解答にならないからです。受験生が引っかかりやすいポイントなので、誤答を作成する際にもこの点がねらわれやすいです。

理由説明の設問で悩んだ際には、**〈選択肢を本文に戻してみる〉**という手順を行ってみてください。特に文学的文章においては、本文に選択肢の内容を入れて考えてみると、傍線部の理由の説明になっていない誤りに気づけることが多いです。悩んだら、選択肢の内容を本文の傍線部の前に入れて**「〈……だから〉傍線部である」という因果関係の流れが適切かどうか確認する**と、正誤の判断がしやすくなります。

例　寒いので温かい飲み物が欲しい、と私は思った。

設問：「私」が「温かい飲み物が欲しい」のはなぜか。

①　寒いから　②　のどが渇いたから　③　疲れたから

↓◎私は〈寒いから〉温かい飲み物が欲しいと思った
×私は〈のどが渇いたから〉温かい飲み物が欲しいと思った
×私は〈疲れたから〉温かい飲み物が欲しいと思った

参考 **設問は「場面」ごとに確認する**

「**正答へのアプローチ**」❸について、小説では、場面の終わりまで読んで答えを見つけましょう。「読解の基本方針」でも述べたように（↓57ページ）、〈場面の終わり＝場面の切れ目〉は、次の点から判断します。

「場面の切れ目」の判断基準

・空白行
・時の変化
・場所の変化
・登場人物の出入り

場面の終わりまで読んでも❸の設問の答えが見つからない場合や、答えを見つけたと思って❹に進んだが選択肢の判断に自信が持てない場合は、本文を先に読み進めましょう。最後まで読み進めてもかまいません。文学的文章の読解は、論理的文章よりも時間がかからないので、設問の処理を最後にまとめて行っても時間のロスにはならないことが多いからです。ただし、最後まで読み進めてから設問の処理を行う場合に傍線部分析が雑になってしまう・傍線部分析を行わずに選択肢に頼ってしまう人が多いので、その点にくれぐれも注意するようにしてください。設問の答えを出さずに読み進める場合でも、❶傍線部分析だけは先に行っておくことを心がけるようにしましょう。

例題1　傍線部のある設問

❖次の文章は、野上弥生子《のがみやえこ》の小説「秋の一日」（一九一二年発表）の一節である。一昨年の秋、夫が旅行の土産にあけびの蔓《つる》で編んだ手提げ籠を買ってきた。直子は病床からそれを眺め、快復したらその中に好きな物を入れてピクニックに出掛けることを楽しみにしていた。本文はその続きの部分である。これを読んで、後の問いに答えよ。なお、本文の上に行数を付してある。また、表記を一部改めている。

「此《この》秋になったら坊やも少しはあんよして行けるだろ、小《ちいさ》い靴を穿《は》かして一緒に連れて行こう。」

とこんな事を楽しんだ。けれどもその秋も籠は一度も用いらるる事なく戸棚に吊《つ》られてあった。直子は秋になると屹度《きっと》何かしら病気をするのであった。その癖一年のうちに秋は彼女の最も好きな季節で、その自然の風物は一枚の木の葉でも一粒の露でも、涙の出るような涼《すずし》い感銘を催させる場合が多いけれども、彼女は大抵それを病床から眺めねばならぬのである。ところが今年の秋は如何《どう》したせいか大変健《すこや》かで、虫歯一つ痛まずぴんぴんして暮らした。直子は明け暮れ軽快な心持ちで、もう赤ん坊を脱して一《い》ッぱしいたずら小僧の資格を備えて来た子供を相手に遊び暮らしながら、毎年よそに見はずした秋の遊び場のそこ此処《ここ》を思いやったが、そうなると又特別に行き度《た》いと思う処《ところ》もなかった。

　その内文部省の絵の展覧会が始まって、世の中は一しきりその取沙汰《とりざた》で賑《にぎ》やかであった。直子の家では主人が絵ずきなので早々見に行って来て、気に入った四五枚の絵の調子や構図の模様などをあらまし話してくれた。二三の知った画家の出した絵の様子なども聞いた。直子は去年も一昨年も見なかったので、今年は早く行って見ようと思った。けれども長い間の望みの如《ごと》く、彼《あ》のあけび細工の籠に好きな食べものを入れてぶらぶら遊びながらと云《い》う事を思いついたのは、其《その》前日の全く偶然な出来心であった。直子は夕方の明るく暮れ行く西の空に、明日の晴れやかな秋日和を想像して左様《そう》しようと思った。

「それが可《よ》い。展覧会は込むだろうから朝早くに出掛けて、すんだら上野から何処《どこ》か静かな田舎に行く事にしよう。」とそう思うと、誠に物珍《めず》らしい楽しい事が急に湧いたような気がして、直子は遠足を待つ小学生のような心で明日を待った。

問　傍線部「誠に物珍《めず》らしい楽しい事が急に湧いたような気がして」とあるが、それはどういうことか。その説明として最も適当なものを、次の①～⑤のうちから一つ選べ。

① この秋はそれまでの数年間と違って体調がよく、籠を持ってどこかへ出掛けたいと考えていたところ、絵の鑑賞を夫から勧められてにわかに興味を覚え、子供と一緒に絵を見ることが待ち遠しくなったということ。

② 長い間患っていた病気が治り、子供も自分で歩けるほど成長しているので一緒に外出したいと思っていたところ、翌日は秋晴れのようだから、全快を実感できる絶好の日になるとふと思いついて、心が弾んだということ。

③ 珍しく秋に体調がよく、子供とどこかへ出掛けたいのに行き先がないと悩んでいたところ、夫の話から久しぶりに絵の展覧会に行こうとはたと思いつき、手頃な目的地が決まって楽しみになったということ。

④ 籠を持って子供と出掛けたいと思いながら、適当な行き先が思い当たらずにいたところ、翌日は秋晴れになりそうだから、展覧会の絵を見た後に郊外へ出掛ければいいとふいに気がついて、うれしくなったということ。

⑤ 展覧会の絵を早く見に行きたかったが、子供は退屈するのではないかとためらっていたところ、絵を見た後にどこか静かな田舎へ行けば子供も喜ぶだろうと突然気づいて、晴れやかな気持ちになったということ。

（センター試験）

まず、登場人物が置かれている**場面の状況**と、**人物関係**をおおまかに確認します。

リード文から、主人公の直子が病床にいること、快復したら夫の土産である手提げ籠に好きな物を入れてピクニックに行くのを楽しみにしていることを確認しましょう。

次に**場面の切れ目**を確かめます。場面の切れ目は、〈**空白行・時の変化・場所の変化・登場人物の出入り**〉によって判断します。「その内文部省の絵の展覧会が始まって」という部分で時間の経過（＝時の変化）がうかがえるので、ここで場面が切れると判断します。

前半の場面では、ピクニックには子供（坊や）も連れて行こうと考えていること、直子が「秋になると屹度《きっと》何かしら病気をする」が、「今年の秋」は「大変健《すこや》か」であること、楽しみにしていたピクニックに行こうと「秋の遊び場」をあちこち思い浮かべたものの、特に行きたいところがないと考えていることが描かれています。

後半の場面では、絵の展覧会が始まり、絵の好きな夫から話を聞いたことがきっかけで、直子が展覧会に行くこと、展覧会後にピクニックに行くことを思いついたことが描かれています。この後半の場面に傍線部があります。

人物関係としては、主人公の直子、夫、子供（坊や）が家族であることが読み取れます。

それでは、**「心理の流れ」**に注意しつつ、**「正答へのアプローチ」** ❶傍線部分析から確認していきましょう。

❶ 傍線部分析を行う。

(1) 傍線部を含む「一文全体」を確認する。

「それが可《よ》い。展覧会は込むだろうから朝早くに出掛けて、すんだら上野から何処《どこ》か静かな田舎に行く事にしよう。」とそう思うと、誠に物珍《めず》らしい楽しい事が急に湧いたような気がして、直子は遠足を待つ小学生のような心で明日を待った。

(2) 文の構造（主部と述部・指示語・接続表現）と〈言い換えが必要な言葉〉を確認する。

指示語や接続表現に注意しつつ、傍線部を含む一文を言葉の意味のまとまりに注目して区切り、文の**構造**を確認していきましょう。特に文学的文章では、指示語を読み飛ばしてしまう人が多いのですが、言い換えを導いてくれるので、忘れずに確認してください。

「[それ]（指示語）が可い。展覧会は込むだろうから朝早くに出掛けて、すんだら上野から何処か静かな田舎に行く事にしよう。」

と ／ [そう]（指示語）思う[と]（因果関係を示す「と」）、／ 誠に物珍らしい楽しい事が ／ 急に湧いたような気がして、／ 直子は（主語） ／

遠足を待つ小学生のような心で ／ 明日を待った。（述部）

次に、「本文を全く読んでいない人に、その意味が分かるかどうか」という言い換えの指針をもとに、〈**言い換え**が必要な言葉〉を確認します。

〈**言い換え**が必要な言葉〉

a 「それ」「そう」（指示語）…指示内容を確かめる

b 「誠に物珍らしい楽しい事」…具体的にどのようなことかを確かめる

c 「遠足を待つ小学生のような心」…どういう意味か確かめる

(3) 〈言い換えが必要な言葉〉を言い換えて、文の意味内容を確認する。

a 「それ」「そう」

「それが可い」の「それ」が指す内容は、「あけび細工の籠に好きな食べものを入れてぶらぶら遊びながら」絵の展覧会に行くことです。

「そう思うと」の「そう」が指す内容は、「展覧会は込むだろうから朝早くに出掛けて、すんだら上野から何処か静かな田舎に行く事にしよう。」という直子の思いつきです。

b 「誠に物珍らしい楽しい事」

「そう」が指す内容から、「急に湧いたような気」がした「誠に物珍らしい楽しい事」というのが、〈朝早くに絵の展覧会に行って、終わったらずっと行きたかったピクニックに行こう〉という内容であることが分かります。これが、ずっと病床にいた（＝出掛けられなかった）直子にとっては「誠に物珍らしい」ことであり「楽しい」ことであった、というわけです。

c 「遠足を待つ小学生のような心」

〈期待して興奮し、心が落ち着かない様子〉を意味します。これは直子の状況を「遠足を待つ小学生」にたとえた比喩的な表現であり、自分の「物珍らしい」「楽しい」思いつきに〈心を躍らせている〉直子の様子を示しています。

(4) 文の内容を［事態（原因）］（心理）［行動（結果）］に当てはめ、「心理の流れ」（因果関係）を整理する。

「気」（＝〈気持ち〉）という表現から、「誠に物珍らしい楽しい事が急に湧いたような気」が直子の内面の動き＝（心理）であると分かります。「気がして」・「湧いたような」という表現は、何かの結果として〈気持ちが生じた〉ことを意味します。

また、❶(2)で確認した「そう思うと」の「と」に注目してください。「猫が鳴く〈と〉ネズミが逃げる」のように、**「と」**

には因果関係を示す使い方があり、心理の原因となった事態を見つけるヒントになってくれます。「そう思う」という〈直子の思いつき〉が傍線部の心理の**原因**＝きっかけとなった事態だと分かります。

さらに、「誠に物珍らしい楽しい事が急に湧いたような気」がした直子は、「遠足を待つ小学生のような心」で、つまり〈楽しみにしながら〉「明日を待った」とあります。

それでは、ここまでの内容を、因果関係を確認しながら「**心理の流れ**」に当てはめてみましょう。次のようになります。

事態（原因） → **心理** → **行動（結果）**

事態（原因）
そう思う
＝
〈朝早くに絵の展覧会に行って、終わったらずっと行きたかったピクニックに行こう〉と思いつく

心理
誠に物珍らしい楽しい事が急に湧いたような気がした
↑
「遠足を待つ小学生のような心」〈期待に心を躍らせている〉

行動（結果）
〈楽しみにしながら〉明日を待った

参考　ここでは「明日を待った」というのが直子の心理の**結果**として生じた**反応**であることから、行動として整理しています。「**心理の流れ**」を因果関係として把握するための分け方なので、「明日を待った」というのが「動作」ではないから行動とはいえない、という判断をしないように注意してください。「黙った」など目に見える動きがない行動も、**心理の結果として表出しているものは行動**〈反応〉として整理します。

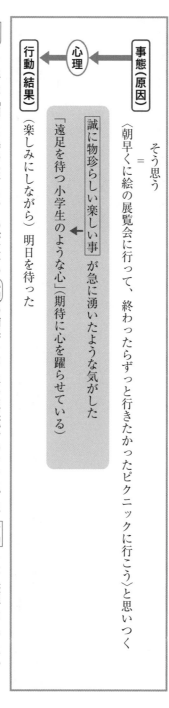

❷ 設問要求を確認する。

この設問は心理に傍線が引かれていて「どういうことか」と**内容説明**を求めています。「誠に物珍らしい楽しい事」の具体的な内容をおさえた上で、「急に湧いたような気がして」という心理が生じる因果関係の流れを把握する必要があります。

❸ 設問の答えを本文から見つけ、「正答根拠」をまとめる。

内容説明の設問なので、傍線部について**「心理の流れ」**をつかんで具体的に説明する必要があります。傍線部は心理なので、心理のきっかけとなる事態をおさえる必要があります。例題1では、❶傍線部分析で**「心理の流れ」**をすでに確かめてあります。

「解答に必要な要素」をまとめてみます。

解答に必要な要素

- 傍線部の心理のきっかけとなる事態

…〈朝早くに絵の展覧会に行って、終わったらずっと行きたかったピクニックに行こう〉と**思いついたこと**

- 誰の何に対する心理なのか

…直子の、〈朝早くに絵の展覧会に行って、終わったらずっと行きたかったピクニックに行こう〉という**思いつきに対する**心理

- 心理の内容

…自分の「物珍らしい」「楽しい」思いつきへの期待に、心を躍らせている

正答根拠
（直子は）〈朝早くに絵の展覧会に行って、終わったらずっと行きたかったピクニックに行こう〉と思いついたことで、「誠に物珍らしい楽しい事が急に湧いたような気」になり、期待に心を躍らせている。（＝「遠足を待つ小学生のような心」）

ここまでの内容を確認した上で、選択肢の吟味に移ります。

4 「正答根拠」と各選択肢を照合する。

④は、傍線部の心理のきっかけとなる事態が〈朝早くに絵の展覧会に行って、終わったらずっと行きたかったピクニックに行こう〉という直子の思いつきであることが、「展覧会の絵を見た後に郊外へ出掛ければいいとふいに気がついて」と正しく指摘されています。この思いつきから生じた「遠足を待つ小学生のような」期待に心を躍らせている直子の心理に対応する内容として、「うれしくなった」という表現は適切な説明です。〈「気がついて」〉→「うれしくなった」〉という**心理の流れ**も適切に説明されています。「翌日は秋晴れになりそうだから」は本文12行目の「夕方の明るく暮れ行く西の空に、明日の晴れやかな秋日和を想像して」という表現と矛盾せず、「籠を持って子供と出掛けたいと思いながら、適当な行き先が思い当たらずにいたところ」もリード文や本文1行目、6～7行目の内容と合致します。よって、解答は④と決まります。

この設問のポイントは、「**心理を単独で判断すると解答ができない**」という点にあります。全ての選択肢の、心理の部分だけを見比べてみましょう。

①「待ち遠しくなった」、②「心が弾んだ」、③「楽しみになった」、④「うれしくなった」、⑤「晴れやかな気持ちになった」は、全て〈喜び・楽しみ・待ち遠しい〉といった、似たような心理を示す表現で説明されています。この設問は「明

日を待った」につながる「誠に物珍らしい楽しい事が急に湧いたような気」の内容を問う問題ですが、心理を単独で解釈するとどの選択肢も同じ内容だと判断してしまい、解答が決められなくなってしまいます。**心理は必ず因果関係の「流れ」の中で読解する**ように心がけてください。

ここで、文学的文章の「読解の基本方針」を思い出してください。

文学的文章の「部分の把握」において大切なのは、**心理を因果関係の「流れ」の中で捉える**ことです（→57ページ）。そして、選択肢を吟味する際には、いかに心理が単独で正しかったとしても、**原因**となる事態が異なれば、本文の因果関係とはズレていると判断する必要があります。

参考 因果関係が本文と異なるものは**〈因果関係のズレ〉**による誤答です。また例題1には指示語の指示内容が異なる**〈指示語ズレ〉**も使われています。詳しくは第6章「誤答のパターン」（→144ページ）を参照してください。

① この秋はそれまでの数年間と違って体調がよく、籠を持ってどこかへ出掛けたいと考えていたところ、絵の鑑賞を夫から勧められてにわかに興味を覚え、子供と一緒に絵を見ることが待ち遠しくなったということ。

因果関係のズレ× 「子供と一緒に絵を見る」ことが「待ち遠しくなった」わけではない

② 長い間患っていた病気が治り、子供も自分で歩けるほど成長しているので一緒に外出したいと思っていたところ、翌日は秋晴れのようだから、全快を実感できる絶好の日になるとふと思いついて、心が弾んだということ。

指示語ズレ× 「そう思うと」…「思いつい」たのは〈朝早くに絵の展覧会に行って、終わったらずっと行きたかったピクニックに行こう〉という計画であり、「全快を実感できる絶好の日になる」と思いついたのではない

③ 珍しく秋に体調がよく、子供とどこかへ出掛けたいのに行き先がないと悩んでいたところ、夫の話から久しぶりに絵の展覧会に行こうとはたと思いつき、手頃な目的地が決まって楽しみになったということ。

因果関係のズレ× 「手頃な目的地が決まって」「楽しみになった」わけではない

◎④ 籠を持って子供と出掛けたいと思いながら、適当な行き先が思い当たらずにいたところ、翌日は秋晴れになりそうだから、展覧会の絵を見た後に郊外へ出掛ければいい[と]ふいに気がついて、うれしくなったということ。

因果関係○ 指示語○ 「そう思うと」 心理○

⑤ 展覧会の絵を早く見に行きたかったが、子供は退屈するのではないかとためらっていたところ、絵を見た後にどこか静かな田舎へ行けば子供も喜ぶだろう[と]突然気づいて、晴れやかな気持ちになったということ。

指示語ズレ× 「そう思うと」…「子供も喜ぶだろう」と「思いつい」たわけではない

解答 ④

この設問を解く際には、選択肢を見る前の❶傍線部分析の段階で〈朝早くに絵の展覧会に行って、終わったらずっと行きたかったピクニックに行こう〉という〈直子の思いつき〉が心理の**原因**（きっかけとなる事態）であることを、正しく把握しておく必要があります。

選択肢を見る前に、設問の答えを本文から見つけることと、**「心理の流れ」を因果関係として把握する**ことの重要性を、この設問で確認してください。

例題2 傍線部のない設問

❖次の文章は、小池昌代《こいけまさよ》の小説「石を愛《め》でる人」の一節である。これを読んで、後の問いに答えよ。なお、本文の上に行数を付してある。

さて、そのアイセキカ(注)、山形さんは、普段も石のように無口なひとである。ある地方テレビ局の制作部門に勤務している。おいくつですか、と尋ねたことはないが、五十歳はとうに過ぎているはずだ。

山形さんの担当するインタビュー番組に、わたしが出演させてもらったのが知り合うきっかけだった。実はわたしは、テレビのない生活をして、十年くらいになる。見たい番組というのが、ほとんどないし、たまに、人の家でテレビがついていると、テレビとは、こんなに騒がしいものであったかとびっくりする(特にコマーシャルが、ひどい)。

わたし、テレビ持ってませんから。――しかしそれは出演を断る理由にはならなかった。

わたしはこんな仕事をしてますが、テレビを持ってないのは、今では普通のことです、と山形さんは言った。しかし、見るのと出るのでは、また違う。まあ、一度くらい、遊びにいらっしゃってはいかがです?

結局、その十五分番組に、わたしは出ることを決めた。オペラ歌手と評論家のインタビュアーを相手に、とても緊張しつつ、一生懸命になって、詩のことをしゃべり、朗読までして、収録を終えたのだ。

終わったあと、暗い夜道を一人で帰りながら、テレビとは、恐ろしく、自分を消費するものだと思った。インタビュアーたちとの関係も、あまりにも希薄で一時的・図式的なものであり、そんなことは彼らにとって、仕事のひとつなのだから当たり前のことなのに、その当たり前のことに傷ついてしまった。

そのうえ、自分の言ったことが、終わったあとも、わんわんと自分のなかで反響している。詩人という肩書きで得意になってしゃべった自分――これは一種の詐欺であると思った。そのことを自覚したうえで、玄人としてりっぱに騙《だま》せたのならそれでもいいが、わたしは半分素人の様な顔をして、詩とは……とか、詩との出会いは……なんて遠慮がちに、そのくせ内心、とくとくとしゃべっていたのだから、なんだか、タチが悪いような気がした。

わたしのそんな落ち込みを、山形さんは、まあ、テレビに初めて出た人間はそんなもんですよ、と石のように表情のない顔で、のんびりとなぐさめてくれた。ここを通過するとね、もう怖くはありません。気をつけてくださいよ、テレビに出ることには、けっこう魅力があるようですからねえ。みんな、そう言いますよ。こいけさんもそのうちね――と山形さんは言った。――ぜったいテレビにどんどん出たくなりますよ。そう、自信を持って決めつけるのだった。

その山形さんから、「石を出品しましたので、ぜひごらんください」という、薄いぺらぺらのはがきの案内状が届いたのは、東京に梅雨入り宣言が出された日のことだった。さらに追い討ちをかけて電話までかかってきて、石はいいですよ、ぜひ、見にきてくださいよ、何日と何日なら、わたしも行ってますから、と。

その、動かぬ大山のような山形さんの言い方には、断《こと》わられることなど、おのれの辞書にはないというようなずうずうしさがあった。

「わかりました、じゃあ行きますよ（行けばいいんでしょ）。わかりましたよ（まったくもう）」

このわたしの返答も、充分すぎるほど失礼な言い方ではあったが、山形さんは、ともかくもわたしが行くと答えると、うむ、と満足げにうなずいて日取りを決め、それじゃあ、と言って電話を切った。

（注）アイセキカ――石を愛でる趣味の人。「愛石家」。

問 **この文章に描かれた山形さんの人物像はどのようなものか。その説明として最も適当なものを、次の①～⑤のうちから一つ選べ。**

① 初めてのテレビ収録で傷つき落ち込んでいるわたしを励まし、テレビ業界の魅力を説くことで希望を与えてくれる明るさを持つ一方で、繊細な内面に図々しく入り込んでくる人物。

② 初めてのテレビ収録で傷つき落ち込んでいるわたしにテレビ出演の楽しさを説いて自信を持たせようとする度量の大きさを持つ反面、自分の要求はすべて通さずにはいられない人物。

③ 初めてのテレビ収録で傷つき落ち込んでいるわたしを無表情なままに慰めてくれる不思議な優しさを持ちながら、揺るぎない態度でわたしの心情や行動を決めてかかる強引な人物。

④ テレビの仕事で自己嫌悪に陥ったわたしの心を気遣うふりをして、自身の趣味である石の魅力に引き込もうとする自信家であり、わたしの戸惑いをくみ取ろうとしない無神経な人物。

⑤ テレビの仕事で自己嫌悪に陥ったわたしの心を見通したうえで話題をそらしてごまかし、当初のインタビューとは関係のない個人的な趣味の世界に引き込もうとする無責任な人物。

（センター試験）

傍線部のない設問についても、まず、**場面の状況**と、**人物関係**をおおまかに確認します。

この文章には主人公の「わたし」と、「山形さん」が登場します。「アイセキカ（＝愛石家）」であり、「普段も石のように無口なひと」である「山形さん」は、テレビ局の制作部門に勤務しています。「わたし」は詩人です。二人は「山形さんの担当するインタビュー番組に、わたしが出演させてもらった」ことをきっかけに知り合った知人同士です。

文章の初めから21行目までの場面は、そのインタビュー番組に関する内容です。テレビは騒がしいので苦手であり、テレビのない生活をしている「わたし」を、山形さんが「見るのと出るのでは、また違う」「一度くらい、遊びにいらっしゃってはいかがです?」と誘い、出演に至ったことと、その後の心境や山形さんとのやりとりが描かれています。22行目からは、その山形さんからの〈石を見にきてください〉という誘いに対する「わたし」の印象や返答について語られています。この間に時間の経過(時の変化)があるので、二つの場面に分けて読解していきます。

続いて、**「正答へのアプローチ」**を用いて設問を解いていきましょう。論理的文章の例題2と同様に、傍線部のない設問であっても**「正答へのアプローチ」**で解くことができます。分析対象となる傍線部がないので**「正答へのアプローチ」❷**設問要求から確認していきましょう。

❷ 設問要求を確認する。

〈設問で聞かれていること=本文から見つけなければならないこと〉は「この文章に描かれた山形さんの人物像」です。

❸ 設問の答えを本文から見つけ、「正答根拠」をまとめる。

この設問の「解答に必要な要素」を確認しましょう。

傍線部のない「人物像」の設問は、「正答へのアプローチ」(↓60ページ)で扱っていないタイプの設問ですが、文学的文章の「読解の基本方針」は変わりません。文学的文章の読解においては**「心理を因果関係の『流れ』の中で捉える」**ことが大切です。

この文章の視点人物(語り手)は「わたし」なので、「山形さんの人物像」も〈「わたし」の視点から語られる「山形さんの人物像」〉です。つまり〈**「わたし」が「山形さん」をどう思っているか**〉という点から把握していく必要があるので、〈**「山形さん」の言動**によって**「わたし」の中に生じた心理**〉を、**因果関係**を中心に確認していきましょう。

その上で、答えは選択肢からではなく、「本文から見つける」のがポイントです。選択肢を見る前に「山形さん」の言動と「わたし」の**「心理の流れ」**（因果関係）をおおまかに確認した上で、それと矛盾しない内容を正答として選ぶ、という順番で解いていきましょう。

解答に必要な要素

・山形さんの言動

・山形さんの言動に対する「わたし」の心理

まず、テレビ出演後の場面における「山形さん」の言動に対する「わたし」の心理を、因果関係の流れの中で確認していきましょう。

事態（原因）

テレビ出演のことで傷ついている「わたし」に対する、山形さんの発言

（i）「初めて出た人間はそんなもん（＝傷つき、落ち込むもの）ですよ」

（ii）「ここを通過するとね……ぜったいテレビにどんどん出たくなりますよ」

↓

心理

（i）「のんびりとなぐさめてくれた」（と感じた）

（ii）「自信を持って決めつける」（と感じた）

初めてのテレビ出演に傷つき、落ち込む「わたし」に対して「のんびりとなぐさめてくれた」一方で、「こいけさんも……ぜったいテレビにどんどん出たくなりますよ」と「自信を持って決めつける」山形さんの様子を確認します。

「なぐさめてくれた」「自信を持って決めつける」には、「わたし」の受けた印象が反映されている点をおさえておきます。

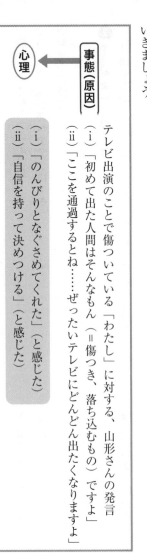

参考 この場面は、山形さんの発言に対して「わたし」が抱いた印象の描写で説明が終わっています。心理が表れた行動の描写がないので、この場合は事態と心理の流れを確認することになります。

次に、〈石を見にきてください〉という誘いの場面における「山形さん」の言動に対する「わたし」の心理を、同じく因果関係の流れの中で確認していきましょう。

事態（原因） → **心理** → **行動（結果）**

事態（原因）

「石を出品しましたので、ぜひごらんください」山形さんから案内状が届く

←

「石はいいですよ、ぜひ、見にきてくださいよ」＝電話がかかってくる

「動かぬ大山のような山形さんの言い方」
（→堂々とした）

心理

「断《こと》わられることなど、おのれの辞書にはないというようなずうずうしさ」
（を感じた）

失礼
（遠慮がない）

行動（結果）

「行きますよ（行けばいいんでしょ）。
わかりましたよ（まったくもう）」

石を見に行くことに決めた

わたしの返答も
「失礼な言い方」ではあった
（が、山形さんは満足げ）

並列

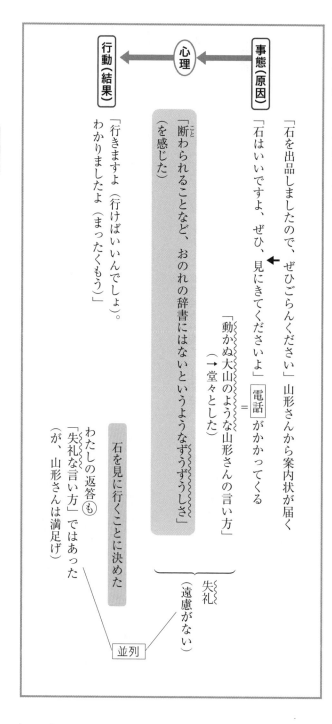

ここでは「わたし」が「山形さん」の「動かぬ大山のような」言い方に「断わられることなど、おのれの辞書にはないというような」「ずうずうしさ」を感じ取った、という点をおさえます。「動かぬ大山のような」というのは〈大きな山が動かずにどっしりと構えているような堂々とした様子〉を意味する表現です。断られることを想定していないかのように「石はいいですよ、ぜひ、見にきてくださいよ」と堂々とした様子で誘い続ける「山形さん」の遠慮のなさが、「ずうずうしさ」を感じさせた**原因**です。

「わたし」が「行く」と答えると、それが「失礼な言い方」であったにもかかわらず「満足げ」に「うなずいて日取りを決める様子からも、石はいいものだから、見にくるのが当然であろう〉という「山形さん」の思いが読み取れます。

❸で説明したように、この設問は「**わたし」の視点から見た「山形さん」の人物像**を捉える必要があります。**「心理の流れ」**(因果関係)からつかんだ、「山形さん」の言動に対する「わたし」の(心理)を、**「正答根拠」**としてまとめましょう。

正答根拠

・テレビ出演後の場面
(落ち込んでいる「わたし」を)石のように表情のない顔で、のんびりとなぐさめてくれた
「ぜったいテレビにどんどん出たくなりますよ」自信を持って決めつける

・〈石を見にきてください〉という誘いの場面
(誘いの電話の)「動かぬ大山のような」言い方(堂々とした様子)
「断わられることなど、おのれの辞書にはないというようなずうずうしさ」(遠慮がない様子)

❹「正答根拠」と各選択肢を照合する。

「正答根拠」の内容に合う選択肢が解答になります。③の「初めてのテレビ収録で傷つき落ち込んでいるわたしを無表情なままに慰めてくれる」は「石のように表情のない顔で、のんびりとなぐさめてくれた」の説明として適切です。「揺るぎない態度でわたしの心情や行動を決めてかかる」はテレビに出たくなると決めつけたり、堂々として遠慮のない様子で石を見にくるよう誘ったりする「山形さん」の描写と一致します。そして「不思議な優しさを持ち」「強引」は、**「正答根拠」**から考えられる人物像として適切だといえます。解答は③です。

文学的文章においては、**「心理の流れ」**の**〈因果関係のズレ〉**や**〈意図・目的のズレ〉**（→第6章「誤答のパターン」144ページ）を利用して誤答が作られることが多いので、特に注意して確認するようにしてください。

①「テレビ業界の魅力を説くことで希望を与えてくれる」は、本文に存在しない偽の因果関係によって作られた誤りです。これも〈本文の因果関係と異なる〉という意味で**〈因果関係のズレ〉**による誤答のパターンとして把握しておきましょう。「〜ことで・よって・〜ために・〜ので」のつながりに注意するよう心がけてください。

②「自信を持たせようとする」・④「気遣うふりをして……石の魅力に引き込もうとする」は、本文には存在しない偽の〈意図・目的〉を付け加えて、誤答が作られています。

① 初めてのテレビ収録で傷つき落ち込んでいるわたしを励まし、テレビ業界の魅力を説く[ことで]希望を与えてくれる明るさを持つ一方で、繊細な内面に図々しく入り込んでくる人物。

因果関係のズレ×（事態→心理のズレ）〈「テレビに出ること」の「魅力」を語った[ことで]「希望を与え」た〉とは述べられていない

意図・目的のズレ×「自信を持たせようとする」ために「テレビ出演の楽しさを説いて」いるわけではない

② 初めてのテレビ収録で傷つき落ち込んでいるわたしにテレビ出演の楽しさを説いて自信を持たせようとする度量の大きさを持つ反面、自分の要求はすべて通さずにはいられない人物。

山形さん言動○「石のように表情のない顔で、のんびりとなぐさめてくれた」人物像○

◎③ 初めてのテレビ収録で傷つき落ち込んでいるわたしを無表情なままに慰めてくれる不思議な優しさを持ちながら、揺るぎない態度でわたしの心情や行動を決めてかかる強引な人物。

山形さん言動○「自信を持って決めつける」「動かぬ大山のような（堂々とした）」言い方　人物像○

内容ズレ×〈石を見にきてください〉という誘いは「気遣うふりをして」行われたものではない
またテレビ出演と石を見にくるよう誘った場面には時間の経過があり、直接的につながってはいない

④ テレビの仕事で自己嫌悪に陥ったわたしの心を気遣うふりをして、自身の趣味である石の魅力に引き込もうとする自信家であり、わたしの戸惑いをくみ取ろうとしない無神経な人物。

内容ズレ×テレビ出演の「話題をそらして」はいないし「ごまかし」ているわけでもない

⑤ テレビの仕事で自己嫌悪に陥ったわたしの心を見通したうえで話題をそらしてごまかし、当初のインタビューとは関係のない個人的な趣味の世界に引き込もうとする無責任な人物。

内容ズレ×テレビ出演の後に落ち込んだ「わたし」を「なぐさめ」ており、「無責任な人物」とはいえない
（石の話は、テレビ出演の仕事とは別の機会に誘っているもの）

解答 ③

この設問のポイントとなるのは、直接的に描かれていない「山形さん」本人の内面について、**勝手な意図を付け加えない**

ように読解することです。視点人物（語り手）が「わたし」であるので、「わたし」が「山形さん」の行動をどのように受け止めたのかを読み取ることはできますが、「山形さん」の内面については、あくまで「山形さん」の言動から論理的に妥当であると考えられる内容しか解答にはなり得ません。選択肢の表現は〈**本文のどの記述を根拠とした説明なのか**〉という観点から、**本文の表現との対応を確認**しましょう。

例題3　複数の題材からなる問題

例題3では、文学的文章の問題を用いて、**「複数の題材を統合させて理解する」**力が求められる、共通テストの特徴的な形の設問の解き方を確認していきましょう。

詩とエッセイ・小説と別の小説・小説とその批評文など、複数の題材を比較した上で統合させて内容を理解する力を問う問題です。ただし、「複数の題材の統合」についても、必ず**それぞれの文章の正確な読解**が前提となります。それぞれの文章を正しく読解した上で、設問の指示を参考にそれらを関連づけながら、**「設問で聞かれていることの答えを、本文から見つける」**という入試現代文の基本ルールに沿って解いていきましょう。

❖次の詩「紙」（『オンディーヌ』、一九七二年）とエッセイ「永遠の百合《ゆり》」（『花を食べる』、一九七七年）を読んで（ともに作者は吉原幸子《よしはらさちこ》）、後の問いに答えよ。なお、エッセイの本文の段落に1～8の番号を付し、表記を一部改めている。

紙

愛ののこした紙片が
しらじらしく　ありつづけることを
いぶかる

死のやうに生きれば
何も失はないですむだらうか
この紙のやうに　生きれば

書いた　ひとりの肉体の
重さも　ぬくみも　体臭も
いまはないのに

こんなにも
もえやすく　いのちをもたぬ
たった一枚の黄ばんだ紙が
こころより長もちすることの　不思議

いのち　といふ不遜
一枚の紙よりほろびやすいものが
何百枚の紙に　書きしるす　不遜

さあ
ほろびやすい愛のために
乾杯
のこされた紙片に
乾杯
いのちが
蒼《あお》ざめそして黄ばむまで
（いのちでないものに近づくまで）
乾杯！

永遠の百合

1　あまり生産的とはいえない、さまざまの優雅な手すさびにひたれることは、女性の一つの美点でもあり、（何百年もの涙とひきかえの）特権であるのかもしれない。近ごろはアート・フラワーという分野も颯爽《さっそう》とそれに加わった。

2　去年の夏、私はある古い友だちに、そのような〝匂わない〟百合の花束をもらった。「秋になったら捨てて頂戴ね」という言葉を添えて。

3　私はびっくりし、そして考えた。これは謙虚か、傲慢か、ただのキザなのか。そんなに百合そっくりのつもりなのか、そうでないことを恥じているのか。人間が自然を真似《まね》る時、決して自然を超える自信がないのなら、いったいこの花たちは何なのだろう。心こめてにせものを造る人たちの、ほんものにかなわないといういじらしさと、生理まで似せるつもりの思い上がりと。

4 枯れないものは花ではない。それを知りつつ枯れない花を造るのが、つくるということではないのか。――花そっくりの花も、花より美しい花もあってよい。それに香水をふりかけるもよい。だが造花が造花である限り、たった一つできないのは枯れることだ。そしてまた、たった一つできるのは枯れないことだ。

5 花でない何か。どこかで花を超えるもの。大げさに言うなら、ひと夏の百合を超える永遠の百合。それをめざす時のみ、つくるという、真似るという、不遜な行為は許されるのだ。（と、私はだんだん昂奮《こうふん》してくる。）

6 絵画だって、ことばだってそうだ。一瞬を永遠のなかに定着する作業なのだ。個人の見、嗅いだものをひとつの生きた花とするなら、それはすべての表現にまして在るという重みをもつに決まっている。あえてそれを花を超える何かに変える――もどす――ことがたぶん、描くという行為なのだ。そのひそかな夢のためにこそ、私もまた手をこんなにノリだらけにしているのではないか。もし、もしも、ことばによって私の一瞬を枯れない花にすることができたら！

7 ――ただし、（と私はさめる。秋になったら……の発想を、はじめて少し理解する。）「私の」永遠は、たかだかあと三十年――歴史上、私のような古風な感性の絶滅するまでの短い期間――でよい。何故《なぜ》なら、（ああ何という不変の真理！）死なないものはいのちではないのだから。

8 私は百合を捨てなかった。それは造ったものの分までうしろめたく蒼ざめながら、今も死なないまま、私の部屋に立っている。

問 **傍線部「何百枚の紙に　書きしるす　不遜」とあるが、どうして「不遜」と言えるのか。エッセイの内容を踏まえて説明したものとして最も適当なものを、次の①～⑤のうちから一つ選べ。**

① そもそも不可能なことであっても、表現という行為を繰り返すことで、あたかも実現が可能なように偽るから。
② はかなく移ろい終わりを迎えるほかないものを、表現という行為を介して、いつまでも残そうとたくらむから。
③ 心の中にわだかまることからも、表現という行為を幾度も重ねていけば、いずれは解放されると思い込むから。
④ 空想でしかあり得ないはずのものを、表現という行為を通じて、実体として捉えたかのように見せかけるから。
⑤ 滅びるものの美しさに目を向けず、表現という行為にこだわることで、あくまで永遠の存在に価値を置くから。

（共通テスト試行調査）

共通テストの文学的文章における「複数の題材からなる問題」では、複数の文章を関連づけながら、書き手の意図や登場人物の心理、文章の構成や表現の特徴を読み取る思考力・判断力が問われます。文章の内容を踏まえ、**設問において条件として示された目的に応じて、必要な情報を比較したり関連づけたりする力**が求められるので、設問の指示を注意深く確認する必要があります。

また、複数の題材の比較・統合には、**タイトルを確認する**ことが大切です。**タイトルには主題が示される**ことが多く、読解のヒントになります。今回は同一の作者の詩とエッセイが扱われており、それぞれの作品の〈共通点〉と〈相違点〉を意識しながら、作者の考えを把握する必要があります。

では、**「正答へのアプローチ」**を進めていきましょう。

❶ 傍線部分析を行う。

(1) 傍線部を含む「一文全体」を確認する。

傍線部は詩の中に存在しており、句読点が用いられていません。この場合は内容のまとまりで確認しましょう。

まず、傍線部を含む一連を確認します。

いのち　といふ不遜
一枚の紙よりほろびやすいものが
何百枚の紙に　書きしるす　不遜

「一枚の紙よりほろびやすいものが　何百枚の紙に　書きしるす　不遜」で一文（相当）です。

(2) 文の構造（主部と述部・指示語・接続表現）と〈言い換えが必要な言葉〉を確認する

傍線部を含む一文(相当)を意味のまとまりに注意して区切り、文の構造を確かめましょう。また、〈**言い換え**が必要な言葉〉を整理します。

主部
一枚の紙より　／　ほろびやすいものが

述部
何百枚の紙に　書きしるす　／　不遜

〈**言い換え**が必要な言葉〉
・「一枚の紙よりほろびやすいもの」…何のことか確かめる

(3)〈言い換えが必要な言葉〉を言い換えて、文の意味内容を確認する。

・「一枚の紙よりほろびやすいもの」

「一枚の紙よりほろびやすいもの」は「何百枚の紙に　書きしるす」行為の主体であり、「不遜」と言われている「いのち」を持つものです。よって、人間のことだと考えられます。

二連前の「書いた　ひとりの肉体」という表現からも、「ほろびやすいもの」＝人間、と判断できます。

「紙」よりも「ほろびやすい」人間が、「紙」に何かを「書きしるす」ことについて、作者は「不遜」という表現を用いているのです。（なお、「不遜」とは「思い上がっていること」という意味です。）

(4) 文の内容を 事態(原因) 心理 行動(結果) に当てはめ、「心理の流れ」(因果関係)を整理する。

例題3の出題文である詩「紙」には、登場人物の**「心理の流れ」**が描かれているわけではありません。そのため、今回は**「心理の流れ」**(因果関係)を使わずに解いていきます。**「設問で聞かれていることの答えを、本文から見つける」**という基本ルールは変わりません。

❷ 設問要求を確認する。

設問は傍線部が「不遜」と言える**理由**を、「エッセイの内容を踏まえて説明したもの」を選ぶよう要求しています。

「エッセイの内容を踏まえて」という指示が、共通テストの特徴を表しています。「詩」の内容と「エッセイ」の内容を**比較・統合した上で、解釈する**ことが求められています。

❸ 設問の答えを本文から見つけ、「正答根拠」をまとめる。

「詩」と「エッセイ」という複数の題材を比較・統合するには、それぞれの題材を正しく読解することが前提になります。よって、この設問の「解答に必要な要素」は、次の通りです。

解答に必要な要素

・傍線部について、「不遜」と言える理由
　a 詩から読み取れる理由
　b 「エッセイの内容を踏まえ」た説明

　また、複数の題材の比較・統合にあたり、初めに述べたように、この詩とエッセイのタイトルを確認しておきます。詩は「紙」、エッセイは「永遠の百合《ゆり》」というタイトルです。「紙」は「いのちをもたぬ」ものであり、❶(3)で見たように「一枚の紙よりほろびやすいもの」＝人間と対比されているものです。「永遠の百合」は、「枯れない」造花の百合を指すものです。「紙」と「(造花の) 百合」という異なる題材を用いて、〈いつかほろびるにもかかわらずその存在を残そうとする人間の営みについて〉表現している点が共通しています。

a 詩から読み取れる理由
❶傍線部分析で確認したように、「一枚の紙よりほろびやすいもの」＝人間が、「紙」に何かを「書きしるす」ことについて、作者は「不遜」(＝思い上がっていること) という表現を用いています。
　この分析結果を踏まえ、一連ごとに詳しく内容を確認していきましょう。

愛ののこした紙片が
しらじらしく　ありつづけることを
いぶかる

「愛」という思いに基づいて書きしるされた紙片が存在するが、その紙片が存在し続けることについて疑わしく思う。

書いた　ひとりの肉体の
重さも　ぬくみも　体臭も
いまはないのに

紙片を書きしるしたひとりの人間の肉体は、今はもう存在しない（にもかかわらず、思いを書きしるした紙片は変わらずに存在し続けていることについて、作者は「いぶかる」（＝疑わしく思う）わけです）。

こんなにも
もえやすく　いのちをもたぬ
たった一枚の黄ばんだ紙が
こころより長もちすることの　不思議

「たった一枚の黄ばんだ紙」、思いを書きしるされた「紙」は、それ自体としては「いのち」をもたないものであるし、物理的に「もえやすい」もので あるが、それにもかかわらず「こころより長もちする」ことを「不思議」に思う（人間の心情は移ろいやすいものですが、もしそれを書いた人間の心情が変わってしまったとしても、紙に書きしるしておけばその紙がなくならない限りは紙の上に残り続けるということを指して「こころより長もちする」と述べられています）。

いのち　といふ不遜
一枚の紙よりほろびやすいものが
何百枚の紙に　書きしるす　不遜

この連では、「いのち　といふ不遜」に重ねる形で「一枚の紙よりほろびやすいものが何百枚の紙に　書きしるす　不遜」という表現が用いられています。

「一枚の紙よりほろびやすいもの」である人間が、その「肉体」はいずれ消え（第2連）、「こころ」も移り変わる（第3連）にもかかわらず、「紙に　書きしるす」ことで自らの存在の痕跡を残そうとすることに対して「不遜」である、と述べていることが分かります。

b 「エッセイの内容を踏まえ」た説明

詩とエッセイの内容を**比較・統合**して「エッセイの内容を踏まえ」た説明ができるようにします。

設問は「不遜」について問うているので、エッセイから、詩で表現されている人間の「不遜」と対応する箇所を探していきます。

1 アート・フラワーについて
「生産的とはいえない」遊びとしてのアート・フラワーの紹介

3 「びっくりし、そして考えた」作者
「人間が自然を真似《まね》る」ことについて
「謙虚」なのか（「ほんものにかなわない」という「いじらしさ」）
「傲慢」なのか（「生理まで似せるつもり」（「秋になったら捨てて頂戴ね」という発言）の「思い上がり」）

5 「つくる」「真似る」というのは「不遜な行為」である
「花でない何か」「どこかで花を超えるもの」として、
「ひと夏の百合を超える**永遠の百合」をめざす**時にのみ、許される行為である

6 絵画・ことばも同様である

「一瞬を永遠のなかに定着する作業」

・絵画（描くという行為）

個人が実際に見て、嗅いだもの（＝「一瞬」）を、現実の花を超える何か（＝永遠に残るもの）に変える（もどす）こと

・ことば（表現）

ことばによって**私の一瞬**（＝私が実際に感じたものごと）を枯れない花（＝永遠に残るもの）にすることができたら！　という作者の願い

エッセイの中で、人間の「不遜」として描かれているのは、「つくる」「真似る」という行為です。「人間が自然を真似る」時に、「花でない何か」「どこかで花を超えるもの」として、「ひと夏の百合を超える永遠の百合」をめざすことを「**不遜**な行為」と述べています。

同様に、個人が実際に見て、嗅いだものは、一瞬のものであるにもかかわらず、それをアート・フラワーや絵画・ことばなどを通して、永遠に残すことをめざす行為（＝**「一瞬を永遠のなかに定着する作業」**）が、人間の「不遜」の表れなのです。

「不遜」について、詩とエッセイを**比較・統合**した結果をまとめると次のようになります。

●詩「紙」	●エッセイ「永遠の百合」
「何百枚の紙に　書きしるす　**不遜**」 ＝ 消えてしまう「肉体」・移り変わる「こころ」をもつ人間が「紙に　書きしるす」ことで**存在を残そうとする行為**	「**不遜**な行為」 ＝ 個人が体験した「一瞬」を「つくる」、（自然を）「真似る」ことで**永遠に残そうとする行為** （「一瞬を永遠のなかに定着する作業」）

以上の内容から、「不遜」と言える理由を**「正答根拠」**としてまとめます。

> **正答根拠**
> （人間の肉体や心、体験した「一瞬」のように）ほろびやすいものを、（紙に書きしるしたり、自然を真似たりして）永遠に残そうとするから。

ここまでの内容を確認した上で、選択肢の吟味に移りましょう。

4 「正答根拠」と各選択肢を照合する。

「正答根拠」と一致する選択肢は、②のみです。

②の「はかなく移ろい終わりを迎えるほかないもの」は、詩の第2連の「肉体」・第3連の「こころ」、エッセイの「一瞬」

の説明にあたります。「表現という行為を介して、いつまでも残そうとたくらむ」は、詩の「紙」（＝ほろびにくいもの）に「書きしるす」およびエッセイの「永遠のなかに定着する作業」にあたります。解答は②です。

① そもそも不可能なことであっても、表現という行為を繰り返すことで、あたかも実現が可能なように偽る［から］。

［内容ズレ×］「そもそも不可能なこと」かどうかは無関係
［設問ズレ×］理由の説明が「正答根拠」と違う

◎② はかなく移ろい終わりを迎えるほかないものを、○表現という行為を介して、いつまでも残そうとたくらむ［から］。○

③ 心の中にわだかまることからも、表現という行為を幾度も重ねていけば、いずれは解放されると思い込む［から］。

［エッセイ内容ズレ×］「わだかまること」ではなく「一瞬」のことを表現しようとしている
［設問ズレ×］理由の説明が「正答根拠」と違う

④ 空想でしかあり得ないはずのものを、表現という行為を通じて、実体として捉えたかのように見せかける［から］。

［内容ズレ×］「空想」かどうかは無関係
［設問ズレ×］理由の説明が「正答根拠」と違う

⑤ 滅びるものの美しさに目を向けず、表現という行為にこだわることで、あくまで永遠の存在に価値を置く［から］。

［内容ズレ×］「滅びるものの美しさに目を向けず」永遠に残そうとしているわけではない（「滅びやすいもの」だから「残そう」としているだけ）
［設問ズレ×］理由の説明が「正答根拠」と違う

解答 ②

複数の題材を扱う設問においても、傍線部分析や設問要求の確認といった**「正答へのアプローチ」**は他の設問と同じですが、**複数の題材の中から共通する要素を抽出して解釈・判断した上で正答を導き出す**ことを心がけるようにしてください。

第4章 実用的文章

1 読解の基本方針

1 実用的文章とは

実用的文章とは、日常的な言語活動の場面で使われる文章および、言語活動を文章化したものです。図表を含む資料、レポート、話し合いなどの形式が想定されます。

実用的文章においては、文脈によって連続的につながっている「文章」だけでなく、**「図表（＝情報を視覚的に表現したもの。図や表・グラフなど）」も題材**になります。本書では「文章」と「図表」を合わせて「資料」という言葉で示します。

大学入試センターが発表した「共通テスト問題作成方針」によると、２０２５年からの共通テスト（国語）では、文章を様々な視点から解釈する力だけでなく「目的や場面等に応じて、情報を的確に理解」する力も求められることや、「異なる種類や分野の文章などを組み合わせた、複数の題材による問題」が出題される可能性が示されています。出題の特徴は、一題の中に複数の資料が含まれていることや、資料の中に図やグラフなどが含まれていることです。実用的文章の読解ではこれらの対策が必要となります。

2 実用的文章で問われる読解力

私たちは実際の生活において、「文章」と「図表」を使い分けて様々な情報を扱っています。「文章」は情報を詳細に伝えることができ、「図表」は一目で分かりやすく伝えることができます。

たとえば自分の住んでいる地域の明日の天気を知りたい時、気象情報サイトなどで地図の上に示された天気のマークを見れば、一目で明日の天気を知ることが可能です。各都市の明日の天気を「文章」でまとめたものよりも、地図上のマーク＝「図表」の方が、「明日の天気を知る」という目的を迅速に達成できます。気温や時間帯ごとの降水確率も、一般的に「図表」の形で示され、一目で把握できるようになっています。一方で、気圧配置や前線の動きについても知りたい時は、天気図に加えて「文章」で説明された情報が役立ちます。天気図の読み取り方が分からなくても文章を読めば詳しい情報を得られるようになっています。

私たちは、自分の目的に応じて、どのような情報が必要なのかを判断して見つけだし、時には複数の情報を組み合わせて解釈しているのです。実用的文章の読解で問われるのは、このような力です。つまり、**「目的に応じて、必要な情報を判断して抽出し、解釈・統合する力」**です。

3 実用的文章の読解は、情報の抽出・解釈・統合で行う

実用的文章では、**「目的に応じて、必要な情報を判断して抽出し、解釈・統合する力」**が問われます。実用的文章の設問における「必要な情報」とは、「設問の解答に必要な情報」です。「必要な情報」を判断するためには、提示されている資料が「どんな情報を示すものか」を把握しておくことが重要です。

ポイント 資料がどんな情報を示しているか、最初に確認する

リード文や図表のタイトル、出典、見出しに注目しましょう。これらを確認しておくことで、「必要な情報」の判断や抽出がスムーズにできるようになります。

「必要な情報」を判断したら、実際に資料を見て情報を抽出します。解釈と統合については、全ての設問に必要なわけで

はありません。設問要求に応じて必要な作業を行いましょう。

情報の抽出

設問要求から判断した「必要な情報」を取り出します。選択肢が資料の表現そのまま、または単純な言い換えのみでできている設問は、情報の抽出だけで解答が可能です。

情報の解釈

抽出した情報を、設問要求に応じて解釈します。抽出した「文章」を要約する、「図表」から傾向や特徴を読み取る、などがあります。

情報の統合

複数の資料から抽出した情報を、設問要求に応じて組み合わせて答えを導き出します。「図表」を根拠として「文章」の主張を読み取る、複数の「文章」で共通するあるいは対立する内容を読み取る、などがあります。

ポイント **図表と対応する文章に注目する**

図表について、何のためにその図表を取り上げるかという目的や、その図表から読み取れる特徴が文章で説明されていることがあります。図表を解釈する際には、文章中に対応する箇所があるかどうか、あればその内容を確認しましょう。

4 設問を手がかりに「必要な情報」を捉える

「入試現代文の基本ルール」は、実用的文章でも変わりません。

入試現代文の基本ルール「設問で聞かれていることの答えを、本文から見つける」

ただし、論理的文章や文学的文章の探索対象となる「本文」が文章であったのに対し、実用的文章では**文章に加えて図表も「見つける」作業の対象**となります。

図表の読解は慣れるまでハードルが高く感じられるかもしれませんが、図表は書き手の伝えたい内容を視覚的に分かりやすく伝えるものなので、おおまかな傾向をつかむのは難しいことではありません。数値などの細かい部分を選択肢と照合する設問は、選択肢をよく読んで図表の対応箇所を確認しましょう。先に述べたように、図表と対応する文章が理解を助けてくれることもあります。複数の資料を関連づけて統合する力を身につけていきましょう。

答えを見つけるには、「必要な情報」を正しく判断することです。そのために、**「設問要求の分析」が非常に重要**です。論理的文章や文学的文章と同様に、実用的文章においても設問が読解の指針となります。次節「正答へのアプローチ」で詳しく説明します。

> 「実用的文章」では、「必要な情報」の判断や抽出・解釈・統合が重要!
> **設問を読解の指針とする意識**を持つ。

2 正答へのアプローチ

入試現代文の基本ルールは**「設問で聞かれていることの答えを、本文から見つける」**ですが、実用的文章においては「本文」＝「資料」です。つまり、従来のような文章の読解力に加えて、図表の読解の能力が必要になります。**「目的に応じて、必要な情報を判断して抽出し、解釈・統合する力」**が問われていることに気をつけながら、資料を読解しつつ、設問を解いていきましょう。

「読解の基本方針」で述べたように、設問を解く前にリード文や図表タイトルをおさえておくことも忘れないようにしましょう。

正答へのアプローチ

❶ 設問要求をおおまかに確認する。

まず、傍線部や空欄の有無により、部分の理解が問われているのか、全体的な理解が問われているのかを確認する。

それによって、以下の(A)(B)いずれかのアプローチを選択する。

(A) 傍線部や空欄のある設問（部分の理解が問われている設問）

❷ 設問要求を分析し、「必要な情報」を判断する。

設問要求を分析し、「必要な情報」は何かを判断する。

❸設問の答えを資料（文章と図表）から見つけ、「正答根拠」をまとめる。
傍線部や空欄を分析した上で、❷で判断した「必要な情報」を資料から抽出し、必要に応じて解釈・統合して**「正答根拠」**をまとめる。

❹「正答根拠」と各選択肢を照合する。
❸でまとめた**「正答根拠」**と「同じことを述べている選択肢が○」「違うことを述べている選択肢は×」と判断する。

（B）傍線部や空欄のない設問（全体を踏まえた理解が問われている設問）

❷設問要求を分析し、確認すべき資料などをおさえる。
設問要求を分析し、確認すべき資料をおさえる。また、この段階で見ておくべき情報があればおさえる。

❸各選択肢と対応する情報を照合する。
各選択肢をよく読んで、❷でおさえた資料から対応する情報を抽出し、必要に応じて解釈・統合する。**「正答根拠」**の確定は不要。消去法も使いながら、選択肢と情報を照合して解答を判断する。

それでは、**「正答へのアプローチ」**を詳しく見ていきましょう。

❶設問要求をおおまかに確認する。
設問の全体に目を通し、傍線部や空欄のような部分の分析が必要な設問か、内容合致や正誤判定のような全体の把握が必要な設問かを確認します。前者なら**（A）**、後者なら**（B）**のアプローチに沿って答えを見つけます。

(A) 傍線部や空欄のある設問（部分の理解が問われている設問）

傍線部や空欄などが設定されていて、**分析すべき箇所が明確に示されている設問**です。傍線部の内容説明・理由説明や空欄補充などがこれにあたります。

❷ 設問要求を分析し、「必要な情報」を判断する。

設問を詳細に見て、「その設問に解答するために必要な情報」を判断します。設問要求で明示されているものを把握するため、設問の文章に印をつけておくとよいでしょう。次に示すのは実用的文章の設問形式の一例です。

例 【文章】の空欄Ａには、【グラフ】から読み取れる傾向が当てはまる。その内容として最も適切なものを次の中から選べ。

例 【図】の傍線部について説明したものとして適切なものを次の中から選べ。

❸ 設問の答えを資料（文章と図表）から見つけ、「正答根拠」をまとめる。

傍線部や空欄を分析した上で、❷で判断した「解答に必要な情報」を資料（文章と図表）から抽出し、必要に応じて解釈・統合して**「正答根拠」**をまとめます。「どの対象について、何を見つけるか」を意識しましょう。

傍線部の分析方法は論理的文章と同様なので（→第2章「正答へのアプローチ」20ページ）、ここでは省略します。

実用的文章では傍線部がない設問も多いですが、傍線部の代わりとなる分析対象として空欄が用いられることがあります。傍線部分析と同様に、空欄の分析も「空欄を含む一文全体を分析する」ことを心がけてください。さらに空欄は、その前後と適切につながる内容でなければならないため、空欄の前後に注目するようにしましょう。本文の内容説明として適切であっても、空欄に入れた時に内容が正しく接続されないものは誤りです。

4 「正答根拠」と各選択肢を照合する。

3でまとめた**「正答根拠」**と各選択肢を照合し、「同じことを述べている選択肢が○」「違うことを述べている選択肢は×」と判断します。

(B) 傍線部や空欄のない設問（全体を踏まえた理解が問われている設問）

本文との内容合致や全体をまとめた理解を問う設問といった、分析すべき箇所が明確に示されていない設問です。

2 設問要求を分析し、確認すべき資料などをおさえる。

設問を詳細に見て、指示されている資料をおさえます。また、この段階で見ておくべき情報があればおさえましょう。

3 各選択肢と対応する情報を照合する。

(B)の設問では、各選択肢と対応する情報が「解答に必要な情報」となります。各選択肢をよく読んで、**2**でおさえた資料から対応する情報を抽出し、必要に応じて解釈・統合します。**「正答根拠」**はまとめなくてかまいません。

消去法も使いながら、各選択肢と見つけた情報を照合して解答を判断します。消去法を使いながら判断することで、迅速に解答を導き出せます。

実用的文章の設問においては、**消去法も併用**することが肝要になります。消去法の場合は特に、「書いてあるか、ないか」という基準だけではなく、「設問の答えになっているか」という点に注意して解釈することが必要です。設問の答えになっていない選択肢は〈**設問ズレ**〉で誤答です。詳しくは第6章「誤答のパターン」（↓144ページ）を参照してください。

例題1　傍線部や空欄のある設問

❖　Bさんは、交通事故の動向について調べ、自分の考えを【レポート】にまとめた。【資料】（グラフ1～グラフ3）は、【レポート】に引用するために調べた統計資料の一部である。これらを読んで、後の問いに答えよ。

【レポート】

この三〇年の交通事故の動向を調べるために、三つのグラフを取り上げた。グラフを見比べると、「交通事故の発生件数」と「交通事故の負傷者数」は二〇〇五年以降、減少傾向にある。これに対して「交通事故の死者数」は、発生件数や負傷者数よりも早く、一九九〇年以降に減少傾向になっている。このような違いが生じた背景について考えてみたい。

まず、ここには、交通安全に関する国民の意識の変化が関係していると考えられる。飲酒運転やスピード違反など、死亡事故につながるような重大な違反の割合が少なくなっているのではないだろうか。

しかし、このことは交通事故の死者数が減少していることの裏付けの一つにはなるが、これだけでは発生件数や負傷者数の減少と時期がずれることが説明できない。この時期的なずれは、この三〇年間で販売されてきた自動車の台数と安全性に関係があるのではないだろうか。つまり、自動車の台数は年々増加し続けているので、事故件数と負傷者数はなかなか減らなかったけれども、　X　ということではないか。

ただし、この説明も、死者数の減少が早い時期から始まっていることの理由を説明できているとはいえない。交通事故の死者数が一九九〇年以降減少傾向になっていることには、医療の進歩がかかわっているのではないだろうか。以前であれば失われていた命が救われるようになってきたので、事故の数は増えても亡くなる人は減り続けてきたのではないかと考えられる。

【資料】

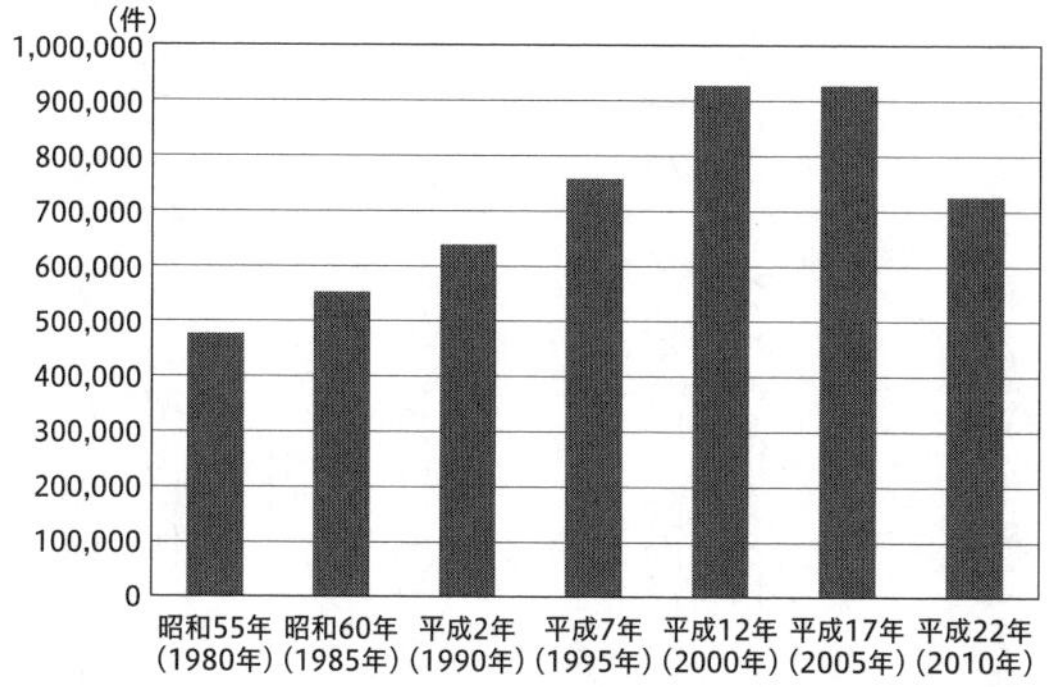

グラフ1：交通事故の発生件数

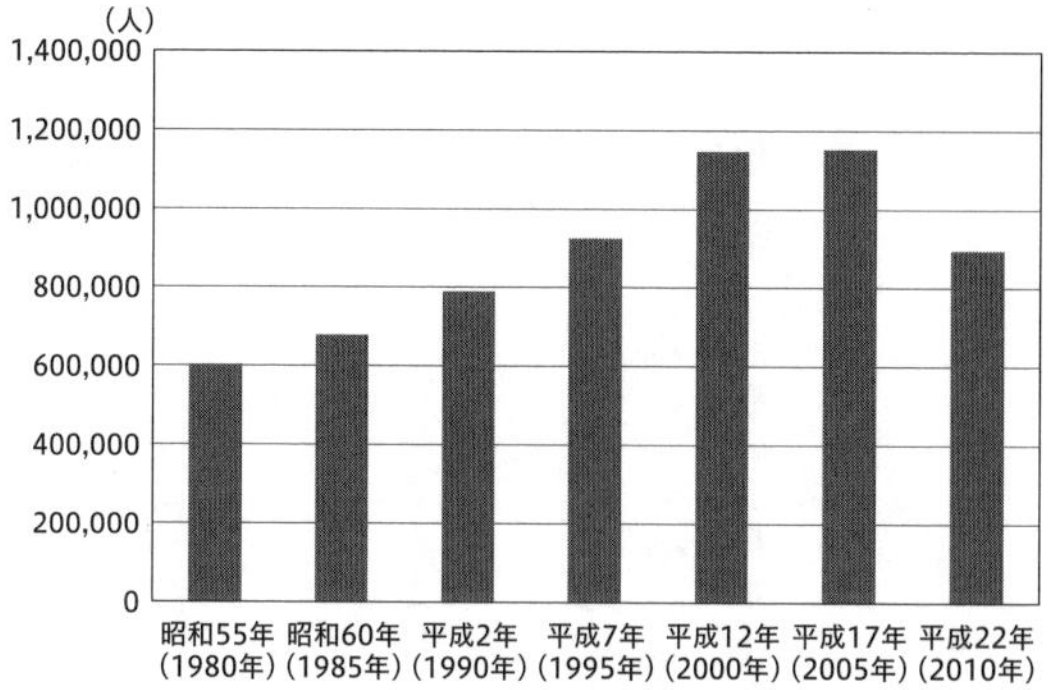

グラフ2：交通事故の負傷者数

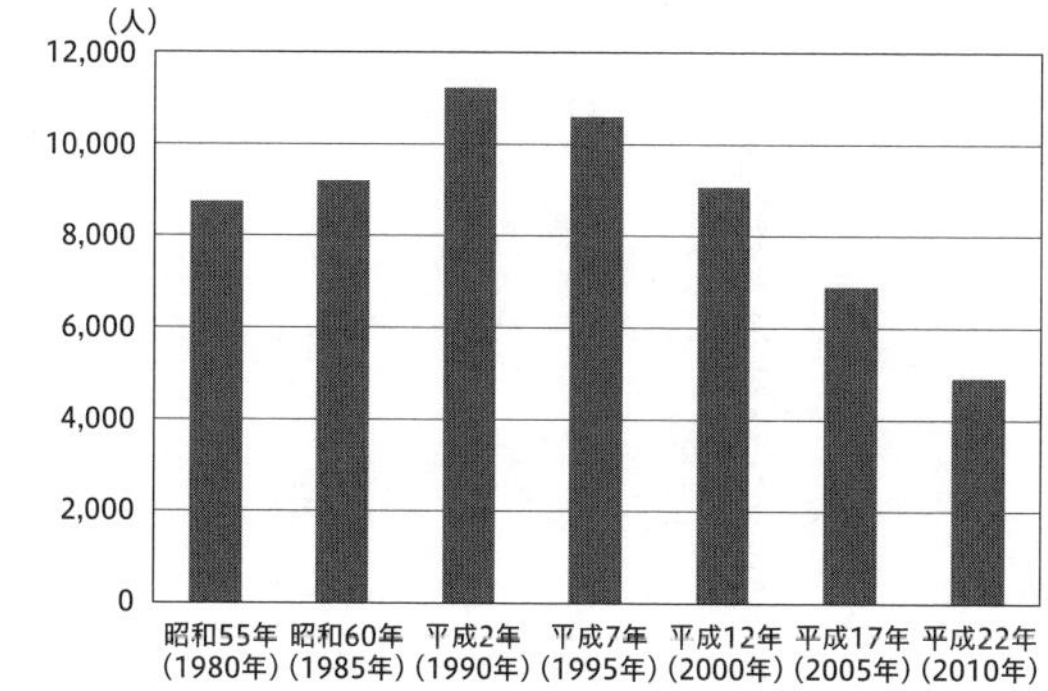

グラフ3：交通事故の死者数

（警視庁事故統計資料より作成）

問 【レポート】の空欄 X に入る説明として最も適当なものを、次の①〜⑤のうちから一つ選べ。

① 救急医療の技術が向上してきているので、交通事故の死者数が減ってきた
② 自動車の性能が飛躍的に向上してきたので、安全性も同時に向上してきた
③ 自動車の安全性が向上してきたので、交通事故による死者数は減ってきた
④ 重大な交通違反が減ってきているので、交通事故の生存率も上がっている
⑤ 自動車数の増加に伴い救急車の台数も増加したので、死者数が減ってきた

前節で説明した**「正答へのアプローチ」**を用いて、例題を解いてみましょう。

まず、設問を解く前にリード文や図表タイトルからこの文章が書かれた目的をおさえておきます。リード文より、この**【レポート】**が「交通事故の動向について」書かれたものであることを確認します。また、各グラフのタイトルから「交通事故の発生件数」「交通事故の負傷者数」「交通事故の死者数」がこの**【レポート】**の話題として扱われるであろうことを踏まえておきます。

❶ 設問要求をおおまかに確認する。

この設問には空欄 X があり、空欄補充問題であることから、**空欄部に関わる部分の読解が問われている**と判断します。

(A) のアプローチを取るべき設問です。

（A）傍線部や空欄のある設問（部分の理解が問われている設問）

❷ 設問要求を分析し、「必要な情報」を判断する。

この設問は空欄［X］に入る説明が求められています。解答するために「必要な情報」は〈空欄［X］に入るべき内容〉です。この内容をおさえるためには、空欄［X］の分析が必要であることを意識しましょう。

❸ 設問の答えを資料（文章と図表）から見つけ、「正答根拠」をまとめる。

空欄を分析した上で、❷で確認した解答するために「必要な情報」を資料（文章と図表）から抽出し、必要に応じて解釈・統合して**「正答根拠」**をまとめます。「どの対象について、何を見つけるか」を意識しましょう。

空欄の分析は、傍線部分析と同様に空欄を含む一文全体を確認することから始めます（詳しいやり方は第2章「正答へのアプローチ」を参照してください→20ページ）。

(1) 空欄を含む「一文全体」を確認する。

つまり、自動車の台数は年々増加し続けているので、事故件数と負傷者数はなかなか減らなかったけれども、［X］ということではないか。

(2) 文の構造（主部と述部・指示語・接続表現）と〈言い換えが必要な言葉〉を確認する。

空欄を含む一文全体の構造を整理してみると、次のようになります。

接続表現（前文の言い換え）　原因 ―因果関係→ 結果　逆接

（つまり）、／［自動車の台数は年々増加し続けている］（ので）、／［事故件数と負傷者数はなかなか減らなかった］／（けれども）、／［X］ということではないか。

〈言い換えが必要な言葉〉はないので、(3)は省略します。

(4) 空欄に入るべき内容を確認する。

(2)で確認した空欄を含む一文の構造から、X に入るべき内容が次のように整理できます。

〈X に入るべき内容〉＝解答するために「必要な情報」

a 「つまり」で接続される前文の言い換え

b 「自動車の台数は年々増加し続けているので、事故件数と負傷者数はなかなか減らなかった」という内容と「けれども」の逆接でつながるもの

では、これらの内容を本文に戻って一つずつ確認していきましょう。

a 「つまり」で接続される前文の言い換え

このことは交通事故の死者数が減少していることの裏付けの一つにはなるが、これだけでは発生件数や負傷者数の減少と時期がずれることが説明できない。

↓

交通事故の死者数が減少していることと発生件数や負傷者数の減少との時期のずれ

＝

この時期的なずれは、この三〇年間で販売されてきた自動車の台数と安全性に関係があるのではないだろうか。

つまり、**言い換え**

自動車の台数は年々増加し続けているので、事故件数と負傷者数はなかなか減らなかったけれども、

X ということではないか。

b「自動車の台数は年々増加し続けているので、事故件数と負傷者数はなかなか減らなかった」という内容と「けれども」の逆接でつながるもの

a で確認した前文の内容から、空欄 X は「自動車の台数と安全性に関係がある」ことに関連する内容であることが分かります。ここでは「自動車の台数は年々増加し続けている」ことと「安全性」に「関係がある」ことをおさえておきます。

さらに、前文の「この時期的なずれ」（＝〈交通事故の死者数の減少〉と〈発生件数や負傷者数の減少〉との時期のずれ）より「事故件数と負傷者数はなかなか減らなかった」と逆接でつながるのは〈交通事故の死者数の減少〉であることをおさえます。

ここまでの内容を整理しておきます。

交通事故の死者数の減少 と 発生件数や負傷者数の減少 との「時期的なずれ」は
自動車の台数と安全性に関係がある

↑

自動車の台数は年々増加し続けているので、事故件数と負傷者数はなかなか減らなかった

↕ けれども（逆接）

X …自動車の「安全性」の向上により、交通事故の死者数が減少している

以上の内容から**「正答根拠」**をまとめます。

正答根拠

X …自動車の安全性の向上により、交通事故の死者数が減少している

❸でまとめた**「正答根拠」**と各選択肢を照合し、「同じことを述べている選択肢が○」「違うことを述べている選択肢は×」と判断します。

❹「正答根拠」と各選択肢を照合する。

③「自動車の安全性が向上してきたので、交通事故による死者数は減ってきた」が先に確認したa・bの両方を踏まえています。

念のために、空欄の後ろの文との接続も確認しておきましょう。後ろの文では空欄を含む一文を「この説明」という指示語で言い換えています。「この説明」という指示語が空欄を含む文の言い換えになっていなければ誤りであると判断できます。「自動車の台数は年々増加し続けているので、事故件数と負傷者数はなかなか減らなかったけれども」「自動車の安全性が向上してきたので、交通事故による死者数は減ってきた」というのは、自動車の〈台数の増加〉と事故の〈発生件数や負傷者数〉が関係しており、「安全性」と「死者数」が関係している、という「説明」です。これは「死者数の減少」が生じる理由の説明にはなっているが、「死者数の減少が（事故件数と負傷者数の減少よりも）早い時期から始まっていることの理由を説明できているとはいえない」という形で、後ろの文との接続も問題ありません。よって解答は③で決まります。

続いて、他の選択肢も見ておきましょう。

①「救急医療の技術が向上してきているので」、④「重大な交通違反が減ってきているので」、⑤「自動車数の増加に伴い救急車の台数も増加したので」は、いずれも前文を踏まえておらず、「つまり」で前文とつながる内容であるというaの

要素を踏まえた説明になっていません。

②「安全性も同時に向上してきた」は「安全性」を取り上げているため一見よさそうに思えますが、「事故件数と負傷者数はなかなか減らなかった」と逆接の「けれども」でつながりません。bでおさえたように、「けれども」の逆接でつながるべき内容は〈交通事故の死者数の減少〉であり、〈自動車の安全性の向上〉ではありません。〈「事故件数と負傷者数はなかなか減らなかった」「けれども」「安全性」が向上してきた〉という説明は、逆接でつながる内容として不適切です。

これは、選択肢の表現を空欄に戻してみると気づきやすい誤りです。

自動車の台数は年々増加し続けている　ので、　事故件数と負傷者数はなかなか減らなかった

✕ けれども（逆接）

自動車の性能が飛躍的に向上してきた　ので、　安全性も同時に向上してきた

空欄は、その前後と適切につながる内容でなければならない点に注意してください。本文の内容説明として適切であっても、空欄に入れた時に内容が正しく接続されないものは誤りです。

① 救急医療の技術が向上してきているので、交通事故の死者数が減ってきた

a内容ズレ×　「つまり」で言い換えにならない

② 自動車の性能が飛躍的に向上してきたので、安全性も同時に向上してきた

a内容○　b内容ズレ×　「けれども」と逆接でつながらない

◎ ③ 自動車の安全性が向上してきたので、交通事故による死者数は減ってきた

a内容○　b内容○

④ 重大な交通違反が減ってきているので、交通事故の生存率も上がっている

a 内容ズレ× 「つまり」で言い換えにならない

⑤ 自動車数の増加に伴い救急車の台数も増加したので、死者数が減ってきた

a 内容ズレ× 「つまり」で言い換えにならない

解答 ③

(A) 傍線部や空欄のある設問（部分の理解が問われている設問）は、**〈資料（文章と図表）から答えを見つけ、「正答根拠」をまとめる→「正答根拠」と同じものは○、違うものは×〉**というアプローチによって、誤答の選択肢の判断に時間をかけず、素早く確実に解いていくことを心がけましょう。

例題2　傍線部や空欄のない設問

❖ **例題1**（↓110ページ）の**【レポート】**と**【資料】**を読んで、次の問いに答えよ。

問　**【資料】**（**グラフ1**～**グラフ3**）について、**【レポート】**の内容を踏まえた説明として最も適当なものを、次の①～⑤のうちから一つ選べ。

① 交通事故の発生件数と負傷者数は二〇〇五年以降減少傾向にあり、発生件数の減少が負傷者数の減少につながっている。これは自動車の性能や品質が高まったことによるものだと考えられる。

② 交通事故による死者数の減少傾向は、事故件数・負傷者数の減少よりも比較的早い時期から始まっている。これは救急医療の進歩によって救命率が向上したことによるものだと考えられる。

③ 交通事故の発生件数と負傷者数と死者数の推移は、全て同様に減少傾向にあり、その傾向に大きな違いはない。これは交通安全に対する人々の意識の向上の影響を受けたものだと考えられる。

④ 交通事故の死者数が一九九〇年まで増加傾向にあるのは、発生件数の増加傾向を反映したものである。これは当時の医療体制における負傷者の救命率が二〇一〇年よりも低かったことを示しているといえる。

⑤ 交通事故の発生件数よりも負傷者数は一貫して多く、負傷者数の増加は死者数の増加にも影響する。これは自動車の安全性を向上させることで改善が可能であるといえる。

この設問では「**【資料】**（グラフ1～グラフ3）について、**【レポート】**の内容を踏まえた説明」が求められています。傍線部や空欄のように分析対象が指定されていない設問であり、「その設問が文章・資料のどの部分と対応しているか」を自分で考える必要があります（第2章・第3章の「傍線部のない設問」の解法も参照してください↓38ページ／80ページ）。

論理的文章や文学的文章では、内容が文脈によってつながっている「文章」の読解能力が問われてきました。これに対して実用的文章の読解では、文脈によるつながりのない図表の読解や、複数の資料を統合させて発展的・応用的に考える設問が出題されます。傍線部や空欄のように分析すべき箇所が明確に示されており、そこに関連する部分の読解が問われる設問の場合は、これまで通り〈設問の答えを本文から見つける↓**「正答根拠」**と同じものは○、違うものは×〉という「積極法」のアプローチで解いていくことが有効です。これに対して、設問によって分析すべき箇所が明確に示されていない場合は、**消去法を用いることも必要**になります。内容合致や正誤判定など広い範囲に目を向けて解答を導き出すことが必要とされる場合には、本文の内容と照合するために**選択肢の表現を分析する**ことで、「早く、確実に」解答することが求められるからです。

注意 消去法による解答の場合でも、**選択肢の内容は先に読まない**こと。文章や図表よりも選択肢を先に読むと、選択肢内の誤りに読解が誘導されてしまう危険があるためです。まずは「どの対象について、何を探さなければならないのか」を把握するために設問要求を確認しましょう。

「はじめに」でも確認した通り、共通テストの国語で求められる能力は次の通りです。

「**言語を手掛かりとしながら**、文章の内容を多面的・多角的な視点から解釈したり、目的や場面等に応じて、情報を的確に理解したり、より効果的な表現に向けて検討、工夫したりする力などを求める。」

実用的文章の読解では、図表などの「言語」以外の情報の解釈が求められることがあります。また、複数の情報を統合させて読解していく際にも、設問要求や選択肢の表現を「手掛かり」として設問を解いていくことを心がけていく必要があります。図表を読解する際にも、〈選択肢の表現が、図表の内容を言語化したものとして正しいか〉という観点で判断していきましょう。

それでは、**「正答へのアプローチ」**を用いて設問を解いていきましょう。

❶ 設問要求をおおまかに確認する。

この設問には傍線部や空欄がなく、設問によって分析すべき箇所が明確に示されていない設問です。**【資料】**と**【レポート】**の全体を踏まえて解く必要があり、**（B）**のアプローチで解く設問だと判断できます。

（B）傍線部や空欄のない設問（全体を踏まえた理解が問われている設問）

❷ 設問要求を分析し、確認すべき資料などをおさえる。

「**【資料】**（**グラフ1**～**グラフ3**）について、**【レポート】**の内容を踏まえた説明」が求められているので、**【資料】**（**グラフ1**～**グラフ3**）と**【レポート】**が確認すべき資料です。ここで改めて、これらのタイトルや内容を確かめておきましょう。

- **グラフ1**交通事故の発生件数
- **グラフ2**交通事故の負傷者数
- **グラフ3**交通事故の死者数
- **【レポート】**「交通事故の動向」について調べ、自分（Bさん）の考えをまとめたもの

そうすることで、選択肢の表現と対応している部分の内容を的確に把握することが可能になります。

❸ 各選択肢と対応する情報を照合する。

各選択肢を分析して、❷でおさえた資料のどれと照合すればよいかを把握し、情報を抽出して照合します。

① 交通事故の発生件数と負傷者数は［グラフ1］［グラフ2］二〇〇五年以降減少傾向にあり、［グラフ1・グラフ2］○ 発生件数の減少が負傷者数の減少につながっている。【レポート】［因果関係のズレ×］これは自動車の性能や品質が高まったことによるものだと考えられる。【レポート】［因果関係のズレ×］

「交通事故の発生件数と負傷者数は二〇〇五年以降減少傾向」にあることは、**グラフ1**・**グラフ2**とそれぞれ合っています。しかし、「発生件数の減少が負傷者数の減少につながっている」が誤りです。「発生件数の減少」と「負傷者数の減少」について、**【レポート】**の中で「つながっている」という〈因果関係〉は示されていません。**【レポート】**の内容を踏まえて答える設問なので、**【レポート】**にない因果関係を勝手に入れている選択肢は誤りです。さらに**【レポート】**で「性能や品質が高まったことによる」と述べられているのは「死者数の減少」であり、「発生件数と負傷者数」の減少ではありません。「自動車の台数は年々増加し続けているので、事故件数と負傷者数はなかなか減らなかった」とあることからも、「自動車の性能や品質が高まった」ことで「負傷者数」が「減少」した、という説明は誤りです。

◎② 交通事故による死者数の減少傾向は、［グラフ3］○ 事故件数・負傷者数の減少よりも比較的早い時期から始まっている。［グラフ3とグラフ1・2の比較］○ これは救急医療の進歩によって救命率が向上したことによるものだと考えられる。【レポート】○

グラフ3より「交通事故による死者数の減少傾向」が「始まっている」のは、「一九九〇年以降」です。**グラフ1**・**グラフ2**より「事故件数・負傷者数の減少」が「始まっている」のは「二〇〇五年以降」であることから、「死者数の減少傾向」が「比較的早い時期から始まっている」という内容は適切な説明です（**【レポート】**からも読み取れる内容です）。

「これは救急医療の進歩によって救命率が向上したことによるものだ」は**【レポート】**の最後の部分の内容と合致します。「死者数が一九九〇年以降減少傾向になっていることには、医療の進歩がかかわっている」、「以前であれば失われていた命が救われるようになってきたので、事故の数は増えても亡くなる人は減り続けてきた」というのが**【レポート】**の内容です。

このことが「救急医療の進歩」による「救命率の向上」によって、「死者数の減少傾向」が「事故件数・負傷者数の減少よりも比較的早い時期から始まっている」という適切な因果関係で説明されているので、解答は②です。

グラフ1・グラフ2・グラフ3　　グラフ1・2・3の比較 ○

③ 交通事故の発生件数と負傷者数と死者数の推移は、全て同様に減少傾向にあり、その傾向に大きな違いはない。これは交通安全に対する人々の意識の向上の影響を受けたものだと考えられる。

【レポート】 因果関係のズレ×

「交通事故の発生件数と負傷者数と死者数の推移は、全て同様に減少傾向にあり、その傾向に大きな違いはない」ことは、**グラフ1・グラフ2・グラフ3**を比較して適当な説明だといえます。「その傾向」は「減少傾向」のことであり、〈増加→減少〉という「推移」は「全て同様」です（**【レポート】**では「減少傾向」という「推移」が「同様」であるからこそ、その開始の「時期」が「ずれ」ていることについて「違いが生じた背景」を考えているのです）。

しかし、これが「交通安全に対する人々の意識の向上の影響を受けたものだ」という説明が誤りです。選択肢の「交通安全に対する人々の意識の向上」は、**【レポート】**の「交通安全に関する国民の意識の変化」に対応するものです。**【レポート】**ではこのことを「交通事故の死者数が減少していることの裏付けの一つにはなる」と述べてはいますが、これは「発生件数と負傷者数」の「減少傾向」についての説明ではありません。交通安全の意識が向上して「死亡事故につながるような重大な違反の割合が少なくなっている」ことは「発生件数と負傷者数」の「減少傾向」を意味しないので、誤りであると判断できます。

グラフ3 ○

④ 交通事故の死者数が一九九〇年まで増加傾向にあるのは、発生件数の増加傾向を反映したものである。これは当時の医療体制における負傷者の救命率が二〇一〇年よりも低かったことを示しているといえる。

グラフ1・3と【レポート】の統合 因果関係のズレ× 【レポート】△

グラフ3より「交通事故の死者数が一九九〇年まで増加傾向にある」ことは適切です。しかし、これが「発生件数の増加傾向を反映したものである」という説明が誤りです。「発生件数の増加傾向を反映したもの」であるならば、「発生件数」が「増加傾向」にある二〇〇五年までは、死者数も同様に「増加傾向」であるはずです。しかし「死者数」は「発生件数」よりも早い時期に減少傾向にあるため、「傾向を反映したもの」であるとはいえません。この点で誤りだと判断できます。

なお、「これは当時の医療体制における負傷者の救命率が二〇一〇年よりも低かったことを示している」は「判断できない」部分です。「当時の医療体制における負傷者の救命率」を判断する根拠が、**グラフ1**〜**グラフ3**や**【レポート】**の中に存在しません。**【レポート】**に「交通事故の死者数が一九九〇年以降減少傾向になっていることには、医療の進歩がかかわっているのではないだろうか」という記述はありますが、「負傷者の救命率」については書かれていません。この部分は資料の中に〈正誤を確定できるような判断根拠自体が存在しないもの〉として「判断できない」内容です。

注意 「判断できない」選択肢について

正誤を確定できるような判断根拠が存在する場合には、それに基づいてどちらかを決めます。これに対して、そもそも正誤を判断する根拠自体が存在しない場合は、「判断できない」という形に分類することになります。

共通テスト試作問題を用いたチャレンジテスト第7問の問2で、「正しい」「誤っている」「判断できない」を判定させる設問を扱っています。選択肢を分析する際に、〈正誤を確定できるような判断根拠〉が存在するかどうかを意識して取り組んでみてください（↓別冊85ページ／解説は本冊225ページ）。

⑤ 交通事故の発生件数よりも負傷者数は一貫して多く、負傷者数の増加は死者数の増加にも影響する。これは自動車の安全性を向上させることで改善が可能であるといえる。

グラフ1・2の比較 ○　グラフ2・3の比較 内容ズレ×　【レポート】○

グラフ1・グラフ2より「交通事故の発生件数よりも負傷者数は一貫して多く」というのは適切な説明であり、「これは自動車の安全性を向上させることで改善が可能であるといえる」は【レポート】の空欄 X の分析から適切です。しかし、グラフ2・グラフ3を比較すると、負傷者数は二〇〇五年まで増加傾向ですが、死者数はそれよりも早い一九九〇年に減少傾向に転じていることが分かり「負傷者数の増加は死者数の増加にも影響する」というのが誤りです。

解答 ②

選択肢の表現を分析した上で、グラフの読み取りと【レポート】の内容を統合して判断することが求められる設問でした。

参考

主なグラフの種類と特徴

①棒グラフ

棒の高さ（長さ）により、数量の大小を表すもの。数量の違いを比較する場合に用いる。

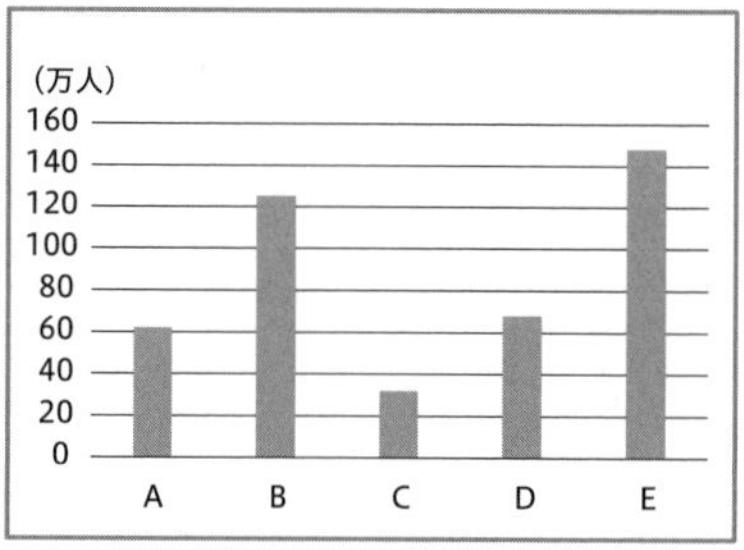

②折れ線グラフ

各数値を結んだ線の傾きにより、数量の変化や推移を表すもの。傾きの変化を見ることで、数値の増減の推移を読み取ることができる。

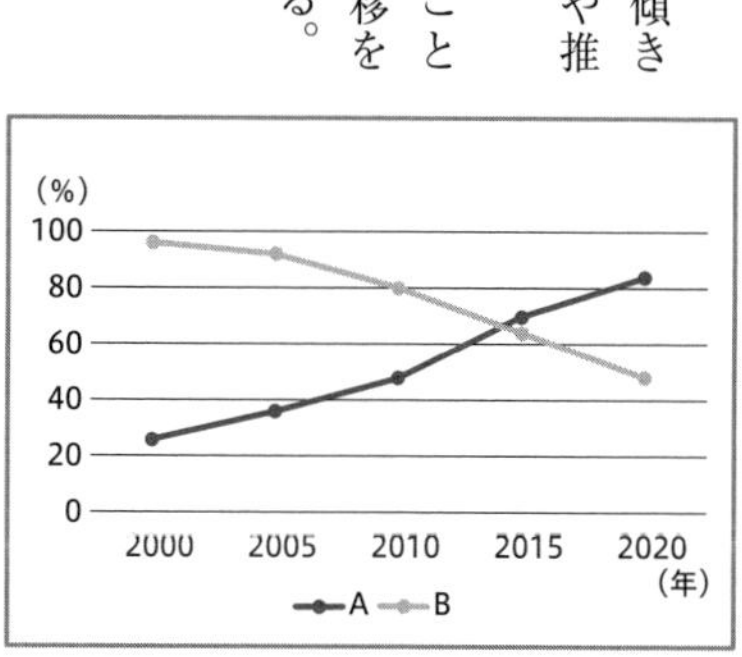

③円グラフ

各項目が全体に占める割合を表すもの。全体に対する部分の割合から構成比を読み取ることができる。

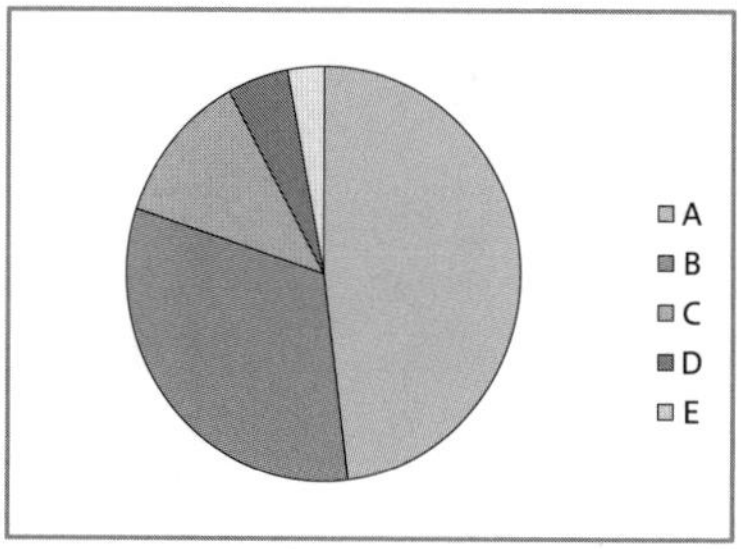

④帯グラフ

各項目が全体に占める割合を表すもの。円グラフに比べ、同じ項目同士の割合を比較しやすい特徴がある。

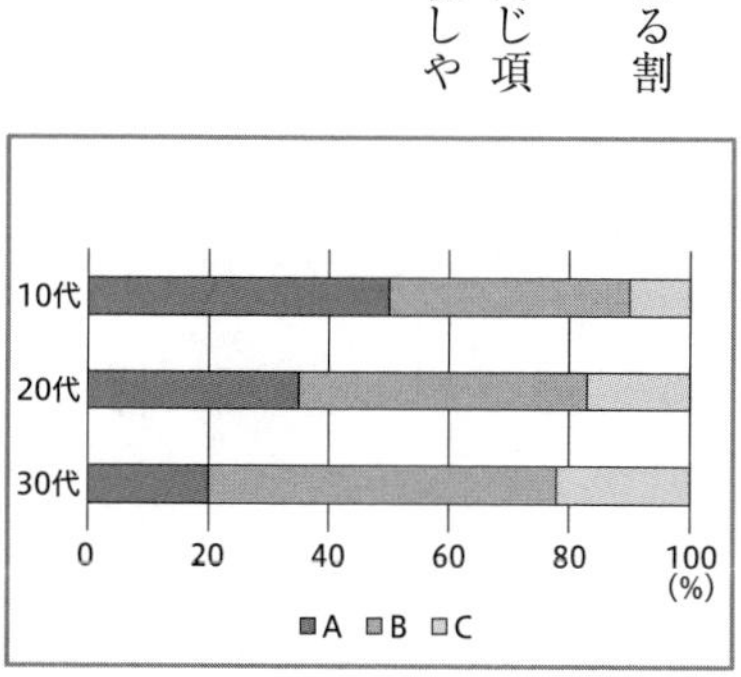

参考

大学入試における「実用的文章」の問題とは

例題では生徒の作成した**【レポート】**と**【資料】**を題材にしましたが、大学入試における「実用的文章」の問題には他にも様々なパターンがあります。おおまかな出題傾向をまとめておきますので参考にしてください。

題材

・「生徒の学習場面」を想定したもの

・生徒の書いた文章（レポート・メモ・ノートなど）や生徒の作成した図表

・生徒が見つけた参考資料（文章・図表）

・生徒の会話

設問

・複数の資料（文章・図表）を関連させた読解を問う設問

・グラフなどの図表の読み取りに関わる設問

・資料（文章・図表）から発展的・応用的に考える設問

・生徒が自分の書いた文章（レポート・メモなど）を推敲・改善する設問

チャレンジテストでこれらの問題にも挑戦してみましょう。

第5章　表現の設問の解き方

表現の設問とは、表現の特徴についての説明を求めるものです。表現説明の設問では、読解力だけではなく**表現の技巧についての知識**が問われることに注意しましょう。共通テストで求められる、国語に関する「知識・技能」を問う設問です。

表現の設問の解き方は第2～4章で学んだ「正答へのアプローチ」の手順とは異なります。「設問で聞かれていることの答えを、本文から見つける」という基本ルールは変わりませんが、**設問を確認したら、まず選択肢を読みます**。選択肢に、本文のどこに注目すべきか具体的に示されている場合があるためです。詳しくは、本章で例題を示して説明します。

そもそも「表現」とは、ある「内容」や「効果」を伝えるために、意図的に工夫された手段です。

ポイント

作者が「伝えたいこと」がある	→	「特定の**技巧**」を用いて表現する
＝		＝
〈何を伝えたいのか〉		〈どんな**技巧**を使っているのか〉
＝		＝
B（内容・効果）		**A（技巧）**

「作者が伝えたい**内容・効果**があるから、特定の**技巧**を用いて表現する」という視点に基づいて、選択肢を**作者が伝えた**

い内容・効果＝「表現の内容・効果」と**「表現の技巧」**に分けて考えます。

表現の設問「選択肢の分析法」

❶ 選択肢を**「表現の内容・効果」**（作者が伝えたい内容・効果）と**「表現の技巧」**に分ける。

〈選択肢〉

○行目は／[A]（表現の技巧）を用いることによって／[B]（表現の内容・効果）を表そうとしている。

○行目は／[B]（表現の内容・効果）が／[A]（表現の技巧）によって　表されている。

❷ 本文中の指定箇所に[B]が書かれているかを確認する。

「○行目の」という指示がある場合は、その箇所に戻って確認する。指定箇所がない場合は、文章全体の中から選択肢で示されている技巧が用いられている箇所を探し、その箇所について判断する。

❸ [A]の説明が正しいかを確認する。

視点・比喩・表記など、**技巧**の説明が適切かどうかを確認する。（知識が必要！）

ポイント 〈❷「表現の内容・効果」の確認 → ❸「表現の技巧」の確認〉という順番で選択肢を処理した方が解きやすい

これは、**「表現の技巧」**はその「技巧」についての知識がないと判断が難しいのに対して、**「表現の内容・効果」**の説明は「指定箇所に、その内容が書いてあるか、ないか」という事実確認による判断が容易だからです。**「表現の内容・効果」**の説明で内容的な誤り（指定箇所にその内容が書いていない／指定箇所の内容と合っていない）があれば、それだけでその選択肢が誤りであることが判断できます。その場合、**「表現の技巧」**について詳しく検討する必要はありません。

注意 表現の設問は、「適当でないもの」を選ばせることもあるので、その場合に「適当なもの」を選んでしまわないよう、設問の要求に注意するようにしてください。「適当でないもの」という指示がある場合は、内容的な誤りを含む選択肢を選ぶことになります。また、悩んだら△で保留しつつ、誤答として「より罪の重い誤り」を決める、という視点を持って選択肢を判断する必要があります。

「表現の内容・効果」と**「表現の技巧」**は、片方だけの説明で選択肢が作られることも多いです。それぞれ適切に確認できるように、まずは選択肢の分析の仕方を正しく理解してください。

❖「表現の技巧」とは？

文章の中には、作者による様々な表現の工夫が存在します。作者が伝えたい内容を読者にとって分かりやすくするためのものです。たとえば、具体例や比喩は、読者にとって身近な例や表現に言い換えることで、抽象的な内容を分かりやすく伝えるための工夫です。

このような**〈分かりやすく伝えるための表現の工夫〉**を、**「表現の技巧」**といいます。

「表現の技巧」の確認には、基礎知識が必要とされます。用いられることの多い基礎的な**「表現の技巧」**について、その例と効果を見ていきましょう。

▼**視点（語り手）**

・一人称視点…〈語り手＝主人公〉

主人公が視点人物（語り手）であり、「自分の視点から」見たものを描く。

主人公が「私・僕」などの一人称を用いて語る。

効果：自分で自分のことを語るので、**「主観的」**「直接的」な描写になる。

・三人称視点…〈語り手≠主人公〉

作者が主人公や他の登場人物のことを「第三者の立場から」見て描く。

主人公を含む登場人物は全て「彼・彼女・人物の名前」などの三人称で示される。

効果：他人のことを語るので、**「客観的」**な「距離をおいた」描写になる。

注意 **例外として、回想など過去の自分を振り返る場面**では、一人称視点であっても、自分のことを客観的に描く場合があります。時間的な距離によって、自分のことでも心理的に距離をおいて（＝冷静に・客観的に）出来事を捉えることができるからです。

▼**感覚的な語句や表現**

五感（視覚・聴覚・嗅覚・触覚・味覚）を通した描写（色・光・匂いなど）・擬態語・擬音語

効果：具体的な感覚のイメージを喚起する。

▼**時系列**

出来事が起きた順に描くのではなく、過去と現在を往復しながら描いたり、現在から過去へと逆行して描いたりする。登場人物の回想という形をとることもある。

効果：重層的な印象を与える。

▼比喩

直喩・明喩（「～ような」を用いる）／**隠喩・暗喩**（「～ような」を用いない）／**擬人法**（人でないものを人に喩《たと》える）など、ある物事について別の何かに見立て、喩える表現。

効果：**喩えるもの**と**喩えられるもの**との共通性により、その性質を分かりやすく示す。

ポイント　比喩表現の選択肢は、必ず〈喩えるものと喩えられるものとの対応〉を確認する

比喩表現の選択肢は、本文における〈喩えるものと喩えられるものとの対応〉と合致しているか（逆転していたり、ズレていたりしないか、また共通性を正しく捉えているか）に気をつけて確認します。

例　［りんご］のような［頬］
　　＝喩えるもの　＝喩えられるもの

「りんご」と「頬」に共通する性質は「赤い、丸い」ということです。つまり、「りんごのような」という比喩は、頬の〈赤さ、丸さ〉を分かりやすく伝える効果を持っています。

参考　ねらわれやすい誤りの例

「頬」について「りんごのような」という比喩表現を用いることで、

◎「頬」の赤さを伝えようとしている。

×「りんご」の赤さを伝えようとしている。

↓喩えられているのは「りんご」ではなく「頬」＝喩えるものと喩えられるものとの逆転×

×赤い色の持つ美しさを伝えようとしている。

↓「頬」の性質を伝えるための比喩であり、「赤い色」の性質を示すための表現ではない＝喩えるものと喩えられるものとの対応のズレ×

×「頬」のやわらかさを伝えようとしている。
↓りんごは「やわらかい」性質を持たない＝喩えるものと喩えられるものとの共通性×

▼文の表現

・文末表現

例 現在形が多い　**効果**：臨場感を与える。

・文の長短

例 短い文や読点が多い　**効果**：緊迫感・臨場感・読み進めやすさ（読み手への配慮）など。

・文体の使い分け

文体には、次のような種類や特徴がある。

文語体・口語体／和文体・漢文体・翻訳文体／散文体・韻文体／常体・敬体／簡潔・丁寧／断定的・婉曲《えんきょく》的

効果：文体の使い分けによって、そこに作者の伝えたいポイントがあることを示す。

▼表記

・カギカッコ（「　」）・引用符（〝　〟）

効果：会話文・引用・強調・作者独自の意味で用いている単語を表す。

・傍点（□、□、□、）

効果：強調・作者独自の意味で用いている単語を表す。

▼反復・倒置法

効果：強調

例題　表現の設問

実際の問題を使って、表現の設問の選択肢の分析方法を確認していきましょう。選択肢で確認する対象が本文全体に点在しているため、ここでは、それぞれの選択肢の分析で確認するべき指定箇所だけを本文から抜粋して解説します。（本文は、野上弥生子《のがみやえこ》の小説「秋の一日」の一節です。）

問　**この文章の表現に関する説明として適当でないものを、次の①～⑤のうちから二つ選べ。**

①　語句に付された傍点には、共通してその語を目立たせる働きがあるが、1行目「あんよ」、24行目「あらわ」のように、その前後の連続するひらがな表記から、その語を識別しやすくする効果もある。

②　22行目以降の落葉や46行目以降の日本画の描写には、さまざまな色彩語が用いられている。前者については、さらに擬音語が加えられ、視覚・聴覚の両面から表現されている。

③　38行目「透明な黄色い光線」、55行目「真珠色の柔らかい燻《いぶ》したような光線」のように、秋晴れの様子が室内外に差す光の色を通して表現されている。

④　43行目「直子は本統《ほんとう》は画《え》の事などは何にも知らぬのである」、44行目「画の具の名さえ委《くわ》しくは知らぬ素人である」は、直子の無知を指摘し、突き放そうとする表現である。

⑤ 55行目「暫時うるさい『品定め』から免れた悦《よろこ》びを歌いながら、安らかに休息してるかのように見えた」は、絵画や彫刻にかたどられた人たちの、穏やかな中にも生き生きとした姿を表現したものである。

（センター試験　改　※紙幅の都合で、選択肢を一つ省略した。）

まず、この設問は、「適当でないもの」を選ぶよう指示がある点に注意してください。それでは、実際に選択肢の分析方法に沿って確認していきましょう。

選択肢を〈指定箇所／**「表現の内容・効果」**／**「表現の技巧」**〉に分けてから、それぞれの部分について、〈指定箇所を見る→**「表現の内容・効果」**が書かれているか→（通過したもののみ）**「表現の技巧」**の説明が正しいか〉という順番で確認していきます。

以下の指定箇所の抜粋では、本文の上に、指定箇所に応じて行数を付してあります。

① 語句に付された傍点には、（技巧）／共通してその語を目立たせる働きがあるが、（内容・効果）／1行目「あんよ」、24行目「あらわ」のように、（指定箇所）／その前後の連続するひらがな表記から、その語を識別しやすくする効果もある。（内容・効果）

指定箇所

1「此《この》秋になったら坊やも少しはあんよして行けるだろ、小《ちいさ》い靴を穿《は》かして一緒に連れて行こう。」

24 其処《そこ》此処《ここ》の立ち木も大抵葉少なあらわな姿になって、園内は遠くの向《むこ》うまで明るく広々と見渡された。

まず、**「表現の内容・効果」**から確認します。

1行目は「少しはあんよして行けるだろ」、24行目は「葉少なあらわな姿」と、どちらもひらがなが連続する中の表記について傍点が付されています。この傍点がないと、単語がどこで切れるのかが分かりにくいことから、「前後の連続するひらがな表記から、その語を識別しやすくする」という説明は適切であることが分かります。

次に**「表現の技巧」**について確認します。

先に確認した**「表現の内容・効果」**が「語句に付された傍点」によることは明白なので、**「表現の技巧」**も適切です。

② [指定箇所] 22行目以降の落葉や46行目以降の日本画の描写には、／[技巧] さまざまな色彩語が用いられている。（＝22行目以降の落葉の描写）前者については、さら[技巧] に擬音語が加えられ、視覚・聴覚の両面から表現されている。

※[内容・効果] なし

指定箇所

22 小路《こみち》に這入《はい》ると落葉《おちば》が多かった。灰色、茶色、鈍《に》びた朱色、種々な木の葉の稍《やや》焦げた芝の縁や古い木の根方などに乾《から》びつつ集まっているのが、歩みの下にさくさくと鳴るのも秋の公園の路《みち》らしかった。

家を出る時、子供連れで初めから一枚一枚丁寧に見て行っては大変だから、余り疲れぬ内に西洋画の方に行けと云《い》い
46 つかっていたから、直子は其《その》言葉に従って最初の日本画の右左に美しい彩色の中を通りぬけて奥の西洋画の室《へや》に急い

で行こうとした。其間にも非常に画の好きな此二つの自分の子供が、朝夕家の人々から書いて貰《もら》う、鳩《はと》の画、犬の画、猫の画、汽車の画などの粗い鉛筆画に引き代えて、こうした赤や青や黄や紫やいろいろな画の具を塗った美しい大きな画を、どんな顔をして眺めるだろうか、と云う事に注目する事は怠らなかった。

②は、**「表現の技巧」**の説明のみで、**「表現の内容・効果」**については特に言及がない選択肢です。

では、**「表現の技巧」**について、指定箇所に立ち返って確認しましょう。

確認すべき内容は、「46行目以降の日本画の描写」に「さまざまな色彩語が用いられている」かどうかと、「22行目以降の落葉」の描写について「さまざまな色彩語が用いられている」・「さらに擬音語が加えられ、視覚・聴覚の両面から表現されている」かどうかです。

「46行目以降の日本画の描写」については、48行目に「赤や青や黄や紫やいろいろな画の具を塗った美しい大きな画」という表現があり、これが「日本画の描写」であることから、「さまざまな色彩語が用いられている」というのが適切であることが分かります（「46行目以降」という指定なので、「日本画の描写」であれば48行目でも可）。

次に、「22行目以降の落葉」の描写について。22行目に「灰色、茶色、鈍びた朱色」という「さまざまな色彩語」による描写があります。また、23行目の「歩みの下にさくさくと鳴る」は擬音語による落葉の描写です。さらに「色彩語」が「視覚」と、「擬音語」が「聴覚」と対応しているので、この説明は適切であると判断できます。

③ 38行目「透明な黄色い光線」、55行目「真珠色の柔らかい燻《いぶ》したような光線」のように、／秋晴れの様子が／室内外に差す光の色を通して表現されている。

指定箇所　内容・効果　技巧

（表現されている）

指定箇所

38 今日の前に踊る小さい子供の群れ、秋晴《あきばれ》の空のま下に、透明な黄色い光線の中をただ小鳥のように魚のように、手を動かしたり足をあげたりしている、ただその有様《ありさま》が胸に沁《し》むのである。

……………どの室もひっそりとして寂しく、高い磨《す》りガラスの天井、白い柱、棕梠《しゅろ》の樹《き》の暗緑色の葉、こ

55 う云うものの間に漂う真珠色の柔らかい燻したような光線の中に、絵画も彫刻も、暫時うるさい「品定め」から免れた悦びを歌いながら、安らかに休息してるかのように見えた。

この選択肢は、「秋晴れの様子」という内容を伝えるために（**「表現の内容・効果」**）、38行目「透明な黄色い光線」、55行目「真珠色の柔らかい燻したような光線」のような「室内外に差す光の色」という**「表現の技巧」**を用いている、という説明になっています。

まず、**「表現の内容・効果」**から確認しましょう。

38行目には「秋晴の空のま下に、透明な黄色い光線の中を」という表現があるので、「透明な黄色い光線」が「秋晴れの様子」の説明であることは明らかです。

55行目の「真珠色の柔らかい燻したような光線」については、「高い磨りガラスの天井」からの「光線」であることが示されており、太陽光であることが分かるので、「秋晴れの様子」を伝えるものとして解釈できます（本文の引用では省略し

ましたが、38行目から55行目の間に天候の変化についての描写がないことも根拠になります)。

次に、**「表現の技巧」**について確認していきます。

38行目が「室外」に差す光、55行目が「室内」に差す光であり、「黄色い」「真珠色」という「色」についての描写があることから「室内外に差す光の色を通して」という説明も適切であると判断できます。

指定箇所

④ 43行目「直子は本統《ほんとう》は画《え》の事などは何にも知らぬのである」、44行目「画の具の名さえ委《くわ》しくは知らぬ素人である」は、

内容・効果

／直子の無知を指摘し、突き放そうとする表現である。

※技巧なし

指定箇所

此涙の後に浮《うか》ぶ、いつもの甘い悲しみを引いた安らかな心は、落ち着いて絵を見て歩《あ》りくのに丁度《ちょうど》適した心持ちで
43 あった。こう云うと一《い》っぱし見る目のついた人のようだけれども、直子は本統は画の事などは何にも知らぬのである。ただ好きと云う事以外には、家で画の話を聞く機会が多いと云う事以外には、画の具の名さえ委しくは知らぬ素人である。陳列替えになった三越《みつこし》を見に行くのと余り大した違いのない見物人の一人である。

④は、**「表現の内容・効果」**の説明のみで、**「表現の技巧」**については特に言及がない選択肢です。
では、**「表現の内容・効果」**について、指定箇所に立ち返って確認しましょう。

43行目では、直子について「こう云うと一っぱし見る目のついた人のようだけれども」「直子は本統は画の事などは何にも知らぬのである」と述べられています。さらに44行目では「ただ好きと云う事以外には、家で画の話を聞く機会が多いと

云う事以外には」「画の具の名さえ委しくは知らぬ素人である」とあり、〈画が好きであり、家で画の話を聞く機会が多いが、画について詳しいわけではない〉という意味で「何にも知らぬ」「素人である」直子の様子が示されています。

つまりこの箇所は「直子の無知を指摘し、突き放そうとする表現」ではありません。直子についての事実を述べているだけです。「適当でないもの」として、一つ目の解答は④になります。

⑤ 指定箇所 55行目「暫時うるさい『品定め』から免れた悦《よろこ》びを歌いながら、安らかに休息してるかのように見えた」は、／

内容・効果 絵画や彫刻にかたどられた人たちの、穏やかな中にも生き生きとした姿を表現したものである。

※技巧 なし

指定箇所

……まだ朝なのでこうした戯れも誰の邪魔にもならぬ位《くら》い入場者のかげは乏しかったのである。どの室もひっそりとして寂しく、高い磨りガラスの天井、白い柱、棕梠の樹の暗緑色の葉、こう云うものの間に漂う真珠色の柔らかい燻したような光線の中に、絵画も彫刻も、暫時うるさい「品定め」から免れた悦びを歌いながら、安らかに休息してるかのように見えた。

この選択肢は、「絵画や彫刻にかたどられた人たちの、穏やかな中にも生き生きとした姿」を伝えるために、55行目「暫時うるさい『品定め』から免れた悦びを歌いながら、安らかに休息してるかのように見えた」という表現が用いられている、という説明になっています。

「表現の内容・効果」の説明のみで、**「表現の技巧」**については特に言及がない選択肢です。

では、**「表現の内容・効果」**について55行目に戻って確認します。

「暫時うるさい『品定め』から免れた悦びを歌いながら、安らかに休息してるかのように見えた」のは、「絵画も彫刻も」とあるように、「絵画」や「彫刻」という〈作品の様子〉です。展覧会という場所において、絵画や彫刻は「うるさい『品定め』」にさらされることになるが、「まだ朝なので」（53行目）入場者が少ないことから、暫時「『品定め』から免れた悦びを歌いながら、安らかに休息してるかのように見えた」と述べられているのであり、「絵画や彫刻にかたどられた人たち」（絵画に描かれたり彫刻に作られたりした人たち）の様子について説明されているわけではありません。

この点が「適当でないもの」であり、二つ目の解答は⑤になります。

以上から、解答は④と⑤に確定できます。

解答　④・⑤

ここまで確認したように、**「表現の内容・効果」**と**「表現の技巧」**は、片方だけの説明で選択肢が作られることも多いです。いずれにせよ、各選択肢の指定箇所に戻って**「表現の内容・効果」**や**「表現の技巧」**の説明を確認するという方法で、必ず正解は判断できます。表現の設問においても、「設問で聞かれていることの答えを、本文から見つける」という入試現代文の基本ルールは同じです。選択肢の分析方法を確認した上で、いつも同じ解き方で解けるように実際の問題で訓練しましょう。

参考　表現の設問には、この他に文章の構成を問うものもあります。主に論理的文章で出題されるもので、本文全体の構成の型（頭括型、尾括型など）や、構成上の特徴（具体例を多用、など）を問う設問です。分析範囲が本文全体に及ぶこともあり、本章で紹介するのは難しいので、具体的なことはチャレンジテストで解説します。

第6章　誤答のパターン

第2～4章では、**「正答へのアプローチ」**として〈正答の導き方〉について確認してきました。選択肢と**「正答根拠」**を照合する際には、正答を探すと同時に「誤答を切る」作業を行います。本章では「誤答を切る精度と速度を高めていく」ために役立つ**〈誤答のパターン〉**を紹介します。

「正答へのアプローチ」が正しくできていれば、誤答選択肢は基本的に避けることができます。しかし、**「正答根拠」**を確定していても、選択肢を見た途端に、「これも合っているかもしれない」「この内容でも正解となるのではないか」など、自分が見つけた**「正答根拠」**への自信が揺らいでしまうことも多いでしょう。そのような時に、**〈誤答のパターン〉**が役立ちます。

誤答をパターン化して把握しておくことは、判断の助けになるのです。

誤答は、大きく三つのパターンに分けることができます。

❶設問ズレ（設問の答えになっていない）
❷内容ズレ（内容に誤りを含む）
❸記述ナシ（その情報について本文に書かれていない）

❸「記述ナシ」の誤りは、本文と見比べればよいだけなので、見つけられる人が多いでしょう。

❶❷の中には、ねらわれやすく多くの人の盲点となっている次のような誤答があります。

・本文に書いてあることだが、設問の答えになっていない

・本文に書いてあることだが、傍線部の説明としては誤っている

選択肢を見る前に**「正答根拠」**を確定させずに、単純に本文と選択肢を見比べて選ぼうとすると、このような誤答に引っかかりやすいです。「傍線部の近くに書いてある表現だからこれ!」で間違った経験がある人も多いでしょう。「本文に書いてあるか、ないか」という判断に頼ることが、実は得点を落とす大きな原因となっているので、注意してください。

それでは、**〈誤答のパターン〉**❶❷について詳しく見ていきましょう。

❶〈設問ズレ〉

設問で問われていることの答えになっていないものです。

例 本文:雨が降ったので、かわいい傘を買った。

設問:なぜ傘を買ったのか。

正答根拠:雨が降ったから。

誤答選択肢:かわいい傘を探していたから。

→**「正答根拠」**に合わない選択肢は「設問の答え(傘を買った理由の説明)になっていない」といえる。

〈設問ズレ〉のうち、先ほど述べた「本文に書いてあることだが、設問の答えになっていない」ものは、情報としての誤りを含まないので、「本文に書いてあるか、ないか」という観点で選択肢を見ると、誤答だと判断できない場合が多いです。

常に**「正答根拠」**を確認した上で「設問の答えになっているか」という基準で判断するようにしましょう。

❷〈内容ズレ〉

選択肢の内容に、情報としての誤りを含むものです。

〈内容ズレ〉はさらにいくつかのパターンに分けることができます。ここでは特に見落とされやすいものを紹介します。

・**〈因果関係のズレ〉**…本文と選択肢で、因果関係（〈原因→結果〉の関係）が異なっているもの

例 本文　寒くなった〈ことで〉風邪をひいた。

誤答選択肢：風邪をひいた〈ことで〉寒くなった。

→因果関係を逆転させて、誤りを作ったもの。

本文：私は犬が好きであり、猫も好きである。

誤答選択肢：犬が好きである〈ことで〉、猫も好きになった。

→並列の関係を因果関係に変更して、誤りを作ったもの。

〈因果関係のズレ〉は「本文に書いてある」内容を入れ替えたり、関係を変えたりするだけのものが多いので、「本文に書いてあるか、ないか」で判断する受験生が引っかかりやすく、ねらわれやすい誤りです。例の「寒くなった」と「風邪をひいた」、「人が好き」と「猫も好き」はどれも「本文に書いてある」ことですが、関係が本文通りでなければ同じことを言っていることにはなりません。にもかかわらず「書いてあるから◯」にする受験生はこの誤りに気づけないので、特に差がつくポイント！

「正答根拠」をまとめる時に、本文の因果関係に注意して読み取っておくことで、**〈因果関係のズレ〉**にも対応することができます。因果関係を表す**「〜ことで・よって・〜ために・〜ので」には、特に注意**しましょう。迷った時は本文の該当箇所に戻って因果関係を確かめましょう。

・**〈意図・目的のズレ〉**…本文と選択肢で、意図・目的の説明が異なるもの

例 本文：合格しよう〈として〉勉強した。
　　誤答選択肢：親に褒められよう〈として〉勉強した。
　　→「勉強した」行為の〈意図・目的〉を変えて、誤りを作ったもの。

文学的文章では**「〜として・〜つもりで・〜ために・よって」**などで表される**〈意図・目的のズレ〉**が頻出です。

特に、選択肢では本文に存在しない意図・目的を勝手に付け加える誤りが作成されることが多いので、注意するようにしてください。

その他に代表的な**〈内容ズレ〉**には、次のようなものがあります。

・**〈定義ズレ〉**…本文と選択肢で、「言葉の定義」が異なるもの
・**〈指示語ズレ〉**…本文と選択肢で、指示している内容が異なるもの
・**〈時系列ズレ〉**…時間的な前後関係を逆転させているもの
・**〈場面ズレ〉**…傍線部とは直接関係がない話題を持ち出しているもの

詳しくは第2章・第3章・第4章の例題の解説と、チャレンジテストの解説を参考にしてください。

ここでもう一度、入試現代文の基本ルールを確認します。

文章を読んで、設問を確認して、「設問で聞かれていることの答えを、本文から見つける」こと！

何度も繰り返してきたように、本文から見つけた設問の答えをもとにまとめた**「正答根拠」**と「同じことを述べている選択肢が○」「違うことを述べている選択肢は×」です。

選択肢の中で答えを決めきれない場合は、**選択肢同士を比べるのではなく、「正答根拠」と選択肢を比べましょう。**選択肢の判断で時間がかかる・悩むのは〈本文から見つけた設問の答えに不足や誤りがある〉からです。その場合は、×の選択肢を消す消去法に頼るのではなく、傍線部や設問の分析からやり直して、本文から正しい設問の答えを見つけ、改めて**「正答根拠」**をまとめるようにしてください。

〈誤答のパターン〉を把握しておくことは、選択肢の照合・判断を「素早く」「適切に」行う武器になります。一問の配点が高い共通テストの現代文で確実に点を取るために、「本文に書いてあるが、誤りである」という**〈誤答のパターン〉**があることを念頭に置いて、解く時間を短縮できるよう訓練していきましょう。

チャレンジテスト

（解答・解説）

チャレンジテスト（論理的文章）

第1問

問題　別冊2ページ

有元典文《ありもとのりふみ》・岡部大介《おかべだいすけ》『デザインド・リアリティ——集合的達成の心理学』の一節。

解答と配点

問1						問2	問3	問4	問5	問6			
(ア)	②	(イ)	③	(ウ)	⑤	②	⑤	③	①	(i)	①	(ii)	④
(エ)	⑤	(オ)	②										
各2点						8点	8点	8点	8点	各4点			

／50点

本文解説

人間が、自分たちの活動のために現実に手を加えることで環境を改変する（デザインする）存在であることを指摘した上で、社会文化と不可分のものとして人間の性質を捉える文化心理学の必要性を述べた文章。

世界は多義的でその意味と価値はたくさんの解釈に開かれている。そのような多義的な世界の捉え方を、特定の意味を持つものに変えるのが人間の行為である。自分たちの活動のために今ある現実に人間が手を加えて環境を変化させる「デザイン」は人間の特徴である。人間は環境に手を加えることにより、今ある秩序を変化させ異なる意味や価値を与える存在であり、私たちの生きる現実はそのようにしてあつらえられた「デザインされた現実」である。さらに、事物のあり方を変化させることは、それを知覚して扱う人間のふるまいやこころをも変化させることにつながる。モノ・コトのデザインによって人間が知覚する現実も変化するのだ。デザインとは、このようなモノ・コトの物理的な変化やふるまいの変化、こころの変化、現実の変化を伴うものであり、このような文化的実践によって意味づけられ、たえず変化する現実を生きるのが人間の基本的条件である。「あるモノ・コトのデザインによって変化した行為」について、これまでとは異なる現実の知覚に対応する行為であるという意味でダッシュをふって捉える。人間の行為は全て「デザインされた現実」へのふるまいであり、それを脱した「なまの現実」や、ダッシュのつかない「原行為」「原心理」というものは想定できない。従来の心理学は、人間の行為が文化歴史的条件と不可分のものである点を想定しておらず、「原心理」や「原行為」と呼べる存在を前提としているが、人間性は社会文化と不可分のセットで成り立っているのであり、心理学が対象とする「こころの現象」について文化歴史的条件と不可分のものとして記述する「文化心理学」としての「心理′学（しんりダッシュがく）」が必要である。

設問解説

問1　漢字の知識を問う設問

(ア)「意匠」①高尚②巨匠③交渉④昇格⑤抄本　解答は②。
(イ)「踏(み)」①急騰②登記③踏襲④陶器⑤搭乗　解答は③。
(ウ)「乾(いた)」①緩和②歓迎③果敢④干拓⑤乾電池　解答は⑤。
(エ)「摂理」①切断②折衝③窃盗④雪辱⑤摂取　解答は⑤。
(オ)「洗練」①旋律②洗浄③独占④変遷⑤潜水艦　解答は②。

問2　傍線部の理由説明の設問

「正答へのアプローチ」に従い、まずは傍線部の分析から開始しよう。

❶傍線部分析を行う。

(1)傍線部を含む「一文全体」を確認する。

A 講義というような、学生には日常的なものでさえ、素朴に不変な実在とは言いにくい。

傍線が一文全体に引かれていることを確認する。

(2)文の構造〈主部と述部・指示語・接続表現〉と〈言い換えが必要な言葉〉を確認する。

まず、主述の関係に注目する。

(主)「講義」は　／
(述)「素朴に不変な実在」とは「言いにくい」(≒言えない)

さらに、「さえ」という強調表現に注目しよう。「AさえBだ。」という表現は、例を挙げて「AもBだ、だからその他は言うまでもなくBだ。」ということを意味する。

〈言い換えが必要な言葉〉は「素朴に不変な実在とは言いにくい」の意味、「講義……でさえ」で「その他」にあたる内容である。

(3)〈言い換えが必要な言葉〉を言い換えて、文の意味内容を確認する。

「素朴に不変な実在とは言いにくい」とはどのような意味で使われている表現か。「講義」については次の文で「考えごとをしているものにとっては空気のふるえにすぎず、また誰かにとっては暗記の対象となるだろう」と具体的に説明されている。これは、「講義」の「意味と価値」が人によって異なることの例である。

また、第3段落の一文目で「講義とは何か」という形で「講義」についての説明が示されている。ここで述べられている「講義」は、「多様な捉え方が可能である」ものだと判断できる。続いて「世界は多義的でその意味と価値はたくさんの解釈に開かれている」「世界の意味と価値は一意に定まらない」とあることからも、「講義」の「意味と価値」が〈「多義的」であり「たくさんの解釈に開かれている」こと・「一意に定まらない」こと〉が分かる。

このことから、傍線部Aの「素朴に不変な実在とは言いにくい」とは、「意味と価値」が「不変」ではないということ、つまり〈「多様な捉え方が可能である」こと・「多義的」であり「たくさんの解釈に開かれている」こと・「一意に定まらない」こと〉を示していると判断できる。

次に、「講義……でさえ」について確かめよう。「講義」を例として「素朴に不変な実在とは言いにくい」ものとして述べられているのは何か。「素朴に不変な実在とは言いにくい」つまり「多義的」なものとして、「講義」と共に説明されているのは「世界」である。

ここまでの傍線部分析をまとめると、次のようになる。

「講義というような、学生には日常的なものでさえ」
（その意味と価値が、多義的である・一意に定まらないという意味で）
「素朴に不変な実在とは言いにくい」
（「世界」も同様に、多様な解釈に開かれているものだ）

❷ 設問要求を確認する。

「それはなぜか」とあるので、設問要求が傍線部の理由説明であることを確認する。選択肢を見る前に、本文から答えとなる内容を把握することがポイントだ。理由説明の場合は、解答となる理由の説明に必要な論理のスタートとゴールを正しく把握する必要がある。この傍線部について、主述の関係を軸に確認すると、次の通りである。

> 「講義」は
> ↓
> 〈○○〉だから……この部分の説明となる内容を探す
> ↓
> 「素朴に不変な実在とは言いにくい」

「講義」が「素朴に不変な実在とは言いにくい」理由について、本文から答えとなる内容を見つければよい。

❸ 設問の答えを本文から見つけ、「正答根拠」をまとめる。

傍線部を含む形式段落の終わりまで読み、❶で確認した内容を踏まえて、❷設問要求に適した答えを本文から見つける。

この設問については、❶傍線部分析の段階で答えとなる内容が把握できているはずである。

> 「講義」は
> ↓
> 〈その意味と価値が、多義的である・一意に定まらない〉から
> ↓
> 「素朴に不変な実在とは言いにくい」

正答根拠

まず、「講義」が「素朴に不変な実在とは言いにくい」理由は、「講義」というものの「意味と価値」が「多義的」であり、「たくさんの解釈に開かれている」からである。そして「講義」で「さえ」「多義的」であるので、「世界」の捉え方はなおさら「多義的」である、というのが、傍線部Aの説明である。

ここまで確認してから、選択肢の吟味に移ろう。

❹「正答根拠」と各選択肢を照合する。

傍線部Aの理由として「講義」を例として「世界」の「意味と価値」が「多義的」であり「たくさんの解釈に開かれている」から、という内容を正しく説明しているものは、②「ありふれた講義形式の授業でも……捉え方がさまざまに異なるように」「私たちの理解する世界は、その解釈が多様な可能性をもっており、一つに固定されたものではないから」である。解答は②である。

「素朴に不変な実在とは言いにくい」のは講義の「意味と価値」であり、①「受講者の目的意識と態度」・③「学生の学習効果」ではない。④「多義性を絞り込まれることによって初めて有益な存在となるものであるから」とは述べられていない（本文に存在しない因果関係を勝手に作り出した、**〈因果関係のズレ〉**による誤りである）。⑤「常に変化していき、再現できるものではない」とは述べられていない。また、①「受講者の目的意識と態度」・③「教授上の意図的な工夫」・⑤「ひとやモノや課題の間の関係」は、❶(3)で確認した「さえ」という強調表現で示されている「世界」の説明になっていないので、**〈設問ズレ〉**で誤りである。

問3　図と本文の論旨の対応を問う設問

この設問は、傍線部の「図1」の内容を本文の論旨と対応させて理解した上で、会話文を正確に読解できる能力を問うものである。チャレンジテスト第1問はセンター試験の過去問だが、図（写真）と本文を関連させた出題の仕方や、生徒が対話によって考えを深めていく過程に空欄を設けて答えさせる設問の形式は、今後の共通テストでも出題される可能性がある。

図の問題であっても、**「正答へのアプローチ」**に沿って傍線部や設問の分析を行うことで、確実に答えを見つけていこう。

❶傍線部分析を行う。

(1) 傍線部を含む「一文全体」を確認する。

例えば、B図1のように、湯飲み茶碗《ぢゃわん》に持ち手をつけると珈琲《コーヒー》カップになり、指に引っ掛けて持つことができるようになる。

(2) 文の構造（主部と述部・指示語・接続表現）と〈言い換えが必要な言葉〉を確認する。

文の初めにある「例えば」という表現により、**図1**が傍線部の前の内容の具体例であることが分かる。

〈言い換えが必要な言葉〉は**図1**が何の例なのか（傍線部の前

の内容を確認する）、また**図1**は具体的に何を表した図なのかである。

(3)〈言い換えが必要な言葉〉を言い換えて、文の意味内容を確認する。

まず、**図1**が何の例なのか、本文の内容を確認しよう。**図1**は〈「あるモノ・コトに手を加え」ること＝「デザインすること」〉で「世界の意味」が「違って見える」ことの具体例であると分かる。

次に、ここで必ず確認しなければならないのは、**図1**のタイトルである。図のタイトルは、その図の意味を説明するものであるので、確認しておこう。

図1のタイトルは「持ち手をつけたことでのアフォーダンスの変化」である。これは、傍線部を含む一文の「湯飲み茶碗に持ち手をつけると珈琲カップになり、指に引っ掛けて持つことができるようになる」という内容に対応している。

「アフォーダンスの変化」とは、何か。「アフォーダンス」は傍線部の次の文で「モノから見て取れるモノの扱い方の可能性」と説明されている。この内容を**図1**の具体例に対応させて考えると、〈「モノ」の変化＝「持ち手をつけたこと」〉によって〈「モノの扱い方の可能性」＝持ち方の可能性〉に変化が生じて、「指に引っ掛けて持つことができる」ようになった、ということである。

では、〈「持ち手をつけたこと」＝「あるモノ・コトに手を加え」ること＝「デザインすること」〉によって「世界の意味」が「違って見える」とはどのような意味か。これについては第11〜13段落に説明されている。持ち手がつくことによって、「もっとたくさんひと時に運べる」ようになるという、現実の「可搬性」についての知覚の変化が生じる。この「『容器に関してひとびとが知覚可能な現実』そのもの」の「変化」が、「今ある現実の別のバージョン」の「知覚」であり、「違って見える」ようになった「世界の意味」である。

❷設問要求を確認する。

設問には「本文を読んだ後に**図1**と**図2**について話している場面」とあり、会話文の空欄に入る内容が問われている。「**図1**と**図2**について」なので、**図2**の内容の把握が必要であることをここで確認しておく。

❸設問の答えを本文から見つけ、「正答根拠」をまとめる。

図2についてタイトルを確認すると、「アフォーダンスの変化による行為の可能性の変化」とあるが、「行為の可能性の変化」については第10段落終わりでは説明がなされていない。よって、本文の第11段落以降の読解に戻り、**図2**の内容説明を確認してから、設問を処理する必要がある点に気をつけよう（**図1**の内容説明が第10〜13段落まで続いていることも、ヒントになる）。

図1の内容は❶傍線部分析で確認した通りである。次に**図2**の内容と本文の論旨との対応を確認する。**図2**の「アフォーダンス

の変化による行為の可能性の変化」は、第12段落の「ふるまいの変化」と対応している。「持ち手がついたことで……いっぺんに十個のカップを運べる」こと、および第13段落の「カップの可搬性」に対する知覚の変化を示しているのが、**図2**である。

ここまでの内容をまとめておこう。

デザインの変化
例 持ち手をつける　湯飲み茶碗→珈琲カップ
図1 ← アフォーダンスの変化（扱い方の可能性の変化）
例 指に引っ掛けて持つことができるようになる
図2 ← 行為の可能性の変化（ふるまいの変化）
例 カップの可搬性の変化
← 「世界の意味」の変化
例 「もっとたくさんひと時に運べる」とウェイターも雇い主も知覚する（「容器に関してひとびとが知覚可能な現実」そのものの変化）

続けて、指示語や接続表現、言い換えに注意しながら、会話文を分析していこう。

生徒Aの「デザインを変えたら、変える前と違った扱いをしなきゃいけないわけではないってことか」という発言について、生徒Cが「デザインを変えたら扱い方を必ず変えなければならないということではなくて、［　　］ということになるのかな」と受けている。そしてこの空欄の内容を、生徒Dが「それが」という指示語で受けて、「『今とは異なるデザインを共有する』ことによって、『今ある現実の別のバージョンを知覚することになる』ってことなんだ」と続いている。

ここまでの会話文の流れから、「今ある現実の別のバージョンを知覚すること」に対応する本文の説明を確認し、空欄に入るべき内容を**「正答根拠」**としてまとめよう。

正答根拠
空欄に入るべき内容＝カップに持ち手をつけたことについての、「『容器に関してひとびとが知覚可能な現実』そのもの」の「変化」に対応する説明。

❹「正答根拠」と各選択肢を照合する。

「正答根拠」の内容を踏まえたものは⑤「形を変える以前とは異なる扱い方ができることに気づく」のみであり、解答は⑤である。

①は、空欄の後ろにある生徒Dの発言の「それ」に当てはめると、「それ」＝「どう扱うかは各自の判断に任されていること

がわかる」ことが、「『今とは異なるデザインを共有』することによって、『今ある現実の別のバージョンを知覚することになる』」となり、指示語の指示内容として意味が通らなくなる。②「無数の扱い方」・③「変えることの必要性を実感」とは述べられていない。④「立場によって異なる」は、第13段落の「ウェイターだけでなく雇い主にも同時に知覚可能な現実」に反するし、「立場によって異なる世界が存在することを意識」では「カップの扱い方の変化」に対応する**図1・図2**の説明にならない。

問4　傍線部の理由説明の設問

傍線部の分析から行っていく。

❶ 傍線部分析を行う。

(1) 傍線部を含む「一文全体」を確認する。

C このことは人間を記述し理解していく上で、大変重要なことだと思われる。

傍線が一文全体に引かれていることを確認する。

(2) 文の構造〈主部と述部・指示語・接続表現〉と〈言い換えが必要な言葉〉を確認する。

この文では、主部「このことは」が指示語になっており、指示内容を確認する必要がある。

(3) 〈言い換えが必要な言葉〉を言い換えて、文の意味内容を確認する。

「このこと」の指示内容は、直前にある「人間はいわば人間が『デザインした現実』を知覚し、生きてきた」ことである。

「人間が『デザインした現実』」について、「デザイン」という言葉の定義を確認しよう。

「デザイン」については、第14段落で「対象に異なる秩序を与えること」と定義されている。それは「現実の変化」を伴うものであり、「私たちの知覚可能な現実を変化させ続けている」。第8段落にも「自分たちの活動のための環境の改変」が「デザイン」の定義として示されているので確認しておこう。そして「現実」については第15段落で「意味や価値が一意に定まった……世界ではない」「文化や人工物の利用可能性や、文化的実践によって変化する」ものだと説明されている。「デザインした現実」とは〈デザイン」により「対象に異なる秩序を与える」という意味で人間が変化させた環境としての現実〉のことである。

❷ 設問要求を確認する。

設問は「どうしてそのように考えられるのか」と理由の説明を求めている。理由説明なので、説明が求められている論理のスタートとゴールを確認しておこう。

「このこと」＝「人間はいわば人間が『デザインした現実』を知覚し、生きてきた」こと　は
↓
〈○○〉だから……この部分の説明となる内容を探す
↓
「人間を記述し理解していく上で、大変重要なことだと思われる」

人間が、「人間が『デザインした現実』を知覚し、生きてきた」ことが、「人間を記述し理解していく上で、大変重要なことだと思われる」と筆者が述べる理由の説明が求められている。

❸ 設問の答えを本文から見つけ、「正答根拠」をまとめる。

第 8 段落の「デザイン」の定義を確認すると、「自分たちの活動のための環境の改変」と説明されており、これが「人間の何よりの特徴」だと述べられている。つまり、「デザイン」が「人間の何よりの特徴」であるからこそ、「人間が『デザインした現実』を知覚し、生きてきた」ことが「人間を記述し理解していく上で、大変重要なことだ」と筆者は述べているのである。

指示語の内容と本文の論理展開を踏まえて、ここまでの内容を**「正答根拠」**としてまとめると、次のようになる。

正答根拠

「このこと」
＝「人間はいわば人間が『デザインした現実』を知覚し、生きてきた」こと　は
＝人間が「自分たちの活動のための環境の改変」を行い、「現実」に「異なる秩序を与えること」で「知覚可能な現実」を変化させ続けていること　は
↓
〈「人間の何よりの特徴」〉だから
↓
「人間を記述し理解していく上で、大変重要なことだと思われる」

ここまでの内容を確認してから選択肢の吟味に移ろう。

❹ 「正答根拠」と各選択肢を照合する。

①～⑤の選択肢は全て「……ふまえることが重要になってくるから」という表現で揃《そろ》えられている。傍線部Cの「このことは……大変重要なことだと思われる」という文の構造について、「このこと」という指示語の内容が正しく説明されているかどうか、まずは検討しよう。

「正答根拠」にまとめたように、傍線部C「このこと」は「人間はいわば人間が『デザインした現実』を知覚し、生きてきた」

ことである。③後半の「自分たちの生きる環境に手を加え続けてきた人間の営為」はこれに合致する。また、③前半の「現実は、自分たちが生きやすいように既存の秩序を改変してきた、人間の文化的実践によって生み出された場である」は、第8段落と第14段落の「デザイン」の定義に合致する説明である。解答は③である。

①「デザインされる以前の自然状態を加工し改変し続けるという人間の性質」では「現実」を「変化させ続けている」という本文の説明に合致しないし、「現実は、人間にとって常に工夫される前の状態……これから加工すべき状態とみなされる」は、「人間が『デザインした現実』を知覚し、生きてきた」という本文の論旨と逆である。②「自然のもたらす形状の変化に適合し、新たな習慣を創出してきた人間の歴史」は「デザイン」の対象を「自然のもたらす形状の変化」に限定したものになっており、人間が「現実をデザインする」という本文の内容の説明にならない。④「特定の集団が」や「万人にとって……ではなく」という限定は述べられていないし、「あつらえられた世界でしか人間は生きられないという事実」も傍線部C「このこと」の指示内容の説明として不適切である。⑤「デザインによって人工物を次から次へと生み続ける、人間の創造する力」は「デザイン」の対象を「人工物」に限定している点で**〈定義ズレ〉**である。筆者は〈現実そのものの加工・改変〉を「デザイン」と呼んでいるのであり、〈物のデザイン〉に限定しているわけではない。

問5 傍線部の内容説明の設問

傍線部の分析から行っていく。

❶ 傍線部分析を行う。

(1) 傍線部を含む「一文全体」を確認する。

D「心′理学（しんりダッシュがく）」の必要性を指摘しておきたい。

(2) 文の構造〈主部と述部・指示語・接続表現〉と〈言い換えが必要な言葉〉を確認する。

〈言い換えが必要な言葉〉として「心′理学（しんりダッシュがく）」というキーワードの存在を確認する。

(3) 〈言い換えが必要な言葉〉を言い換えて、文の意味内容を確認する。

「心′理学（しんりダッシュがく）」というキーワードについて、「言葉の定義」を確認しよう。第16段落以降で筆者は「行′為（こういダッシュ）」「記′憶（きおくダッシュ）」「環′境（かんきょうダッシュ）」のように、「あるモノ・コトのデザインによって変化した」「デザインされた現実」に関わるものという意味で「′」（ダッシュ）を用いている。傍線部Dの「心′理学（しんりダッシュがく）」も、これらと同様のものであり、第19段落で「文化歴史的条件と不可分の一体」として「こころの現象」を記述するもの、「つまり『文化心理学』のことである」と説明されている。「文化心理学」は「人間を文化と深く入り交じった集合体の一部であると捉える」立場である。

ここまでの内容を確認しよう。

「心′理学（しんりダッシュがく）」の「言葉の定義」

「文化心理学」のことであり、人間が「デザインされた現実」を生きていることを踏まえて、社会文化と不可分のものとして人間の「こころの現象」を記述する立場。

❷ 設問要求を確認する。

「それはどういうことか」という傍線部の内容説明を求める設問である。

❸ 設問の答えを本文から見つけ、「正答根拠」をまとめる。

「心′理学（しんりダッシュがく）」の「言葉の定義」は、❶傍線部分析で確認した通りである。続いて筆者が「指摘」する「必要性」について確認していこう。

筆者は〈これまでの心理学〉が「批判されてきた／されているポイント」について、第18段落で「このことの無自覚だと思われる」と述べている。「このこと」とは「人間は環境を徹底的にデザインし続け……動物にとっての環境とは決定的に異なる『環′境（かんきょうダッシュ）』を生きている」「人間の基本的条件」を意味する。

〈これまでの心理学〉と、「心′理学（しんりダッシュがく）」の「言葉の定義」を踏まえて、「『心′理学（しんりダッシュがく）』の必要性」を**「正答根拠」**としてまとめると、次のようになる。

正答根拠

「人間の、現実をデザインするという特質が、人間にとって本質的で基本的な条件」であるにもかかわらず、〈これまでの心理学〉はこの点に無自覚であった。そのため、「現実をデザインする」という人間の文化と不可分のものとして「こころの現象」を記述する「心′理学（しんりダッシュがく）」が必要であるということ。

❹「正答根拠」と各選択肢を照合する。

「正答根拠」をもとに選択肢を検討しよう。

①「人間が文化歴史的条件と分離不可能であることに自覚的ではない心理学は、私たちのこころの現象を捉えるには不十分であり」という前半の部分は〈これまでの心理学〉の説明として適切である。①後半の「自らがデザインした環境の影響を受け続ける人間の心理を基本的条件とし、そのような文化と心理とを一体として考える『心′理学』が必要である」も「心′理学（しんりダッシュがく）」の説明として**「正答根拠」**と合致するものであり、①が解答である。

他の選択肢を検討しよう。それぞれの選択肢が〈これまでの心理学〉と「心′理学（しんりダッシュがく）」の説明として適切かどうか、注意して確認していく。

②「人工物化された新たな環境」が本文の内容とズレている。そもそも人間が生きる全ての環境は、最初から「デザインされた」ものだ、というのが本文の論旨であり、「人工物化された新たな環境」と「（人工物化されていない）なまの現実」が存在するわけではない。また、「人工物化された新たな環境に直面した際に明らかになる人間の心理を……検討する」というのは、人間の「社会文化と不可分」のものとして「こころの現象」を記述するという「心理学（しんりダッシュがく）」の説明になっておらず、**〈定義ズレ〉**である。

③「動物」の「環境」については本文で述べられていない内容であり、「動物実験で得られた動物の『記憶』とは異なるものとして認知し研究する」は「心理学（しんりダッシュがく）」の**〈定義ズレ〉**である。

④「デフォルトの環境デザインに対応させて記述する」は、第17段落の表現を誤用している。第17段落では、「デフォルト（注5「初期設定」）の環境デザイン」と考えられているものも全て「文化歴史的に設《しつら》えられてきた」ものであり、人間は常に「デザインされた現実」を生きてきた、と述べられている。つまり、全く人間のデザインが加えられていない「なまの現実」や「デフォルト（「初期設定」）の環境デザイン」は存在しないので、ダッシュのつかない（無印の）行為である「原行為」として想定されるものも存在しない、というのが筆者の主張である。人間の行為は常に「デザインされた現実」へのふるまいとしての「行為（こういダッシュ）」であり、今までもこれからも「環境を徹底的にデザインし続け」る、というのが本文の内容であるので、人間の「環境」全体を「デフォルトの環境デザイン」と呼び、これに「対応させて記述する」という説明は、本文の表現を誤用しており、誤りである。「心理学（しんりダッシュがく）」の**〈定義ズレ〉**であり、**〈内容ズレ〉**である。

⑤「ある行い（『行為』）の結果と……同じ場合には両者の差異はないものとして処理する」は〈これまでの心理学〉の説明として本文の内容とズレており、誤りである。

問6　表現と構成の設問

表現と構成の設問は、各選択肢の説明について、それぞれ本文の対象となる箇所に立ち返って確認する必要がある。(i)表現の設問の解き方については第5章（↓130ページ）を確認してほしい。(ii)文章の構成の設問は、本文全体の論理展開・論の構成について、論理的な順序関係の説明やそれぞれの部分論旨の具体的な内容説明の組み合わせの理解を問うものである。選択肢の表現が本文のどの箇所の内容と対応しているのか、選択肢を丁寧に分析して、確認していこう。

(i)　文章の表現の理解を問う設問

「第1〜8段落の表現に関する説明」とあるので、第5章（↓130ページ）で確認した通りに解いていこう。

選択肢を指定箇所、**「表現の内容・効果」**、**「表現の技巧」**に分けて、指定箇所に**「表現の内容・効果」**が書かれているか↓**「表現の技**

巧」の説明が正しいかを確認する。

なお、この設問は「適当でないもの」を選ぶことに注意する。

① 指定箇所　第1段落の「これから話す内容をどの程度理解できたか、後でテストをする」

内容・効果　「読者を話題に誘導し、後から状況説明を加えて読者の理解を図っている」

技巧　「会話文から文章を始める」

第2～4段落で「状況説明」が「加え」られており、〈現実のデザイン〉という本文の話題の具体例であることから、「読者を話題に誘導し……」という**「表現の内容・効果」**の説明は適当である。**「表現の技巧」**についても、指定箇所にカギカッコがついており、「会話文」であることが判断できるので、①は適当である。

② 指定箇所　第3段落の「講義とは何か。大きな四角い部屋の空気のふるえである。」

内容・効果　「講義の語りの部分について」（表現している）

技巧　「教室の中で授業者の口から発せられた音声の物理的な現象面に着目して表現している」

「表現の内容・効果」について、第3段落に「講義の語りの部分にだけ注目してみても」とあることから「講義の語りの部分について」の表現であることは問題ない。また「講義」する声が音波となって「空気のふるえ」として聞く人間の耳に届くのであり、「教室の中で授業者の口から発せられた音声の物理的な現象面に着目して表現している」という**「表現の技巧」**の説明も適当である。

③ 指定箇所　第6段落の「新しい古典」

内容・効果　「紹介されている著作について、発表後それほどの時間を経過していないが、その分野で広く参照され、今後も読み継がれていくような書物であることを表している」

技巧　なし

第6段落の「ノーマン」の『誰のためのデザイン』は、「デザインを人工物とひとのふるまいの関係として表した」ものと説明されている。これは「私たちがデザインという概念をどう捉えようとしているのか」という説明につながる内容であり、第5段落で述べられている「ひとのふるまいと世界のあらわれについて」「拡張した意味」で「デザイン」ということばを用いることに関連するものである。「拡張した意味」とは〈それまでよりも幅広い意味〉のことであり、従来の「ものの形」や「形づくられた構造」というデザインの定義を乗り越える、という意味での〈新しい〉考え方が示されているものである。その著作を「新しい古典」と表現しているので、「発表後それほどの時間を経過していない（＝新しい）が、その分野で広く参照され、今後も読み継がれていくような書物（＝古典）」である、という**「表現の内容・効果」**の説明は適当である。

④ 指定箇所　第8段落の「私たちはこうした～考える。」と、「～、私たちは繰り返してきたのだ。」の「私たち」
内容・効果　「筆者の主張に読者を巻き込む効果」
技巧　「両方とも、筆者と読者とを一体化して扱い」

まず「私たちはこうした～考える。」の「私たち」は、直後の「こうした環境の加工を、デザインということばで表そうと思う」筆者たちのこと（この文章の筆者は有元・岡部の二名）である。これに対し、「～、私たちは繰り返してきたのだ。」の「私たち」は、「自然を人工物化したり、そうした人工物を再人工物化したりということ」を「繰り返してきた」〈人間一般〉を意味する。したがって、「私たちは繰り返してきたのだ」は「筆者の主張に読者を巻き込む」ものではなく人間一般の性質を示す内容である。この点で「筆者の主張に読者を巻き込む効果」という**「表現の内容・効果」**の説明は誤りである。さらに、「両方とも、筆者と読者とを一体化して扱い」という**「表現の技巧」**も誤りである。前者の「私たち」に「読者」は含まれず、〈筆者たちが読者に自分たちの考えを説明している〉文章である。「適当でないもの」として解答は④になる。

表現の問題は選択肢の**「表現の内容・効果」**から先に確認する方が容易である。ただし④の場合は**「表現の内容・効果」**の確認のために本文の指定箇所に戻った段階で、**「表現の技巧」**も誤りであること（前者の「私たち」に読者が含まれないこと）にすぐ気づくことができる。**「表現の技巧」**で誤りであるとすぐに判断できたのであれば、それ以上**「表現の内容・効果」**について検討しなくてもよい。各選択肢について、判断が容易であり確実な箇所から解答を定めていこう。

(ii) 文章の構成の理解を問う設問

本文は第1～4段落の「講義」の例を第5～9段落で「現行の秩序を別の秩序に変え、異なる意味や価値を与える」「デザイン」として一般化している。さらに、第10段落の「カップ」の例を第11～13段落で「モノの物理的な形状の変化」が「ふるまい」や「こころ」の変化につながる、と一般化した上で、第14段落の「はき物」などの変化の例を示し、第15段落で「人間が『デザインした現実』」として一般化している。そして第16・17段落で「デザインした現実」に「対応した行為'」＝「行為'（こういダッシュ）」について様々な例を挙げて「記憶'（きおくダッシュ）」「歩行'」などと一般化した上で、それらを踏まえた「心理学'（しんりダッシュがく）」について論じている。このように、〈具体例→一般化〉の繰り返しにより本文の全体が構成されている。このことに合致するのは、④「個別の例を提示して具体的に述べることと、抽象度を高めてその例を捉え直すこととを繰り返して論点を広げている」である。解答は④である。

①本文全体が〈具体例→抽象化→該当例による統括〉のように三つに分かれるわけではないし、冒頭の「講義」の例を「問題提起」とするのは無理がある（傍線部Aで筆者の主張が確認できる上に、仮に第3段落の「講義とは何か」を「問題提起」と判断したとしても「最後に該当例を挙げて統括」では「心理′学（しんりダッシュがく）」の内容が「講義」の例と同じであることになってしまう）。

②〈具体例→一般化〉のように本文全体が二つに分かれるわけではなく、各部分で〈具体例→一般化〉の流れが繰り返されている。

③本文全体を〈導入部→展開部→結論部〉と三つに分けた上で、最初が「具体例の報告」であり、真ん中を「筆者の主張と論拠」という分け方にしているのがおかしい（①の説明でも述べた通り傍線部Aで「筆者の主張」が確認できる）。また「結論部」は「心理学」に対する〈従来の考え方への批判と新しい考え方の提唱〉であり、「反対意見への反論と統括」という説明には無理がある。

〈**問2**で確認した「講義」の例〉、〈**問3**で確認した「カップ」の例〉、〈**問4**で確認した「デザインした現実」〉、〈**問5**で確認した「行為」〉という形で、ここまでの設問で取り上げられた内容をもとに本文の構成を把握できれば、解答が④であることは判断しやすかったであろう。共通テストでは、各設問が話題のまとまりごとに設定されていることを利用して論旨の構成を把握するのが有用な手段であることを確認しておきたい。

チャレンジテスト（論理的文章）

第2問

問題　別冊16ページ

香川雅信《かがわまさのぶ》『江戸の妖怪革命』の一節。問5(iii)の引用は芥川龍之介「歯車」の一節。

解答と配点

問	解答	配点
問1	(ア) ⓪　(イ) ①　(ウ) ②　(エ) ⓪　(オ) ①	各2点
問2	①	7点
問3	②	7点
問4	②	7点
問5	(i) ④	5点
	(ii) Ⅲ ③　Ⅳ ④	各3点
	(iii) ②	8点
		／50点

本文解説

「アルケオロジー」の方法をもとに、日本の妖怪観の変容とその歴史的背景について述べた文章。

「アルケオロジー」とは、思考や認識を可能にしている知の枠組みの変容として歴史を描き出す試みのことであり、これにより事物の秩序を認識する枠組みが時代とともに変容するさまを記述することができる。この方法により日本の妖怪観の変容とその歴史的背景を考えてみよう。近世以前の民間伝承としての妖怪は、日常的な因果了解では説明のつかない現象について、妖怪が原因であると説明することで、そうした現象を秩序ある意味世界のなかに回収するために生み出された文化的装置であった。妖怪は神霊からの「言葉」を伝える「記号」であり、リアリティを帯びた存在であった。しかし、近世において、人間の支配力が世界のあらゆる局面に及ぶようになると、そのような「記号」も人間がその支配下において約束事のなかで作り出すことができる「表象」として認識されるようになった。それにより妖怪も「表象」化し、そのリアリティを喪失し、名前や視覚的形象によって弁別されるフィクショナルなキャラクターとして、娯楽の題材と化した。ところが、近代においてそうした人間の力の絶対性に対する根本的な懐疑が生じる。人間は「内面」というコントロール不可能な部分を抱えた不安定な存在であり、そうした内面を抱えた人間は、自分自身にとっても不気味な存在であるとみなされるようになった。そして近代の妖怪は、そうした未知の、謎めいた部分を抱える人間の内面を投影する存在として、ふたたびリアリティを持つ存在として認識されるようになったのである。

設問解説

問1 漢字の知識を問う設問

(ア)「民俗」①所属②海賊③良俗④継続　解答は③。
(イ)「喚起」①召喚②返還③栄冠④交換　解答は①。
(ウ)「援用」①沿線②救援③順延④円熟　解答は②。
(エ)「隔（てる）」①威嚇②拡充③隔絶④地殻　解答は③。
(オ)「投影」①投合②倒置③系統④奮闘　解答は①。

問2 傍線部の内容説明の設問

「正答へのアプローチ」に従って解いていこう。

❶傍線部分析を行う。

(1)傍線部を含む「一文全体」を確認する。

A民間伝承としての妖怪とは、そうした存在だったのである。

(2)文の構造（主部と述部・指示語・接続表現）と〈言い換えが必要な言葉〉を確認する。

「民間伝承としての妖怪」の「言葉の定義」が、指示語「そうした存在」として示されていることを確認する（「○○とは」は「言葉の定義」を示す→15ページ **ポイント**）。「そうした」の指示内容を捉える必要がある。

(3)〈言い換えが必要な言葉〉を言い換えて、文の意味内容を確認する。

「そうした」の指示内容を確認しよう。「そうした」は前の部分をまとめる指示語であり、ここでは前の部分にある「民間伝承としての妖怪」の説明を指している。前に戻りながら「妖怪」の「存在」について説明している箇所を確認しよう。

「妖怪」については第3段落冒頭から説明が始まっている。「日常的理解を超えた不可思議な現象に意味を与えようとする民俗的な心意から生まれたもの」であり、これが「民間伝承としての妖怪」の説明にあたる。そして、人間は常に「経験に裏打ちされた日常的な原因―結果の了解に基づいて」行動しているが、そうした「日常的な因果了解」では「説明のつかない現象に遭遇する」ことがある。それが「通常の認識や予見を無効化」するため「人間の心に不安と恐怖を喚起する」。そして現象に説明がつかないという「意味論的な危機」に対して、（妖怪が原因だと考えることで）「意味の体系のなかに回収」し、「秩序ある意味世界のなかで生きていく」ために「生み出された」、「切実なリアリティ」をともなう存在が「妖怪」だった、というのが、ここまでの論旨であり、「そうした」の指示内容である。

❷設問要求を確認する。

「『民間伝承としての妖怪』とは、どのような存在か」という問いであり、「そうした存在」の意味する内容が解答になることをおさえる。

❸ 設問の答えを本文から見つけ、「正答根拠」をまとめる。

❶傍線部分析で確認した「そうした存在」の指示内容を、**「正答根拠」**としてまとめてみよう。

正答根拠

「そうした存在」＝「日常的な因果了解」では説明のつかない現象に遭遇した時に生じる「意味論的な危機」に対して、（妖怪が原因であると考えることで）意味を与えようとする民俗的な心意から生み出された、切実なリアリティをともなう存在。

❹ 「正答根拠」と各選択肢を照合する。

「そうした存在」の指示内容を正しく説明しているものが解答となる。①「人間の理解を超えた不可思議な現象に意味を与え日常世界のなかに導き入れる存在」が、「日常的な因果了解」では説明のつかない現象に意味を与えようとする（＝「日常的な因果了解」で説明ができるようにする）という**「正答根拠」**の説明として適切である。解答は①である。

他の選択肢を検討しよう。

②「フィクションの領域において」は第2段落で示された「近世も中期」からの妖怪の特徴であり、「切実なリアリティをともなっていた」傍線部Aの説明とは逆である。③「未来への不安を……認識させる」、④「日常的な因果関係にもとづく意味の体系のリアリティを……気づかせる」は「日常的な因果了解では説明のつかない現象」を「意味の体系のなかに回収する」ために「生み出された」「存在」である傍線部A「妖怪」の説明になっていない。⑤は「妖怪」が「意味論的な危機を……生み出す」という説明になっているが、「意味論的な危機」は「妖怪」によって「回収」される、というのが本文の論旨である。

問3　傍線部の内容説明の設問

❶ 傍線部分析を行う。

(1) 傍線部を含む「一文全体」を確認する。

では、ここで本書の議論を先取りして、Bアルケオロジー的方法によって再構成した日本の妖怪観の変容について簡単に述べておこう。

(2) 文の構造（主部と述部・指示語・接続表現）と〈言い換えが必要な言葉〉を確認する。

「アルケオロジー的方法」は〈言い換えが必要な言葉〉である。これが「日本の妖怪観の変容」を「再構成」するものであることをおさえておく。

(3) 〈言い換えが必要な言葉〉を言い換えて、文の意味内容を確認する。

「アルケオロジー的方法」の「言葉の定義」を確認しよう。第6段落に「ミシェル・フーコーの『アルケオロジー』の手法を援用する」とあり、第7段落に「アルケオロジーとは」、「フーコーの言うアルケオロジーは」と「言葉の定義」の説明がある。「アルケオロジー」とは「思考や認識を可能にしている知の枠組み」（エピステーメー）の「変容として歴史を描き出す試みのこと」である。「知の枠組み」（エピステーメー）は人間が「事物の秩序を認識する」ためのものであり、「時代とともに変容する」ものである。

❷ 設問要求を確認する。

「どのような方法か」とあるので「アルケオロジー的方法」の内容説明が求められている。

❸ 設問の答えを本文から見つけ、「正答根拠」をまとめる。

「アルケオロジー的方法」の内容は❶(3)ですでに確認している。確認した内容を**「正答根拠」**としてまとめよう。

正答根拠

「アルケオロジー的方法」は、人間が「事物の秩序を認識する」ための「枠組み」である「思考や認識を可能にしている知の枠組み」（エピステーメー）を捉えた上で、その「変容として歴史を描き出す試みのこと」である。

❹ 「正答根拠」と各選択肢を照合する。

「思考や認識を可能にしている知の枠組み」の「変容として歴史を描き出す」という内容の説明になっているのは、②「事物のあいだにある秩序を認識し思考することを可能にしている知の枠組みをとらえ、その枠組みが時代とともに変容するさまを記述する方法」である。解答は②である。

①「その時代の事物の客観的な秩序を復元して描き出す方法」は第7段落で「思考する際に……認識に先立って『客観的に』存在する事物の秩序そのものに触れているわけではない」と否定されているものであり、傍線部B「アルケオロジー的方法」の説明にもなっていない。③「知の枠組みの変容」については第8段落でフーコーが「エピステーメーの変貌を、『物』『言葉』『記号』そして『人間』の関係性の再編成として描き出している」と説明されているが、「要素ごとに分類して整理し直すことで」という因果関係では述べられていない（「関係性の再編成」と「要素ごとに分類して整理し直す」ことは同義ではない）。④「ある時代の文化的特徴を……分析し記述する方法」では「時代とともに変容する」枠組みを描き出す、という「アルケオロジー的方法」の説明にならない。⑤歴史を「大きな世界史的変動として」ではなく「知の枠組み」の「変容として」描き出すのが「アルケオロジー的方法」である。

問4 傍線部の内容説明の設問

❶ 傍線部分析を行う。

(1) 傍線部を含む「一文全体」を確認する。

こうしたC妖怪の「表象」化は、人間の支配力が世界のあらゆる局面、あらゆる「物」に及ぶようになったことの帰結である。

(2) 文の構造〈主部と述部・指示語・接続表現〉と〈言い換えが必要な言葉〉を確認する。

傍線部C「妖怪の『表象』化」の内容が「こうした」でまとめられていることを確認する。「こうした」は前の部分をまとめる指示語であり、指示内容を確かめる必要がある。

また、主述の関係をおさえる。

(主)「妖怪の『表象』化は」／

(述)「人間の支配力が世界のあらゆる局面、あらゆる『物』に及ぶようになったことの帰結である」

「妖怪の『表象』化」が、「人間の支配力」が広がった「帰結」として説明されていることをおさえる。

(3)〈言い換えが必要な言葉〉を言い換えて、文の意味内容を確認する。

「妖怪の『表象』化」が、〈「妖怪」が「〇〇」から「表象」になった〉という〈変化〉を示す表現であることに注意した上で、「こうした」の指示内容を確認する。直前に「妖怪は『表象』という人工物へと作り変えられた」とある。「表象」になったことについては第[14]段落冒頭で「その形象性、視覚的側面が重要な役割を果たす『記号』」であり「『言葉』の世界、意味の世界から切り離され、名前や視覚的形象によって弁別される」ものとして「キャラクターとなった」、と説明されている。そして「キャラクターとなった」妖怪は「リアリティを喪失」し「フィクショナルな存在」となる。また第[13]段落最後で「人間の完全なコントロール下に入った」「記号」、「人工的な記号」が「表象」であると述べられていることから、「人工物」は「人工的な記号」、つまり「人間が約束事のなかで作り出すことができるもの」であることを確認しよう。

「キャラクターとなった」というのが「『表象』化」の説明であるので、次に「『表象』化」する前の「妖怪」についても確認しておこう。〈「妖怪」が「〇〇」から「表象」になった〉という〈変化〉の前段階は、第[11]〜[13]段落で説明されている通り「かつて」の「記号」である「中世」の妖怪である。「神霊からの『言葉』を伝えるもの」という意味で「記号」であった中世の妖怪は、**問2**で確認した通り「リアリティを帯びた存在」であった。妖怪は「表象」(＝キャラクター)になることで、「リアリティを喪失」し「フィクショナルな存在」として認識されるようになったからこそ、「娯楽の題材」として扱えるようになったのである。

❷ 設問要求を確認する。

「どういうことか」と傍線部の内容説明が求められている。

❸ 設問の答えを本文から見つけ、「正答根拠」をまとめる。

指示語の内容と本文の論理展開を踏まえて、妖怪に対する認識の〈変化〉の前後に注目してまとめると、次のようになる。

中世の妖怪（「記号」）
・所与のもの
・神霊からの「言葉」を伝えるもの
・リアリティを帯びた存在

← 〈妖怪の「表象」化〉

近世の妖怪（「表象（人工的な記号）」）
・人間が約束事のなかで作り出すことができるもの
・「言葉」の世界、意味の世界から切り離され、名前や視覚的形象によって弁別される「表象」
・リアリティを喪失
・フィクショナルな存在（娯楽の題材）

以上の内容から **「正答根拠」** をまとめると次のようになる。

正答根拠
かつての「記号」から「表象（人工的な記号）」へと「妖怪に対する認識」が変化した。

❹「正答根拠」と各選択肢を照合する。

②「神霊の働きを告げる記号から」「人間が約束事のなかで作り出す記号になり」は **「正答根拠」** の「記号」と「表象」の説明として適切であり、「架空の存在として楽しむ対象になった」は「フィクショナルな存在として人間の娯楽の題材へと化していった」という第14段落の説明に合致する。解答は②である。

〈変化〉の前後に注目して、他の選択肢も確認していこう。①「人間が人間を戒めるための道具になった」とは述べられていない。③「人間世界に実在するかのように感じられるようになった」では「リアリティを喪失」した「フィクショナルな存在」の説明にならない。④「人間の力が世界のあらゆる局面や物に及ぶきっかけになった」は❶で把握した「帰結である」という説明と逆である。⑤「表象」が「人間の性質を戯画的に形象した」ものであるとは述べられていない。

問5　実用的場面において応用的・発展的に考える力を問う設問

実用的場面（学習や教育の過程を想定）に立って、複数の題材を関連させ応用的・発展的に考える力を問う設問。本文を「よく理解するため」に作成された三つの【ノート】について、本文と関連させて考える必要がある。各【ノート】が〈**本文のどの部分の内容と関連しているのか**〉を意識して解答するように心がけたい。

「本文の内容とNさんの学習の過程を踏まえて」という指示があるので、学習の過程＝【ノート】の内容が設問の理解に関係してくることに気をつけよう。たとえば【ノート2】についての設問では【ノート1】の内容も踏まえておく必要がある。逆に言うと【ノート1】の内容が【ノート2】の理解のヒントになる。

(ⅰ) **部分要約の能力を問う設問**

意味段落の見出しをつけるという形式で、各部分の論旨を正しく把握する能力を求める設問である。

【ノート】にある空欄を補充する設問だが、**「正答へのアプローチ」**の❶傍線部分析を空欄の分析に置き換えて考えればよい。

❶ **空欄の分析を行う。**

【ノート1】は文章の形ではないので、傍線部分析の(1)～(3)にあたる「空欄を含む一文」の確認は省略する。空欄の分析では、その空欄にどのような内容が入るのかを、前後の内容を手がかりにして、おおまかにつかんでおくことが重要である。

(4) **空欄に入るべき内容を確認する。**

【ノート1】は、形式段落を部分の内容ごとにまとめたものである。空欄 Ⅰ は第 2 ～ 3 段落、Ⅱ は第 4 ～ 5 段落の内容を説明するものが入ると考える。

❷ **設問要求を確認する。**

本文の 1 ～ 18 を整理した**【ノート1】**における、空欄 Ⅰ ・ Ⅱ に入る内容が問われている。

❸ **設問の答えを本文から見つけ、「正答根拠」をまとめる。**

空欄 Ⅰ は第 2 ～ 3 段落、Ⅱ は第 4 ～ 5 段落の内容を説明するものであり、**問2**の内容理解がヒントになる。

問2を参考に**「正答根拠」**をまとめてみよう。

正答根拠

2 ～ 3 Ⅰ

…「歴史性を帯びたもの」（2）である「民間伝承としての妖怪」の存在（3）について（妖怪が「フィクションとしての」存在になる前の時代の説明）

4 ～ 5 Ⅱ

…「妖怪に対する認識」の「変容」（4）は「いかなる歴史的背景から生じたのか」（5）

❹ **「正答根拠」と各選択肢を照合する。**

分かりやすいものから確認していこう。まずⅡを「いかなる歴史的背景のもとで、どのように妖怪認識が変容したのかという問い」としている③・④に解答が絞られる。さらに③はⅠを「娯楽の対象となった妖怪の説明」としているが、第 3 段落「民間伝承としての妖怪」は「娯楽の対象」として認識されるものではない（「切実なリアリティをともなっていた」存在であり、「娯楽の対象」となるのは**問4**で確認した通り「近世」における「『表象』化」以降のことである）。ここで③が誤りだと判断できる。④Ⅰ「妖怪に対する認識の歴史性」は第 2 段落「妖怪……歴史性を帯びたもの」に対応しており、第 3 段落がその具体的な説明であるので、適切である。解答は④である。

①・②はⅠを「妖怪はいかなる歴史的背景のもとで娯楽の対象になったのかという問い」としている点についても、先に確認した通り「娯楽の対象」としての妖怪は「近世」のものであるから、誤りだと判断できる。また、①はⅡを「意味論的な危機から生み出される妖怪」としているが、これは第[3]段落の説明である。②はⅡを「妖怪娯楽の具体的事例の紹介」としているが、第[4]・[5]段落に「具体的事例」の説明がない。

この設問では、❸・❹のように**問2**や**問4**の理解を応用すると、迅速かつ確実に判断ができる。

(ii) 本文の論旨の理解を問う設問

本文の論旨をまとめた文章である【ノート2】の中に空欄を設けて、本文と【ノート2】の内容を比較・統合して理解する力を問う設問である。

【ノート2】は「本文で述べられている近世から近代への変化」について「近世と近代の妖怪観の違いの背景」をまとめたものである。

ここで【ノート1】を確認してほしい。【ノート1】によれば「日本の妖怪観の変容」が述べられているのは第[10]～[18]段落、「近世の妖怪」は第[12]～[14]段落、「近代の妖怪」は第[15]～[17]段落で説明されている。この点を把握してから、【ノート2】の空欄の分析に進もう。

❶ 空欄の分析を行う。

(1) 空欄を含む「一文全体」を確認する。

近世には、人間によって作り出された、[Ⅲ]が現れた。しかし、近代へ入ると[Ⅳ]が認識されるようになったことで、近代の妖怪は近世の妖怪にはなかったリアリティを持った存在として現れるようになった。

いずれの文も言い換えせずに理解できるので、(2)(3)は省略する。

(4) 空欄に入るべき内容を確認する。

空欄の前後の内容から、[Ⅲ]は〈「近世」に「現れた」もので「人間によって作り出された」もの〉が入ると判断できる。[Ⅳ]は〈「近代」に「認識されるようになった」もの〉が入る。また「[Ⅳ]が認識されるようになったことで、近代の妖怪は近世の妖怪にはなかったリアリティを持った存在として現れるようになった」より、〈「近代の妖怪」に「リアリティ」を持たせるもの〉が入ることが分かる。

❷ 設問要求を確認する。

【ノート2】における、空欄[Ⅲ]・[Ⅳ]に入る内容が問われている。

❸ 設問の答えを本文から見つけ、「正答根拠」をまとめる。

❶空欄の分析より、「近世」に対応する説明が[Ⅲ]、「近代」

に対応する説明が［Ⅳ］に入る。

最初に述べたように、【ノート1】を参考にして「近世」「近代」それぞれに対応する段落を確認しよう。

［Ⅲ］について、「近世」に「人間によって作り出された」ものは第［13］段落「人間が約束事のなかで作り出すことができるもの」である「記号」であり、「近世」の「記号」とは「表象」のことである。そして第［14］段落に「近世」の妖怪は「表象」化して「キャラクター」となったことが説明されている（**問4**参照）。

次に［Ⅳ］について、「近代」の説明は【ノート1】によると第［15］〜［17］段落である。［Ⅳ］は「近代」に「認識されるようになった」もので、第［16］段落の「人間は……不安定な存在、『内面』というコントロール不可能な部分を抱えた存在として認識されるようになった」という内容が対応する。

正答根拠

［Ⅲ］（近世）…「表象化」して「キャラクター」となった（［14］）「記号」（［13］）としての妖怪（が現れた）

［Ⅳ］（近代）…人間の「『内面』というコントロール不可能な部分」（［16］）（が認識されるようになった）

❹「正答根拠」と各選択肢を照合する。

［Ⅲ］の選択肢の中から**「正答根拠」**に合うものを探すと③「視覚的なキャラクターとしての妖怪」が適切であることが分かる。「視覚的な」は第［14］段落「視覚的側面が重要な役割を果たす」に合致。解答は③である。

①「恐怖を感じさせる」は第［14］段落「娯楽の題材へと……」に反する。②は第［11］段落「中世」の妖怪の説明なので誤り。④「人を化かす」とは述べられていない。

続いて空欄［Ⅳ］を確かめる。「『内面』というコントロール不可能な部分を抱えた存在」の説明となっているのは、④「不可解な内面をもつ人間」であり、解答は④である。

①「合理的な思考」、②「自立した」は「コントロール不可能な」という説明に合致しない。③「万物の霊長としての人間」は第［16］段落「『表象』という人工的な記号を成立させていた」人間像であるが、これは「近代」ではなく「近世」の人間の説明であるので、誤り。

(iii) 本文との関連をもとに応用的・発展的に考える設問

本文の出典である著作の別の箇所で引用されている小説の一節が示されており、本文の論旨を別の事例に応用して考える力を問う設問である。

まずは【ノート3】の読解から始めよう。「近代の妖怪観の背景」について作成されたものである。【ノート3】では、「本文の［17］には、近代において『私』が私にとって『不気味なもの』となったということが書かれていた」と述べた上で、「このことに関係して」いる本文の出典著作の別の箇所（第四章）にふれ、「ドッペルゲンガーや自己分裂を主題とした小説」が取り上げられていることと、その一例として引用されている小説（芥川龍之介「歯車」）の一節を載せ、「**考察**」を進めている。

❶ 空欄の分析を行う。

文の中にある空欄ではないので(1)〜(3)は省略する。

(4) 空欄に入るべき内容を確認する。

V の内容は、直後の文の「こうした自己意識」の指示内容となるものである。さらに、「こうした自己意識を踏まえた指摘」である「17 に書かれていた」「『私』という近代に特有の思想」につながる内容でなければならない。

❷ 設問要求を確認する。

「近代の妖怪観の背景」についてまとめた【ノート3】における、空欄 V に入る内容が問われている。

❸ 設問の答えを本文から見つけ、「正答根拠」をまとめる。

❶空欄の分析を手がかりに、本文の第 17 段落を確認しよう。

第 17 段落には「『私』という近代に特有の思想」は「こうした認識とともに生み出された」とある。「こうした認識」は(ii)【ノート2】の Ⅳ で確かめたように、第 16 段落にある「人間」は「不安定」で「『内面』というコントロール不可能な部分を抱えた存在」だという認識である。これが「自己意識」の内容にあたる。

正答根拠

「こうした自己意識」＝「人間」は「不安定」で「『内面』というコントロール不可能な部分を抱えた存在」だという認識。

❹ 「正答根拠」と各選択肢を照合する。

「**正答根拠**」を適切に説明しているものは、②「『私』が自分で自分を制御できない部分を抱えた存在であること」、⑤「『私』が自身を統御できない不安定な存在であること」である。このうち「歯車」の内容の説明が正しいのは②である。「歯車」の内容が「こうした自己意識」の例だという説明も適切。解答は②である。

⑤は「自己意識」の説明は正しいが、「他人にうわさされることに困惑していた」が「歯車」の内容の説明として誤っている。「僕」は「K君の夫人」に「『先達《せんだって》はつい御挨拶もしませんで』」と〈自分には覚えがないことを言われたことに当惑（困惑）した〉のであり、「他人にうわさされることに困惑していた」わけではない。

〈因果関係のズレ〉による誤りである。

①「神秘的な存在」・③「未知なる可能性を秘めた存在」・④「不気味な存在」はそれぞれ本文にある表現だが、「こうした自己意識」の指示内容の説明として不適切。また、③「別の僕が自分に代わって思いをかなえてくれたこと」は「歯車」の内容の説明として誤っている。

チャレンジテスト（論理的文章）第3問

問題　別冊28ページ

【文章Ⅰ】は檜垣立哉《ひがきたつや》『食べることの哲学』の一節。【文章Ⅱ】は藤原辰史《ふじはらたつし》『食べるとはどういうことか』の一節。

解答と配点

問		解答	配点
問1	(i)	(ア)②　(イ)③　(エ)④	各2点
	(ii)	(ウ)②　(オ)③	
問2		①	7点
問3		②	7点
問4		②	7点
問5		④	7点
問6	(i)	②	各6点
	(ii)	③	
			50点

本文解説

【文章Ⅰ】

宮沢賢治の「よだかの星」を参照して「食べる」ことについて考察した文章。

人間とはもとより動物であり、「食べる」ことと「生」にまつわる議論においても同様である。「よだかの星」の「よだか」は動物であるが、その感情ははっきりと人間的である。みなからいじめられ、何をしても孤立してしまうよだかは、なぜ自分は生きているのかと思う。よだかは自分の存在の惨めさに悩みながらも、他の生き物を食べてしまい、無意識に他の生き物を殺して食べている自分に対して「せなかがぞっとした」ような思いを感じる。よだかは絶食して空の彼方《かなた》へ消えてしまおうと思い、最後の力を振り絞り自らが燃え尽きることにより、自己の行為を昇華させるのであった。ここで宮沢賢治は食物連鎖からの解放という事態だけをとりだすのではなく、心が傷つきながらそれでもなお食べるという行為を無意識のうちになしていることに気づいた「よだか」の「ぞっとした」思いに注目している。

自分の生のどこかに困難を抱えつつも意図せずに他者の生命を奪って生きていることに気づき、自己に対する強烈な違和感を覚えるのは、人間もまた同様ではないか。そしてこの思いを昇華させるためには、自らのあり方を変容させていくことしか解決策はないと考えられる。

【文章Ⅱ】

人間に食べられた豚肉を「あなた」と見立て、その視点から「食べる」ことについて考察した文章。

豚肉である「あなた」は、長い旅の末に人間の口のなかに入る準備を整え、抵抗できぬまま口に運ばれ、口のなかから胃袋や膵《すい》臓《ぞう》、小腸へとたどり着く。消化器官の働きによりほとんどの栄養を吸い取られ、便となってトイレの中へとダイビングした「あなた」は、そこから下水の旅を始めるのである。このように考えると、食べものは人間のからだのなかで急に変身を遂げるのではなく、ゆっくりじっくりと時間をかけ、徐々に変わっていくのであり、どこまでが食べものかを決めるのはとても難しいことがわかる。これについては二つの見方がある。一つ目は、人間は「食べて」などいないという見方である。人間は生命の循環の通過点にすぎないのであり、地球全体の生命活動がうまく回るように食べさせられている、という考え方だ。二つ目は、ずっと食べものである、とする見方である。食べものは生きものの死によってつぎの生きものに生を与えるバトンリレーであり、循環のプロセスそのものであり、人間を通過しているにすぎない。どちらの見方も、循環のプロセスにおいて別の生きものへの命の受け渡しとして食べる行為を捉えており、これは「死ぬのがわかっているのに生き続けるのはなぜか」という問いにも関わる考え方である。

設問解説

問1 漢字の知識を問う設問

(i)(ア)「過剰」①冗長②剰余③浄化④常軌 解答は②。
(イ)「傷(ついた)」①勧奨②鑑賞③感傷④緩衝 解答は③。
(エ)「遂(げる)」①類推②生粋③麻酔④完遂 解答は④。
(ii)(ウ)「襲う」=〈戦いをしかける〉の意。①夜襲②世襲③奇襲④来襲 ②世襲のみ〈あとを受け継ぐ〉の意。「**異なる意味を持つもの**」として解答は②。
(オ)「与える」=〈他者にあげる〉の意。①供与②贈与③関与④授与 ③関与のみ〈あずかる・関係する〉の意。「**異なる意味を持つもの**」として解答は③。

問2 傍線部の内容説明の設問

❶ 傍線部分析を行う。

(1) 傍線部を含む「一文全体」を確認する。

A ここからよだかが、つぎのように思考を展開していくことは、あまりに自明なことであるだろう。

(2) 文の構造(主部と述部・指示語・接続表現)と〈言い換えが必要な言葉〉を確認する。

「よだか」の「思考」が「ここ」から始まっていることを意識する。**〈言い換えが必要な言葉〉**は指示語「ここ」の指示する内容、「つぎのように」の具体的な内容である。

(3) 〈言い換えが必要な言葉〉を言い換えて、文の意味内容を確認する。

「ここ」の指示内容は、直前の「よだかの星」からの引用部にある「その時」の「せなかがぞっとした」ような「思ひ」である。「その時」は「甲虫《かぶとむし》」を「呑《の》みこ」んだ時のことである。
「つぎのように」の具体的な内容は、傍線部Aの後に引用されている。自分が羽虫を食べ、今度はその自分が鷹《たか》に食べられて殺されることを「つらい」とした上で、「僕はもう虫をたべないで餓《う》ゑて死なう」「遠くの空の向ふに行ってしまはう」という考えである。

❷ 設問要求を確認する。

「筆者はよだかの思考の展開をどのように捉えているか」という内容説明の設問であり、引用部分の「よだか」の「思考の展開」に対する筆者の捉え方を確認することが必要である。

❸ 設問の答えを本文から見つけ、「正答根拠」をまとめる。

「よだか」の「せなかがぞっとした」「思ひ」について、筆者は「よだかの星」の引用前で「なぜ自分のような存在が、劣等感をもちながらも、他の生き物を食べて生きていくのか、それがよいことかどうかがわからない」と説明している。

なお、この「よだか」の「思考」は「なぜ自分は生きているのか」「自分の存在そのものを否定されたかのように感じる」ところから始まっている。

また、「よだか」の「思考の展開」についての筆者の分析が「よだかの星」の二つ目の引用の後に続いている。「転化」「転変」という言葉が、「よだか」の「思考の展開」の説明に対応していることを確認しておこう。

「よだか」の「思考の展開」と、それに対する筆者の捉え方を**「正答根拠」**として整理してみよう。筆者の捉え方を▼で示す。

正答根拠

「よだか」の「思考の展開」

▼「なぜ自分は生きているのか」…「よだか」は「自分の生のどこかに困難を抱えて」いる

↓

甲虫を呑みこんだ時「せなかがぞっとした」ように思った

▼「なぜ自分のような存在が……他の生き物（＝羽虫や甲虫）を食べて生きていくのか」…「他の生き物を殺して食べているという事実の問いに転化」

↓

もう虫をたべないで飢えて死のう

鷹に殺される前に遠くの空の向こうに行ってしまおう

▼「自分も鷹にいずれ食べられる」ならば、「絶食し、空の彼方へ消えてしまおうというはなしにさらに転変していく」

❹ 「正答根拠」と各選択肢を照合する。

「正答根拠」にまとめた通り、〈「なぜ自分は生きているのか」と悩む「よだか」の「困難」〉から、〈「他の生き物を殺して食べているという事実の問い」〉へ、そこから〈「絶食し、空の彼方へ消えてしまおう」〉と考えるという「よだか」の思考の展開を正しく説明しているものが正解となる。① 「生きる意味が見いだせないままに」「羽虫や甲虫を殺して食べていることに苦悩し」「現実の世界から消えてしまおうと考える」はこれらを全て踏まえており、解答は①である。

②・③・④は「なぜ自分のような存在が……他の生き物を食べて生きていくのか」という「事実の問い」に対応する説明がない。傍線部の説明になっていないので**〈設問ズレ〉**による誤りである。また、②「鷹に殺されてしまう境遇を悲観し」、③「弱肉強食の関係を嫌悪し」は、傍線部Aの「ここ」という指示語の指示内容の説明が誤っている。④「他者を犠牲にして生きるなかで自分の存在自体が疑わしいものとなり」は、「思考の展開」の順序が逆である（本文の内容は〈なぜ生きているのか→どうして食べるのか〉であり、④「他者を犠牲にして生きる→自分の存在自体が疑わしいものとなり」という順序ではない）し、「自分の存在自体」を疑わしく思っているわけではない。本文の「なぜ自分は生きているのか」は〈自己の存在理由〉への問いであり、「自分の存在そのものを否定されたかのように感じる」も〈他者に自分の存在を否定されたように感じた〉という話である（むしろ「存在自体」が確固とした現実だからこそ、生きるために虫を食べる必要があるのである）。⑤は「遠くの世界で再生しよう」が「消えてしまおう」に合わない。

問３　傍線部の内容説明の設問

❶ 傍線部分析を行う。

(1) 傍線部を含む「一文全体」を確認する。

それは、B人間である（ひょっとしたら同時によだかでもある）われわれすべてが共有するものではないか。

(2) 文の構造〈主部と述部・指示語・接続表現〉と〈言い換えが必要な言葉〉を確認する。

まず、主述の関係をおさえる。

(主)「それは」／

(述)「人間である……われわれすべてが共有するものではないか」

「われわれすべてが共有するもの」＝「それ」なので、「それ」の指示内容を確認する必要がある。

(3) 〈言い換えが必要な言葉〉を言い換えて、文の意味内容を確認する。

「それ」の指示内容は、前文の「心が傷ついたよだかが、それでもなお羽虫を食べるという行為を無意識のうちになしていることに気がつき『せなかがぞっとした』」という「思ひ」である。「せなかがぞっとした」「思ひ」については、傍線部の前々段落に「自分の惨めさを感じつつも、無意識にそれを咀嚼《そしゃく》してしまっている自分」に対する思いであると説明されている。「心が傷ついたよだか」は、「どうして自分のような惨めな存在が生きつづけなければならないのか」と「自分の惨めさを感じつつ」問う「よだか」の姿を表現したものである。

❷ 設問要求を確認する。

「それはどういうことか」とあり、傍線部の内容説明が求められている。

❸ 設問の答えを本文から見つけ、「正答根拠」をまとめる。

指示語「それ」を❶(3)で確認した指示内容に言い換えて、**「正答根拠」**をまとめる。ただし、❶(2)でおさえた主述の関係より、筆者は、「それ」は「人間」が共有するものだと考えているので、「よだか」ではなく「人間」のこととして考える必要がある。

正答根拠

（人間は）「どうして自分のような惨めな存在が生きつづけなければならないのか」と自己に問いつつも、無意識のうちに「生きつづけ」るための「食べる」という行為をなしている自分に気づき、「せなかがぞっとした」「思ひ」を感じる。

❹「正答根拠」と各選択肢を照合する。

「正答根拠」を正しく説明しているものを選ぶ。②「生きることに疑念を抱いていた自分が」「意図せずに（＝無意識に）他者の生命を奪って生きていることに気づき」は適切な説明であり、「自己に対する強烈な違和感を覚える」も「せなかがぞっとした」「思ひ」の説明として妥当である。〈自分が生き続ける理由を悩む一方で、生き続けるための行為を無意識のうちになしてしまう〉という矛盾の説明が「自己に対する」「違和感」である。解答は②である。

①「弱肉強食の世界でいつか犠牲になるかもしれないと気づき」、⑤「弱肉強食の世界を支える存在であったことに気づき」は、「それ」の指示内容に含まれる「気づき」の内容が本文とズレている。「食べるという行為を無意識のうちになしていることに」気づいたのである。①「存在理由を喪失した自分」、④「理不尽な扱いに打ちのめされていた自分」は「心が傷ついたよだか」の説明として不適切。「よだか」は自分の存在の惨めさに傷ついていた。③の「自己を変えようと覚悟する」は、「この思いを昇華させるためには、……自らを変容させていくことしか解決策はない」という傍線部Bの次の文を踏まえた内容だが、傍線部Bで問われているのは「この思い」にあたる部分の説明であり、「自らを変容させていくこと」は傍線部Bに含まれない内容である。「それ」の指示内容としても「自己を変えよう」という「覚悟」は不適切であり、傍線部の説明にならない。よって誤りである。

問4 傍線部の内容説明の設問

❶ 傍線部分析を行う。

(1) **傍線部を含む「一文全体」を確認する。**

しかも、C 二つとも似ているところさえあります。

(2) **文の構造〈主部と述部・指示語・接続表現〉と〈言い換えが必要な言葉〉を確認する。**

接続表現の「しかも」が何に対する添加なのか、「二つ」とは具体的に何のことか、「似ているところ」とはどういうところかを確認する必要がある。

また、「似ているところさえ」あるという強調表現に注目する。

(3)〈言い換えが必要な言葉〉を言い換えて、文の意味内容を確認する。

「しかも」は「どちらも極端で、どちらも間違いではありません」という前文の内容への添加を意味するので、傍線部Cの「二つ」は前文の「どちらも」を受けている。そして、「どちらも」というのは、前の三つの段落で説明されている「二つの極端な見方」を指す。これは「どこまでが食べものであり、どこからが食べものでないのか」に対する「見方」である。「一つ目」が「人間は『食べて』などいないという見方」で、「二つ目」が「ずっと食べものである」という見方である。

この「二つ」の「似ているところ」は、「一つ目」の「人間は、生命の循環の通過点にすぎない」という点と、「二つ目」の「食べものは、生きものの死によって、つぎの生きものに生を与えるバトンリレー」であり「循環のプロセス」なので「人間を通過しているにすぎない」という点である。

❷ 設問要求を確認する。

傍線部の内容説明として、「二つ」の「見方」の「似ている」点を見つけることが求められている。

❸ 設問の答えを本文から見つけ、「正答根拠」をまとめる。

「どこまでが食べものであり、どこからが食べものでないのか」に対する「二つの極端な見方」の「似ている」点として先に確認した内容を**「正答根拠」**としてまとめる。

正答根拠

「循環」の中で「食べもの」を捉え、人間がその「循環」の「通過点」であると考える点。

❹「正答根拠」と各選択肢を照合する。

「正答根拠」に合致するのは②「別の生きものへの命の受け渡しとして食べる行為を捉えている点」のみである。本文の「バトンリレー」が「受け渡し」に、「人間の生命維持を中心とする見方ではなく」は「人間は……通過点にすぎない」「食べものは……人間を通過しているにすぎない」という内容に対応する。解答は②である。

①「微生物の活動と生物の排泄行為から」、③「食べられる側の視点から」、④「地球環境の保護という観点から」、⑤「多様な微生物の働きから」は全て「循環」の説明として不適切。また③「消化と排泄の重要性を」、⑤「消化のメカニズムを」は、「どこまでが食べものであり、どこからが食べものでないのか」に対する「見方」である傍線部の説明になっておらず**〈設問ズレ〉**である。

問5　表現の設問

解き方については第5章（↓130ページ）を確認してほしい。指定箇所が具体的な行数で示されていないのでやや手間がかかるが、**【文章Ⅱ】**の内容を踏まえながら一つずつ選択肢を検討していこう。選択肢に共通している「豚肉を『あなた』と見立てる」「豚肉を『あなた』と二人称で表し」はいずれも適切である。選択肢の他の部分の**「表現の内容・効果」**と**「表現の技巧」**について、それぞれ確認していく。

①内容・効果「無機的な消化過程に感情移入を促すように説明している」
技巧「食べられる生きものの側の心情を印象的に表現する」

「表現の内容・効果」の「無機的」とは「生きる力を感じられないさま」であるので、「無機的な消化過程」という説明は厳しい（むしろ各消化器官の連関について「有機的」な描き方をしている）し、「豚肉」の「心情」描写がないので「感情移入」も不適切である。**「表現の技巧」**についても、本文で「豚肉」の「心情」は表現されていないので、誤りである。（**「表現の内容・効果」**が不適切なので**「表現の技巧」**は詳しく検討しなくてよい。）

②内容・効果「消化器官の働きを厳密に描いている」
技巧「消化酵素と微生物とが協同して食べものを分解する様子を比喩的に表現する」

【文章Ⅱ】は「消化器官の働き」を「厳密に」描いているわけではないので、**「表現の内容・効果」**が不適切である。「膵液と胆汁が……消化をアシストし」「微生物たちがあなたを襲い」などの表現から**「表現の技巧」**については問題ないが、惑わされないこと。

③内容・効果「食べることの特殊な仕組みを筋道立てて説明している」
技巧「食べものが消化器官を通過していく状況を擬態語を用いて表現する」

【文章Ⅱ】は、「食べること」の「仕組み」について論理的な「筋道」を「立てて説明」しているわけではないので、**「表現の内容・効果」**が不適切である。「ドロドロ」「くねくね」と擬態語を用いているので、②同様**「表現の技巧」**の説明は適切だが、**「表現の内容・効果」**が間違っているので誤答である。

④内容・効果「生きものが他の生物の栄養になるまでの流れを軽妙に説明している」
技巧「比喩を多用して消化過程を表現する」

「表現の内容・効果」の「生きものが他の生物の栄養になるまでの流れ」は**【文章Ⅱ】**の内容として適切であるし、「軽妙に（＝軽快で妙味がある・気が利いていてうまい）」という説明は「ダイビングします」などのユーモラスな表現に対応する。「人間に食べられた豚肉（あなた）の視点から」描くという表現方法についても文章の〈うまみ〉や〈おもしろさ〉に通じる書き方なので、「軽妙に説明している」は妥当な説明であると判断できる。**「表現の技巧」**についても、そもそも「豚肉」を「あなた（人間）」に見立てているのが「擬人法」であり、「比喩を多用して消化過程を表現」は適切な説明（たとえば「人間」を「微生物の集合住宅」と表現しているのは隠喩であり、「便」が「ダイビングします」は擬人法である）。解答は④である。

⑤ 内容・効果　「消化の複雑な過程を鮮明に描いている」
技巧　「生きものが消化器官でかたちを変えて物質になるさまを誇張して表現する」

「鮮明に描いている」は「あざやかに・はっきりと」描くさまであるので、**「表現の内容・効果」**については問題ないと考えられるが、「物質になるさま」を「誇張して」という**「表現の技巧」**の説明がおかしい。「どこまでが食べものであり、どこからが食べものでないのかについて決めるのはとても難しい」というのが**【文章Ⅱ】**の主張であるのに対し、「生きものが……物質になるさま」という説明では、「物質」として「生きもの」や「食べもの」の区別が明確であることになってしまう。これは**【文章Ⅱ】**の内容に反するので、この点で誤りであると判断できる。

問6　複数の題材を関連づけて応用的・発展的に考える力を問う設問

【文章Ⅰ】と**【文章Ⅱ】**の共通点と相違点をまとめた**【メモ】**の中に空欄を設けて、本文と**【メモ】**の内容を比較・統合して理解する力を問う設問である。

【メモ】は**【文章Ⅰ】【文章Ⅱ】**を読んだ上で「『食べる』ことについて」の「考えを整理するため」に作成されたものである。**【メモ】**の項目に着目しつつ、本文から解答に必要な内容を見つけていこう。

(i)　本文の論旨の理解を問う設問

空欄の分析から行う。

❶ 空欄の分析を行う。

文の中にある空欄ではないので(1)〜(3)「空欄を含む一文」の確認は省略する。

(4)　空欄に入るべき内容を確認する。

空欄 X は**【メモ】**の「〈2〉『食べる』ことについての捉え方の違い」という項目にあり、**【文章Ⅰ】**における「食べる」ことの「捉え方」にあたる内容が入る。また**【文章Ⅱ】**の「生物を地球全体の生命活動に組み込む」という内容との「違い」を示すものでなければならない。

❷ **設問要求を確認する。**

〈1〉を踏まえて整理した〈2〉における空欄 X に入る内容が問われている。

❸ **設問の答えを本文から見つけ、「正答根拠」をまとめる。**

設問の「〈1〉を踏まえて」という言葉を手がかりにする。〈1〉は「食べる」ことについて、**【文章Ⅰ】【文章Ⅱ】**で「共通する要素」をまとめている。〈1〉にある「『食べる』ことと生命の関係について」述べた内容を**【文章Ⅰ】**から確認する。**【文章Ⅰ】**における「食べる」ことは、**問3**で確認したように、「よだか」が「他の生き物を食べて生きていく」ことであり、「無意識のうちになしている」行為である。「よだか」の思考に関連して説明されている、「食べる」ことで〈生きるために他者の生命を無意識に奪っている〉、というような内容が、X に入ると考えられる。

また、**【文章Ⅱ】**の「地球全体の生命活動」に対して、**【文章Ⅰ】**は、他の生物を「よだか」という〈個別の生命活動に組み込む〉ことに焦点を当てて論じているという「違い」がある。

正答根拠

「食べる」ことは、〈生きるために他者の生命を無意識に奪う行為〉であり、他の生物を〈個別の生命活動に組み込む〉ものである。

❹ **「正答根拠」と各選択肢を照合する。**

②の「自己の生命を否応なく存続させる行為」は、**「正答根拠」**の〈生きるために他者の生命を無意識に奪う行為〉の説明として適切である。また「自己の生命を……存続させる」は〈個別の生命活動に組み込む〉ものともいえる。解答は②である。

①「生命の尊さ」への言及はないし「弱者」という限定もしていない。③「意図的に」が「無意識に〈食べることで他者の命を奪っている〉」という本文の論旨に反する。④「食物連鎖から生命を解放する」は、**【文章Ⅰ】**の最終段落にある「食物連鎖からの解放……だけをとりだすのではない」という説明に合わない。

(ii) **本文との関連をもとに応用的・発展的に考える設問**

❶ **空欄の分析を行う。**

(i)同様(1)～(3)は省略する。

(4) **空欄に入るべき内容を確認する。**

空欄 Y は**【メモ】**の「〈3〉まとめ」の項目にある。空欄に入るべき内容は、「食べる」ことについての**【文章Ⅰ】【文章Ⅱ】**の〈1〉共通点、〈2〉相違点から導かれる「〈3〉まとめ」の内容である。

❷ **設問要求を確認する。**

〈1〉〈2〉を踏まえて作成した「〈3〉まとめ」における空欄 Y に入る内容が問われている。

❸ 設問の答えを本文から見つけ、「正答根拠」をまとめる。

〈1〉〈2〉の内容を整理する。

〈1〉共通点は「『食べる』ことと生命の関係について論じている」こと、〈2〉相違点は**【文章Ⅰ】**が「(『食べる』＝〈他者の生命を奪う〉ことで)自己の生命を否応なく存続させる行為」であるのに対し、**【文章Ⅱ】**は「生物を地球全体の生命活動に組み込むもの」であった。

【文章Ⅰ】の「よだか」が羽虫や甲虫を食べることや「自分も鷹にいずれ食べられる」という「食物連鎖」(のようにみえる内容)は、**【文章Ⅱ】**で「循環のプロセス」として説明されているものである。人間が食べものを「食べる」ことが「生命の循環の通過点」として「地球全体の生命活動」に組み込まれた行為であるように、「よだか」も「生命の循環の通過点」なのである。

正答根拠

「食べる」ことで**【文章Ⅰ】**よだか ／**【文章Ⅱ】**人間 が
「循環のプロセス」を成立させている。

❹ 「正答根拠」と各選択肢を照合する。

③「地球全体の生命活動を循環させる重要な意味」として**【文章Ⅰ】**の「無意識によだかが……食べてしまう行為」を捉えた上で、「循環のプロセス」という**【文章Ⅱ】**の内容とあわせてまとめているのは適切な説明である。また、③「一つ一つの生命がもっている生きることへの衝動」は、〈生きるために、意識・無意識を問わず他者の生命を「食べる」〉ことが「生きることへの衝動」によると考えれば妥当な説明だと判断できる。解答は③である。

①「自他の生を昇華させる行為」は、**【文章Ⅰ】**における「昇華」と使い方が異なる**〈定義ズレ〉**である。「よだか」は「自他の生」ではなく「自己の行為を昇華」した。②**【文章Ⅱ】**の「生命が本質的には食べてなどいない」という「指摘」は「生命の循環の通過点にすぎない」からであるので「よだかが飢えて死のうとすること」と対応しているわけではない(「飢えて死のう」として〈食べない〉のであれば「通過点」にもなり得ない)。また、「食べることの認識を改める必要」については述べられていない。④「食物連鎖の関係」は「命のバトンリレーのなかで解消される」ものではないし、**【文章Ⅰ】**では「食物連鎖からの解放……だけをとりだすのではない」と述べられている。「食べることによって生じる序列」は**【文章Ⅱ】**の内容に合わない。

〈よだかが他の生命を食べ、よだかが他の生命に食べられること〉と〈食べることが生命と地球全体の生命活動をつなぐ「循環のプロセス」となっていること〉の両方の内容を踏まえたものが「まとめ」となる、と判断した上でそれぞれの選択肢を確認できれば、解答が容易になるであろう。

チャレンジテスト（文学的文章）

第4問

問題　別冊40ページ

解答と配点

問	解答	配点
問1	(ア) ③　(イ) ①　(ウ) ②	各3点
問2	③	7点
問3	⑤	8点
問4	②	8点
問5	①	8点
問6	④・⑥	各5点

／50点

本文解説

妻が病で入院し長期不在の中、心の慰めであった庭の月見草を庭師にすべて抜き取られてしまい、空虚で何事も楽しめない気持ちで日々を過ごしていた「私」が、新しい月見草を手に入れたことで精神の秩序を回復していく様子を描いた小説である。

上林暁《かんばやしあかつき》「花の精」の一節。

月見草を喪《うしな》った「私」は、失望落胆の中で庭の草花の世話をすることで心を紛らわせていた。その様子を見た妹も同様に庭に菜園を作りはじめ、「私」は妹が夫に先立たれ途方にくれる気持ちを慰め、紛らそうとしているのだろうと考える。

しかし、月見草を喪ってから十日と経《た》たないうちに、庭にふたたび新しい月見草が還《かえ》ってきて、「私」の精神の秩序は回復されることになる。友人のO君が釣《つり》に行くのに連れ立って、川原にいっぱい月見草が咲いているという是政《これまさ》へ向かうこととなったのだ。是政で、O君が釣を楽しんでいる間に、「私」は手頃な月見草を物色して持ち帰ることにした。やがて釣を終えたO君が月見草の大きな株を手いっぱいに持って土手を上がってきた。O君の目的は釣であったはずなのに、月見草への私の思いをくみとって、大きな月見草を取ってきたのだ。私はその光景をよろこばしく思った。

是政の駅で帰りのガソリン・カアを待っているうちに、「私」はサナトリウムの建物に気づく。建物の部屋に灯がつきはじめた様子を見ていると、「私」は突然、入院中の妻のことを思い出した。家を出てから妻のことを思い出すのは初めてだったが、妻の様子を案じるうちに寂しさがこみあげて来た。私はO君を駅に一人残して、あたかも自分の妻もこのサナトリウムに住んでいるかのような気持ちで、その建物に向かって突き進んでいった。そして建物の内部の部屋や患者の様子を目や耳に留めながら、前を通り過ぎた。通り過ぎながらまたしても妻がすぐそこの病室にいるかのような気持ちで妻の平穏を祈った。涙が溢《あふ》れそうになっていた「私」だが、サナトリウムを後に駅に向かっていると、眼《め》の前一面に月見草の群落があらわれ、その感動と驚きに涙など一遍に引っ込んでしまった。

帰りのガソリン・カアの車内から見た線路の前方は一面が月見草の原で、ヘッドライトの光に照らされてひっきりなしに月見草があらわれては消えるその様子に、「私」は息を呑《の》み、花の天国のようだと感じた。武蔵境の駅に着き、網棚から月見草の束を取り下ろそうとすると、是政を出るときにはまだ蕾《つぼみ》を閉じていた花々が開いていて、かぐわしい香りがした。「私」は開いた花を大事にして月見草の束を小脇に抱え、陸橋を渡った。

設問解説

問1　語句の知識を問う設問

設問にある「本文中における意味として」という条件は、次のように判断することを求めている。
①辞書的な意味として適当なものを選ぶ。
②選択肢の中に辞書的な意味として適当なものが複数存在する場合は、文脈に照らし合わせてその意味を判断する。
〈本文に照らし合わせてしっくりくるものを選ぶ〉のではなく、優先されるのが〈辞書的な意味〉である点に注意して解答しよう。

(ア)「お手のもの」は〈慣れていて、たやすくできる事柄・得意とするもの〉の意であり、これに当てはまるのは③「得意としていて」のみである。⑤「容易にできそうで」では、〈容易にできる〉という意味に合致しない。解答は③。

(イ)「肚《はら》を決める」は〈覚悟をきめる・決心する〉の意であり、これに当てはまるのは①「気持ちを固めた」のみ。④「覚悟を示した」は辞書の意味としてややズレているし、文脈に照らし合わせても「(他人に)覚悟を示した」という内容は合わない。解答は①。

(ウ)「目を見張る」は〈目を大きく開けて見る・優れたものなどを目の当たりにして驚いたり感動したりする〉の意。これに合致するのは②「感動して目を見開いていた」である。③は「動揺しつつ」というのが辞書の意味に合わないし、「見入っていた」だけでは「目を大きく開けて見る」ことの説明にならない。解答は②。

問2　傍線部の場面における心情の理解を問う設問

まず、リード文も踏まえ、場面の状況と人物関係をおおまかにつかもう。

場面は〈空白行・時の変化・場所の変化・登場人物の出入り〉で区切られる。この文章は23行目に空白行がある。傍線部Aを含む、1行目から22行目までの場面には「私」と「妹」が登場する。「私」は妻の入院による不在と、心を慰めてくれた庭の月見草を庭師に抜き取られたことで、「空虚な気持ちで楽しめない日々」を暮らしていた。「草花の世話をして、心を紛らわせている」「私」の様子を見て、「夫に先立たれ途方に暮れている妹」が「菜園」をはじめる。「妹」は菜園の世話をするうちに「急に生き生きとして来た」。

では、**「正答へのアプローチ」**を開始しよう。

❶ 傍線部分析を行う。

(1) 傍線部を含む「一文全体」を確認する。

私は、草花を植えるために、縁先の陽《ひ》あたりの好《よ》いところは全部占領していたけれど、A自分だけ好いところを占領するのは気がひけたので、そこの一部を割いて、トマトを植えさせた。

(2) 文の構造〈主部と述部・指示語・接続表現〉と〈言い換えが必要な言葉〉を確認する。

「そこ」という指示語の指示内容と、「私」が誰に「トマトを植えさせた」のかを捉える必要がある。

(3) 〈言い換えが必要な言葉〉を言い換えて、文の意味内容を確認する。

「そこ」の指示内容は「好いところ」であり、「陽あたりの好いところ」であることを確認する。

「私」が誰に「トマトを植えさせた」のかは、この場面のもう一人の登場人物である「妹」である。

(4) 文の内容を事態（原因）心理 行動（結果）に当てはめ、「心理の流れ」（因果関係）を整理する。

傍線部Aの「気がひけた」というのが「私」の心理であることを確認する。また「気がひけたので」とあるように、「そこの一部を割いて、トマトを植えさせた」のが心理の**結果**としての行動であることと、この心理と行動が「妹」に対するものであることを確認しておこう。

❷ 設問要求を確認する。

この設問では「この場面からわかる、妹に対する『私』の気持ちや向き合い方」が問われている。傍線部Aの内容を手がかりに、この場面全体を把握する必要がある。

❸ 設問の答えを本文から見つけ、「正答根拠」をまとめる。

傍線部Aの心理・行動のきっかけとなる事態を把握しよう。

傍線部を含む一文全体より、「私」は、「草花を植えるために、縁先の陽あたりの好いところは全部占領していた」ことが分かる。しかし、「私」だけではなく「妹」も庭を利用しはじめたので、「妹」の菜園のために「そこの一部を割いて」あげたのである。傍線部Aのきっかけとなる事態は、〈妹が庭を利用して菜園を作りはじめたこと〉であることを確認する。

また、「妹」の菜園については、「兄が花畠《はなばたけ》をつくり、妹が菜園をつくるのも、皆それぞれ、遣《や》り場のない思いを、慰め、紛らそうがためにほかならないのだ」とある通り、「妹」が「菜園をつくる」のは夫に先立たれて「途方にくれた思い」、「遣り場のない思い」を「慰め、紛ら」すためだと「私」は考えている。これは「私」が草花の世話をする理由と重なっていることを把握しておこう。

ここまでの**「心理の流れ」**をまとめると、次のようになる。

事態（原因）
妹が庭を利用して菜園を作りはじめる

↓

心理
（妹も自分と同じように遣り場のない思いを慰め、紛らすために、庭を使って野菜を育てるのだから）自分だけ好いところを占領するのは気がひけた（＝申し訳ないように思った）

↓

行動（結果）
そこの一部を割いて、トマトを植えさせた（＝妹にも陽あたりの好い場所を使わせてあげようとした）

また、「私」が「妹」にも陽あたりの好い場所を使わせてあげようとしたのは、菜園作りにより「妹」が「急に生き生きとして来た」からである。以上の内容を踏まえて、設問要求である「この場面からわかる、妹に対する『私』の気持ちや向き合い方」を**「正答根拠」**としてまとめておこう。

正答根拠

菜園を作る「妹」に対して、「私が花の世話をするのと同じく、菜園の世話をしていれば、途方にくれた思いも、一《ひ》と時忘れることが出来、心が慰まるから」「生き生きとして来た」のだと「私」は考えている。同じ気持ちを抱く者として自分だけが陽あたりの好い場所を独占することを申し訳なく思ったから、妹にもその場所を分けてあげたのである。

ここまでの内容を確認してから、選択肢の吟味に移ろう。

❹「正答根拠」と各選択肢を照合する。

「遣り場のない思い」を慰めるための「妹」の菜園作りに対する「私」の思いとして、〈自分だけ陽あたりの好い場所を独占するのは申し訳なく思った〉から〈場所を分けてあげた〉という**「心理の流れ」**の因果関係に当てはまるものが、解答となる。この内容を適切に踏まえているのは③「園芸に適した場所を独占するのは悪いと思い、妹にもそこを使わせる気遣いをしている」である。また、③「野菜を植える手慣れた様子に妹の回復の兆しを感じ」は、「妹」が「生き生きとして来た」と感じた理由の説明に合致する。「慰めを求めているのは自分だけではないのだから」も「私が花の世話をするのと同じく」、「妹が菜園をつくるのも……遣り場のない思いを、慰め、紛らそうがためにほかならないのだ」という本文の記述に適した内容であり、解答は③である。

①「これからは一緒にたくさんの野菜を育てることで落ち込んでいた妹を励まそう」・⑤「前向きになっている妹の気持ちを傷つけないように、その望みをできるだけ受け入れよう」は、〈自分だけ陽あたりの好い場所を独占するのは申し訳なく思った〉か

ら〈場所を分けてあげた〉という因果関係の流れとズレている。また①の〈一緒に野菜を育てる〉は「私」の心理として本文に述べられていない内容である（「私」は自分のために「花畠」を作りたいだけである）し、⑤の「妹」の「望み」も本文に記述がないので、誤りである。

②傍線部Aのきっかけとなる事態は「庭に野菜畑を作るために次々と行動する妹に接し」たことではない（妹が庭に野菜を植え始めたことである）ため因果関係が間違っている。さらに、そんな妹に対して「気後れしていた」は、「気がひけた」という「私」の心理の対象がズレている（「自分だけ好いところを占領する」ことに対して「気がひけた」のである）。「妹との関わりは失った月見草に代わる新しい慰めになるのではないか」は本文に記述がない。④「再出発した妹に対する居心地の悪さを解消するために」も、②と同様に心理の対象がズレている。また「妹から指摘されたような気持ちになり」は本文に記述がない。

問3　傍線部の理由説明の設問

まず、場面の状況と人物関係をおおまかに確認する。

傍線部Bを含む24行目以降の場面は、是政へ釣りに行くO君に同行して月見草を取りに来た場面である。O君は「私」の友人である。

では、**「正答へのアプローチ」**を始める。

❶ 傍線部分析を行う。

(1) 傍線部を含む「一文全体」を確認する。

B　それは、なんだかよろこばしい図であった。

傍線が一文全体に引かれていることを確認する。

(2) 文の構造（主部と述部・指示語・接続表現）と〈言い換えが必要な言葉〉を確認する。

指示語「それ」の指示内容を確認する必要がある。

(3) 〈言い換えが必要な言葉〉を言い換えて、文の意味内容を確認する。

「それ」の指示内容は「O君が月見草の大きな株を手いっぱいに持って、あがって来た」ことである。「図」は景色や場面を意味する表現なので、「なんだかよろこばしい図であった」という表現が〈O君が大きな月見草を手いっぱいに持ってきた様子〉（=景色）に対して「なんだかよろこばしい」と述べたものであることを確認する。

(4) 文の内容を事態（原因）心理 行動（結果）に当てはめ、「心理の流れ」（因果関係）を整理する。

傍線部Bは「それ」に対して「なんだかよろこばしい図であった」と感じた「私」の心理であり、そのきっかけとなる事態は〈O君が大きな月見草を手いっぱいに持ってきた様子〉（=「それ」）を見たことである。

❷ 設問要求を確認する。

「そう感じたのはなぜか」と傍線部の心理の理由を問われているので、きっかけとなった事態を特定する。

❸ 設問の答えを本文から見つけ、「正答根拠」をまとめる。

この場面は、私が「山の見えるところへ行きたい」と言ったことから始まる。「月見草のこと（＝月見草を喪った私の失望落胆）をO君に訴えた」ところ、「是政へ行けば、月見草なんか……一杯咲いている」ので「O君が釣をして……かえりには月見草を引いて来る」ということになった。そして「もうあと十分（釣りを）やるから、君は月見草を引いててくれない？」というO君の発言に従うかたちで、「私」が月見草を物色して新聞紙にくるみ、O君を待っている場面で、O君が月見草を持ってきたのだ。O君の本来の予定は釣りであり、月見草を持ってくることではない。しかし釣りを終えたO君は思いがけず大きな月見草を持ってきたのであり、「私」は自分の月見草への思い入れがO君に伝わったように感じて〈なんとなくうれしくなっている〉のである。だからこそ月見草を持ったO君の様子が、「なんだかよろこばしい図」に思えたのである。

この状況を踏まえた上で、傍線部Bに関連する**「心理の流れ」**を確認し、**「正答根拠」**をまとめよう。

事態（原因）：「O君が月見草の大きな株を手いっぱいに持って、あがって来た」様子を見たこと

↓

心理：「なんだかよろこばしい図であった」と感じた

＝

月見草に関心がなかったO君が大きな月見草を持ってきたのは〈思いがけない〉ことで、O君に自分の月見草への思いが伝わったようで〈なんとなくうれしくなっている〉

正答根拠

〈O君が大きな月見草を持ってきた様子〉が〈思いがけない〉ことで、〈なんとなくうれしい〉と感じているから。

この内容を確認してから、選択肢の吟味に移ろう。

❹ 「正答根拠」と各選択肢を照合する。

⑤は「O君が月見草の大きな株を手にしていた光景」を「意外」で「うれしいものだったから」と説明しており、因果関係の説明として適切である。また「月見草に関心がなく、釣りに夢中だと思っていたO君が」はO君の目的が釣りであったことから適切で

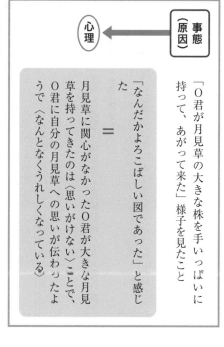

あり、「月見草への自分の思いをO君が理解してくれていた」も、ひときわ大きな月見草の株を持ってきたことと、この旅が「月見草のこと（＝月見草を喪った私の失望落胆）をO君に訴えた」ところから始まっていることを踏まえると、妥当な説明である。解答は⑤である。

①「O君と、大きな月見草の株とが一緒になった光景は目新しく、月見草を失った自分の憂いが解消してしまうような爽快なものだったから」は「よろこばしい図」だと感じた傍線部の理由の説明になっていない（「よろこばしい」のはO君と月見草の株という光景が「目新しい」からでも「月見草を失った自分の憂いが解消してしまうよう」に感じたからでもない）ので、**〈因果関係のズレ〉**かつ**〈設問ズレ〉**で誤り。

②「たくさんの月見草の株をとってきたO君の姿」・③「短い時間で手際よくたくさんの月見草の株を手にして戻ってきた光景」・④「その違いを考慮せずに無造作に持ってきたO君の姿」については、〈「それ」＝「月見草の大きな株を手いっぱいに持って」きた様子〉の説明として不適切である。これらの部分を読んだ時点で**〈指示語ズレ〉**による誤りであると判断したい。

なお、②③④は他にも誤答と判断できる箇所がある。②「月見草を傷つけまいと少ししか月見草をとらなかった自分」が不適当である（直後の「私も思い切って大きなやつを引けばよかったと思った」と矛盾する）し、「O君の姿」が「力強いものだったから」「よろこばしい」と感じているわけではない。③「行動の大胆さ」を「よろこばしい」と感じているわけではない。④匂いの有無に焦点を当てている点がズレているし、「月見草に興味がない人の行為のようなほほえましいものだったから」「よろこばしい」と感じたわけではない。

問4　傍線部に関わる場面の心情の理解を問う設問

問3で見た、「私」が友人のO君と是政に来ている場面の続きである。釣りも月見草を引くのも終わり、駅で帰りのガソリン・カアを待っているところである。待合室から村の方を見ていた「私」がサナトリウムを見つけ、傍線部Cに続いている。

❶ 傍線部分析を行う。

(1) 傍線部を含む「一文全体」を確認する。

それを見ていると、C突然私は病院にいる妻のことを思い出した。

(2) 文の構造（主部と述部・指示語・接続表現）と〈言い換えが必要な言葉〉を確認する。

指示語「それ」の指示内容を確認する必要がある。

また、因果関係を導く「と」に注目する。「それを見ている」ことがきっかけとなって「妻のことを思い出した」ことが把握できる。

(3) 〈言い換えが必要な言葉〉を言い換えて、文の意味内容を確認

する。

「それ」の指示内容は〈サナトリウムの部屋に灯がつきはじめた様子〉である。サナトリウムの様子を見たことで、「サナトリウム」が「病院」と重なって、「突然」「病院にいる妻」のことを思い出したのである。

なお、「突然」という表現は、「私」がそれまでは月見草に夢中になっていたことを表している。次の文の「今日家を出てから、妻のことを思い出すのは初めて」からも、サナトリウムを見るまで妻のことが頭になかったことが分かる。

(4) 文の内容を事態（原因）心理 行動（結果）に当てはめ、「心理の流れ」（因果関係）を整理する。

「妻のことを思い出した」が「私」の心理であり、そのきっかけとなる事態は〈サナトリウムの部屋に灯がつきはじめた様子〉を見ていることである。

❷ 設問要求を確認する。

「この前後の『私』の心情はどのようなものか」という問いなので、「妻のことを思い出した」一連の流れを確認する。具体的には、傍線部前の「サナトリウム」についての描写と、傍線部後の「妻よ、安らかなれ」までの「私」の**「心理の流れ」**をつかむ必要がある。

❸ 設問の答えを本文から見つけ、「正答根拠」をまとめる。

〈サナトリウムの部屋に灯がつきはじめた様子〉を見た「私」は、「妻のことを思い出し」て、「寂しさがこみあげ」て来る中で「妻よ、安らかなれ」と祈るような気持ちになっている。サナトリウムの様子を見るまでは月見草に夢中で妻のことを思い出していなかったのに、ここで「突然」妻のことを思い出している。それにより「感傷的で、涙が溢れそう」になったのである。

この内容を**「心理の流れ」**として整理し、**「正答根拠」**をまとめてみよう。

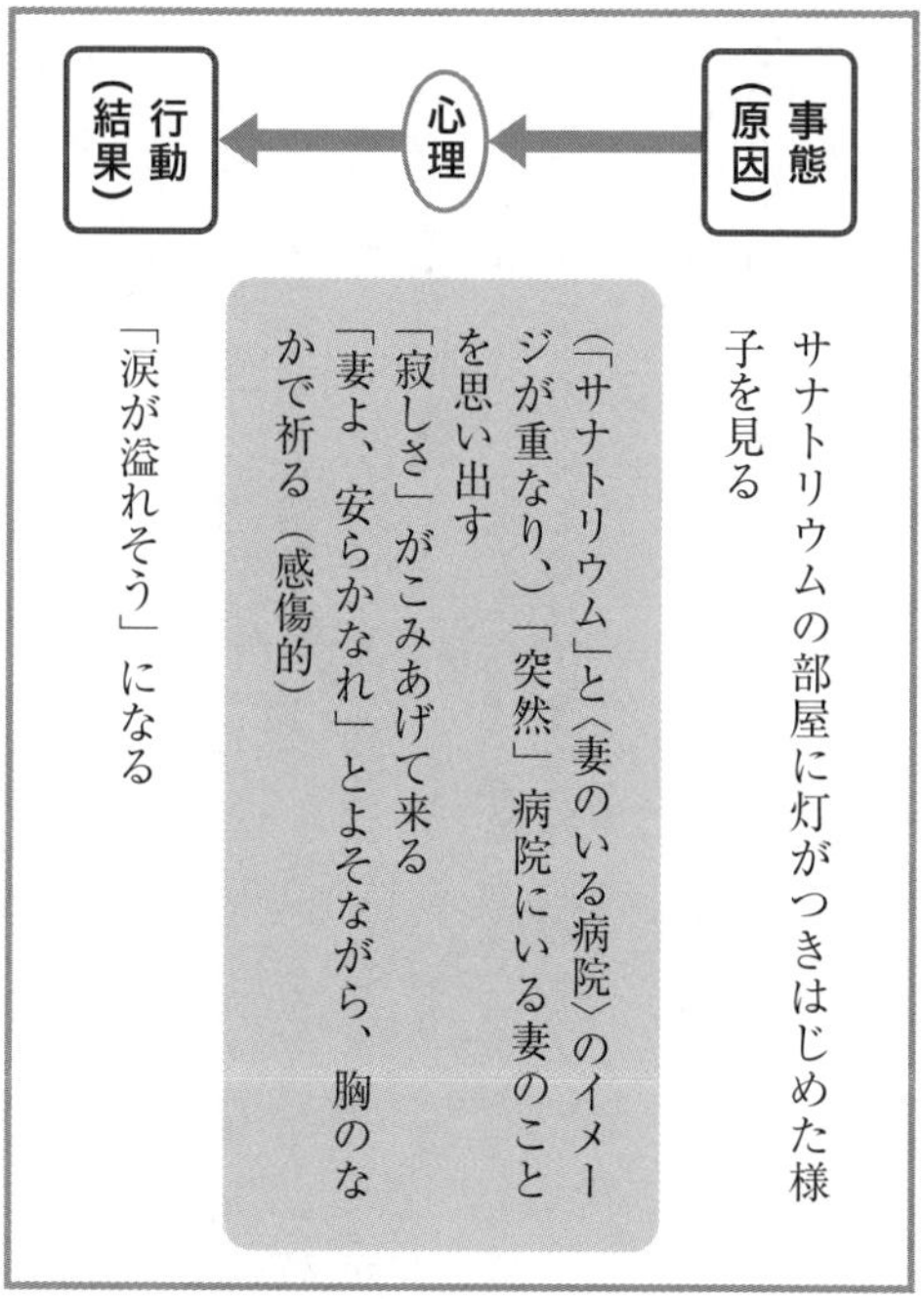

事態（原因）
心理
行動（結果）
サナトリウムの部屋に灯がつきはじめた様子を見る
（「サナトリウム」と〈妻のいる病院〉のイメージが重なり、）「突然」病院にいる妻のことを思い出す
「寂しさ」がこみあげて来る
「妻よ、安らかなれ」とよそながら、胸のなかで祈る（感傷的）
「涙が溢れそう」になる

「涙が溢れそうであった」は、妻のことを思い出した**結果**であるので、[行動]として把握しよう。

また「よそながら」という表現は〈遠く離れてはいながら・かげながら〉の意味であり、ここで見ている「サナトリウム」と〈妻が入院している病院〉が別のものであることを意味する。「恰《あたか》も自分の妻もこのサナトリウムに住んでいるかの如き気持《きもち》で」とあるように、妻はこのサナトリウムに入院しているわけではない点に注意しておきたい（あくまで「サナトリウム」と「病院」のイメージが重ねられているだけである）。

正答根拠

〈サナトリウムの部屋に灯がつきはじめた様子〉を見たことによって、「突然」妻のことを思い出し、「寂しさ」がこみあげて、「妻よ、安らかなれ」と祈り、感傷的になって「涙が溢れそう」になった。

❹「正答根拠」と各選択肢を照合する。

選択肢のうち、「それ」の指示内容である〈サナトリウムの部屋に灯がつきはじめた様子〉を見たことを[事態]として説明しているものは、②「サナトリウムの建物に灯がともり始めたのを見て」のみである。また、②の「離れた地で入院中の妻のことが急に頭に浮かび」は傍線部Cの説明として適切であり、「その不在を感じた」は「寂しさがこみあげて来た」に合致する。「その平穏を願い胸がいっぱいになっている」は「妻よ、安らかなれ」と「感傷的」に祈るような気持ちの説明であり、「胸がいっぱいになっている」も「涙が溢れそう」と言い換えられる。また、「妻がすぐそこにいるような思いにかられて建物に近づき」は、本文の「恰も自分の妻もこのサナトリウムに住んでいるかの如き気持で、私はその建物に向って突き進んで行った」という記述の説明になっている。建物の部屋から感じる灯や音、患者の姿を「眼や耳に留めながら」サナトリウムの前を通り過ぎた、という本文の記述が「人々の生活の気配を感じるうちに」と対応しており、「妻のことを改めて意識して」は「またしても、妻が直《す》ぐそこの病室にいるかの如き気持になって」と合致する。解答は②である。

長い選択肢であるが、③・④・⑤は、傍線部のきっかけとなる[事態]の説明が不適切であることを迅速に判断したい。③「生気のなかったサナトリウムの建物が次第に活気づいてきたと思っているうちに」では「それを見ていると」に対応する説明になっていない。④「サナトリウムの建物の内部が生き生きとしてきたことがきっかけとなって」、⑤「サナトリウムの建物が骸骨のように見えたことで」は、「それ」の指示内容が誤っていることにより、[事態]の説明にズレが生じている。

①「暗く寂しい村の中に建つサナトリウムの建物を見ているうちに」も「灯」についての指摘がない時点であやしいが、「忘れようと努めていた妻の不在」で誤りだと判断できる。「今日家を出てから、妻のことを思い出すのは初めて」であるのは「忘れようと努めていた」からではない（月見草のことで気持ちがいっぱいだったからである）。

①「今の自分にできることは気持ちだけでも妻に寄り添うようにすることだ」、③「妻もまた健やかに生活しているような錯覚」・「現実との落差に対する失望感」、④「妻の病を忘れていたことに罪悪感を覚え」・「妻への申し訳なさ」、⑤「妻がいつまでも退院できないのではないかという不安」は全て本文に根拠のない記述であり、このことからも誤りだと判断できる。ただし、選択肢の表現を詳細に検討していると時間がかかるので、**〈因果関係のズレ〉**（傍線部の事態とのズレ）や**〈指示語ズレ〉**で迅速に誤答の選択肢を判断できるよう訓練していきたいところである。

問5　傍線部の場面における心情の理解を問う設問

問4に続く場面で、帰りのガソリン・カアの車内でのことが描かれている。車内から見た「月見草の原」の様子に続けて傍線部Dの一文がある。

❶ 傍線部分析を行う。

(1) 傍線部を含む「一文全体」を確認する。

D　それはまるで花の天国のようであった。

傍線が一文全体に引かれていることを確認する。

(2) 文の構造（主部と述部・指示語・接続表現）と〈言い換えが必要な言葉〉を確認する。

指示語「それ」の指示内容を確認する必要がある。

(3) 〈言い換えが必要な言葉〉を言い換えて、文の意味内容を確認する。

「それ」の指示内容が「あとからあとからひっきりなしにつづく」「すべて一面、月見草の原」の様子であることを確認する。これにより「花の天国」も〈周囲が月見草でいっぱいの様子〉を表していることが分かる。

(4) 文の内容を事態（原因）心理 行動（結果）に当てはめ、「心理の流れ」（因果関係）を整理する。

傍線部Dは、「それ」を「花の天国のよう」と感じている「私」の心理を表している。

「それ」＝〈「あとからあとからひっきりなしにつづく」「すべて一面、月見草の原」の様子〉を見たことがきっかけとなる事態であることを把握する。

❷ 設問要求を確認する。

この設問は「ここに至るまでの月見草に関わる『私』の心の動き」が問われている。

ここで、「設問は読解の指針」（→59ページ）であることを思い出してほしい。共通テストでは、内容や場面のまとまりごとに、その理解を問う設問がつくられる。それでは直前の**問4**の設問は、どの場面の理解を問うものであっただろうか。**問4**は〈妻のことを思い出す〉場面についての理解を問う設問であり、これは94行目までに描かれている。〈94行目までの読解が**問4**で問われたのだから、その後の**問5**は95行目以降の場面の理解を中心に問う設問であるはずだ〉という判断の仕方も、参考にしてもらいたい。

❸ 設問の答えを本文から見つけ、「正答根拠」をまとめる。

この設問では「心の動き」が問われているので、事態→心理→行動という「心理の流れ」よりも心理の詳細を追っていく必要がある。

この場面はサナトリウムを後にして駅に戻るところから始まっているので、その部分から「私」の「月見草に関わる」心の動きを確認していこう。

まず「眼の前一面」の「月見草の群落」に出会ったことで「涙など一遍に引っ込んでしまった」とある。次に駅を出発したガソリン・カアの中から「すべて一面、月見草の原」を見て「花の天国のよう」だと感じ取っていることに注目する。妻のことを思い出し「感傷」にひたっている「私」の心から、月見草がその「感傷」や涙を忘れさせている、という流れを確認する。

また、この旅は「月見草を喪った私の失望落胆」から始まっていた。本文24行目に「ふたたび新しい月見草が還って来て」「私の精神の秩序も回復されることとなる」とある通り、この旅によって「私の失望落胆」が「回復」されたことを確認しておこう。

以上の内容から**「正答根拠」**は次の三点にまとめられる。

正答根拠

a 駅に帰る途中に「月見草の群落」を見たことで、妻への「感傷」が忘れられた。

b ガソリン・カアの中から「すべて一面、月見草の原」の様子を見て「花の天国のよう」だと感じた。

c 是政で見た「月見草」によって「月見草を喪った私の失望落胆」が「回復」された。

❹ 「正答根拠」と各選択肢を照合する。

①「是政の駅に戻る途中で目にした……月見草の群れ」が「自分の感傷を吹き飛ばすほどのものだった」が**「正答根拠」**のaの説明、「武蔵境へ向かう車中で見た……一面の月見草の花によって」「憂いや心労に満ちた日常から自分が解放されるように感じた」はb・cを踏まえた説明である（「天国」という表現が「日常から自分が解放されるように感じた」という説明と対応する）。解答は①である。

②「持ち帰っても根付かないかもしれないと心配になった」「庭に月見草が復活するという確信を得た」は本文に根拠となる記述がない。④「死後の世界のイメージを感じ取り……運転手は死に魅入られてしまうのではないか」は「花の天国」の説明としてズレている。また、この二つはaに対応する説明が不足しており、傍線部の説明になっていないので**〈設問ズレ〉**である。③「妻の病も回復に向かうだろう」、⑤「自分と妻の将来に明るい幸福

を予感させてくれた」についても、「涙など一遍に引っ込んでしまった」（＝月見草への感動によって、妻への「感傷」が忘れ去られた）という本文の内容とズレているので、誤りである。

問6　表現の設問

表現の設問は、選択肢を指定箇所、**「表現の内容・効果」**、**「表現の技巧」**に分けて、指定箇所に**「表現の内容・効果」**が書かれているか→**「表現の技巧」**の説明が正しいかを確認する。解き方の詳細については第5章（→130ページ）を確認してほしい。

①　指定箇所　2行目「空地利用しようか！」・4行目「茄子《なす》やトマトなんかを。」

内容・効果「菜園を始める際の会話部分をテンポよく描き、妹の快活な性格を表現している」

技巧　2行目「『！』を使用」・4行目「述語を省略する」

指定箇所に**「表現の内容・効果」**の「妹の快活な性格」の説明となる内容が描かれていない（指定箇所が「性格」の描写ではない）ので誤りである。**「表現の技巧」**は正しいが、**「表現の内容・効果」**が間違っているので解答にはならない。

②　指定箇所　26行目「それは、六月の中旬。」・38行目「多磨墓地前で停車。」「次が北多磨。」

内容・効果「O君と一緒に是政に行く旅が、『私』にとって印象深い記憶であったことを強調している」

技巧「体言止めの繰り返し」

「表現の内容・効果」について、「旅」において「印象深い記憶であった」のは、**問5**で確認した一面に広がる「月見草」の様子である。これに対して指定箇所は、月見草に関する説明になっていない。「旅」が「六月の中旬」であったことや「多磨墓地前で停車」したこと、「次が北多磨」であることが「印象深い」わけではない。「体言止めの繰り返し」という**「表現の技巧」**は正しいが、**「表現の内容・効果」**が不適切なので誤りである。

③　指定箇所　36行目「サアサアと音を立てながら」・85行目「ポツリ、ポツリと、部屋々々に灯がつきはじめ」・95行目「ポクポク歩いていると」

内容・効果「それぞれの場面の緊迫感を高めている」

技巧「カタカナ表記の擬音語・擬態語を使う」

36行目の「青草が、サアサアと音を立てながら靡《なび》く」や95行目の「乾いた砂路をポクポク歩いている」場面について、**「表現の内容・効果」**の「緊迫感を高めている」という説明には無理がある。特に36行目はガソリン・カアに乗っている時に見た様子を描写しているものであり、たとえば〈ガソリン・カアから落ちそうになっている〉というような「緊迫感」が存在する場面ではない。

「表現の技巧」の「カタカナ表記の擬音語・擬態語」であることは正しいが、指定箇所に「緊迫感」が描かれていない時点で誤りである。

④ 指定箇所　45・46行目や、62行目
内容・効果　「114行目の、『私』が網棚から月見草を下ろすときに『ぷんとかぐわしい香りがした』という嗅覚体験を際立たせる表現」
技巧　「月見草の匂いの有無に関する叙述」

45行目は「月見草には二種類あるんだね。匂いのするのと、しないのと」、62行目は「匂いのあるのを二本と、匂いのないのを二本」とあり、いずれも「匂い」の描写なので、手に入れた月見草を網棚から下ろす場面の「嗅覚体験を際立たせる表現」という**「表現の内容・効果」**の説明は妥当である。また、「月見草の匂いの有無に関する叙述」という**「表現の技巧」**の説明も正しい。「適当なもの」だと判断できる。

⑤ 指定箇所　77行目「疲れていた。寒かった。おなかが空いていた。」という部分
内容・効果　「『私』の状況が次第に悪化していく過程を強調する」
技巧　「短い文を畳みかけるように繰り返す」

指定箇所は「『私』の状況が次第に悪化していく過程」の描写ではない（「疲れていた」「寒かった」「おなかが空いていた」という三つの状況は同時に起きている）ので、**「表現の内容・効果」**の説明が誤りである。**「表現の技巧」**の「短い文を畳みかけるように繰り返す」こと自体は正しいが、技巧だけ正しくても解答にはならない。

⑥ 指定箇所　85行目「建物は、窩《あな》をもった骸骨のように見え」・97行目「私を迎えるように頭を並べて咲き揃《そろ》っている」
内容・効果　「『私』の心理を間接的に表現している」
技巧　「比喩を用いる」

指定箇所の85行目の表現は「サナトリウム」から生じる死や不安に対するイメージを、97行目の表現は月見草に対する喜びや驚きを表しており、**「表現の内容・効果」**の「『私』の心理を間接的に表現」は妥当といえる。また**「表現の技巧」**についても、85行目「窩をもった骸骨のように」は直喩、97行目「私を迎えるように」は擬人法なので、両方とも比喩である。「適当なもの」だと判断できる。

以上により、解答は④・⑥である。

チャレンジテスト（文学的文章）第5問

問題 別冊54ページ

加能作次郎《かのうさくじろう》「羽織と時計（W・B君を弔う）」の一節。問6の【資料】は宮島新三郎「師走文壇の一瞥《いちべつ》」の一節。

解答と配点

問1	(ア)	②	(イ)	②	(ウ)	①	各3点
問2	③						6点
問3	①						7点
問4	①						8点
問5	⑤						8点
問6	(i)	①	(ii)	④			各6点

/50点

本文解説

「羽織と時計」をめぐる「私」とW君の交流を描いた文章。

「私」は、同僚のW君が休職している期間、何度か彼を訪れて同僚から集めた見舞金を届けた。その後、「私」は快復したW君から「ほんのお礼の印」として高価な羽織を贈られた。その羽織は貧しい私にとって、今でも持ち物の中で最も貴重なものの一つとなっており、結婚の折に拵《こしら》えたと信じている妻には、W君から贈られたのだということを打ち明けられずにいる。自分の持ち物の中で一点だけ高価な羽織のことを妻から言われるたびに、「私」はどこか落ち着かない気持ちになって、話を誤魔化《ごまか》していた。

「私」が会社を転ずる時にも、W君が懐中時計を送別の品として手配してくれた。「私」はその厚い情誼《じょうぎ》に感謝するものの、その恩恵に対してある重い圧迫を感ぜざるを得なかった。羽織と時計という、「私」の持ち物の中で最も高価なものの二つがW君から贈られたものであることを意識すると、感謝の念とともに、なんだかやましいような気恥《きはずか》しいような重苦しい感情が生じるのであった。

一年ほど後、「私」はW君が病気を再発して会社を辞めたことや寝たきりになったことを知り、一度見舞に訪れなければと思っていたものの、仕事の忙しさや、結婚して子が出来たりといった家庭の変化のため、足が遠くなった。さらに、羽織と時計のことで、常にW君から恩恵的な債務を負っているように感じられ、その債務の念が私の自意識に影響し、W君の家を訪れることがますますできなくなっていった。

偶然を装って会えはしないかと思いながら三年四年と月日が経《た》ち、「私」は家族との散歩に理由をつけて、W君の始めたというパン菓子屋の様子を窺《うかが》いに行ったものの、そこから出て来た人は全く知らない女であり、W君の家族ではなかった。それ以来私は一度もその店の前を通ったことはなく、W君の様子も知られないままである。羽織と時計という贈り物が、かえって「私」とW君を遠ざけることになったのであった。

設問解説

問1 語句の知識を問う設問

語句の「本文中における意味」を問う設問で優先されるのは、その語句の〈辞書的な意味〉である。

(ア)「術《すべ》もない」は「為《な》す術もない」に同じで〈手段や方法がない〉の意であり、これに当てはまるのは②「手立てもなかった」のみである。解答は②。

(イ)「言いはぐれる」は〈言うべき機会を失う・言いそびれる〉の意であり、これに当てはまるのは②「言う機会を逃して」のみである。「はぐれて」が「逃して」と対応する。〈言いはぐれる〉は③「言うのを忘れて」に限られるものではなく、①「言う必要を感じないで」、④「言う気になれなくて」も辞書の意味を逸脱している。解答は②。

(ウ)「足が遠くなる」は〈行かなくなる・疎遠になる〉の意。これに合致するのは①「訪れることがなくなった」である。解答は①。

問2 傍線部の心情を問う設問

まず、場面の状況と人物関係をおおまかに確認する。

同僚のW君からのお礼の品である「羽二重《はぶたえ》の紋付《もんつき》の羽織」について、妻とのやりとりや「私」の思いが描かれている場面である。

❶ 傍線部分析を行う。

(1) 傍線部を含む「一文全体」を確認する。

私はA擽《くす》ぐられるような思《おもい》をしながら、そんなことを言って誤魔化して居た。

(2) 文の構造(主部と述部・指示語・接続表現)と〈言い換えが必要な言葉〉を確認する。

「擽ぐられるような思」の具体的な内容と、「そんなこと」の指示内容を確認する必要がある。

(3)〈言い換えが必要な言葉〉を言い換えて、文の意味内容を確認する。

「そんなこと」は「そりゃ礼服だからな。これ一枚あれば下にどんなものを着て居ても、兎《と》に角《かく》礼服として何処《どこ》へでも出られるからな」という「私」のセリフである。これが「誤魔化し」であるというのは、「羽織」を「私が結婚の折に特に拵えたもの」と「信じて居る」妻に対して、「W君から貰《もら》ったのだということ」を打ち明けずにいるからである。「羽織だけ飛び離れていいものをお拵えになりましたわね」という妻の発言に、W君から貰ったのだという本当のことを打ち明けないままに「そりゃ礼服だからな」と、さも自分が拵えたかのように応対しているのである。

「擽ぐられる」には〈心が軽く刺激され、そわそわさせられたり、いい気持ちにさせられたりする〉という意味があり、羽織を褒められていることはうれしい(いい気持ちだ)が、本当のことを打ち明けていないから〈そわそわしている〉ことを確認しよう。

(4) **文の内容を事態（原因）心理 行動（結果）に当てはめ、「心理の流れ」（因果関係）を整理する。**

「擽ぐられるような思」は〈妻に羽織を褒められたこと〉が**原因**となって生じた心理であり、その**結果**が「そんなことを言って誤魔化して居た」という行動に表れている。

❷ **設問要求を確認する。**

「それはどのような気持ちか」とあり、傍線部Aの心理の内容説明が求められている。

❸ **設問の答えを本文から見つけ、「正答根拠」をまとめる。**

❶で確認した傍線部Aの**「心理の流れ」**を整理し、**「正答根拠」**をまとめてみよう。

事態（原因）
妻に羽織を褒められる
「羽織だけ飛び離れていいものをお拵えになりましたわね」

→ **心理**
「擽ぐられるような思」
羽織を褒められるのはうれしい
＋
この羽織は自分が拵えたものではなく、W君に貰ったものだということを打ち明けられずにいるから落ち着かない・そわそわする

→ **行動（結果）**
「そりゃ礼服だからな」と誤魔化して居た

正答根拠
羽織を褒められるのはうれしいが、本当のことを言っていないので落ち着かないという気持ち。

❹ **「正答根拠」と各選択肢を照合する。**

「正答根拠」の内容を適切に説明しているのは③「妻に羽織をほめられたうれしさと、本当のことを告げていない後ろめたさとが入り混じった、落ち着かない気持ち」である。「後ろめたさ」がやや強いが、「誤魔化して居た」という私の反応と、〈羽織は結婚する時に作ったものだと信じ込んでいる妻に本当のことを隠している〉という状況を考えれば、妥当な解釈であると判断できる。解答は③である。

①「笑い出したいような気持ち」は「誤魔化して居た」という反応につながらない（「笑い出したい」のを「誤魔化して居た」わけではないし、妻のことを〈おもしろく思っている〉わけではないので「妻に対する」「笑い出したいような気持ち」は不適当）。**〈因果関係のズレ〉**による誤りである。②「妻に事実を知られた場合を想像して、不安」、④「羽織だけほめることを物足りなく

思う」、⑤「打ち明けてみたい衝動」「自分を侮っている妻への不満」が、本文に根拠のない記述であり、誤りである。

問3　傍線部の内容説明の設問

「私」が別の会社に転ずることになり、W君が「自ら奔走して」「記念品を贈ることにして呉《く》れた」時のことを描いた場面である。一部の社員から非難されながらも奔走してくれたW君に対し、「私」が今でも感じる気持ちが傍線部Bである。

❶ 傍線部分析を行う。

(1) 傍線部を含む「一文全体」を確認する。

この意識が、今でも私の心に、感謝の念と共に、B何だかやましいような気恥しいような、訳のわからぬ一種の重苦しい感情を起《おこ》させるのである。

(2) 文の構造（主部と述部・指示語・接続表現）と〈言い換えが必要な言葉〉を確認する。

傍線部Bを含む一文の主部が「この意識が」であり、「私」の「訳のわからぬ一種の重苦しい感情」が「この意識」によって生じたものであることを確認する。「この意識」の指示内容を確認する必要がある。

また「訳のわからぬ一種の重苦しい感情」は「何だかやましいような気恥しいような」感情であり、それが「感謝の念と共に」生じていることをおさえる。

(3) 〈言い換えが必要な言葉〉を言い換えて、文の意味内容を確認する。

「この意識」の指示内容は直前の「羽織と時計――。私の身についたものの中で最も高価なものが、二つともW君から贈られたものだ」という「意識」である。これはその前文の「その一種の恩恵」と同内容であり、「私の為《ため》に奔走して呉れたW君の厚い情誼」によるものであるので、傍線部Bの「重苦しい感情」が「重い圧迫」と同内容であると把握できる。〈W君が羽織と時計をくれたこと〉に「涙ぐましいほど感謝の念に打たれる」と同時に「重い圧迫」を感じているのである。

(4) 文の内容を事態（原因）・心理・行動（結果）に当てはめ、「心理の流れ」（因果関係）を整理する。

傍線部Bの「何だかやましいような気恥しいような、訳のわからぬ一種の重苦しい感情」が「私」の心理であり、そのきっかけとなる事態は「羽織と時計――。私の身についたものの中で最も高価なものが、二つともW君から贈られたものだ」という「意識」であることを確認する。

注意 「この意識」は傍線部Bの「感情」を生じさせた**原因**であるので、心理のきっかけとなる事態として分析する。「意識したこと」がきっかけとなって、「感情」を生じさせた、という因果関係である。

❷ **設問要求を確認する。**

「それはどういうことか」とあり、傍線部Bの内容を説明することが求められている。

❸ **設問の答えを本文から見つけ、「正答根拠」をまとめる。**

「この意識」からつながる**「心理の流れ」**を整理しよう。

事態（原因） → **心理**

この意識

＝

「羽織と時計――。私の身についたものの中で最も高価なものが、二つともW君から贈られたものだ」ということを「意識」すること

感謝の念

＋

何だかやましいような気恥しいような、訳のわからぬ一種の重苦しい感情

（重い圧迫）

＝

（恩恵的債務）

「重苦しい感情」は56行目で「恩恵的債務」と表現されている。55行目からの「私はこの二個の物品（羽織と時計）を持って居るので、常にW君から恩恵的債務を負うて居るように感ぜられた」という表現も、傍線部B「何だかやましいような気恥しいような、訳のわからぬ一種の重苦しい感情」の説明である。「やましい」は〈気が引ける〉意であり、「気恥しい」は〈なんとなく恥ずかしい〉さまである。

以上の内容を踏まえて、**「正答根拠」**をまとめよう。

正答根拠

〈W君が羽織と時計をくれたこと〉をありがたく思い感謝する一方で、それが〈「私」の気持ちの負担にもなっている〉ということ。

❹ **「正答根拠」と各選択肢を照合する。**

〈W君が羽織と時計をくれたこと〉に対する「意識」の適切な説明になっているものは①「自分を厚遇しようとするW君の熱意を」「過剰なものに感じてとまどっている」のみである。また、①「W君が手を尽くして贈ってくれた品物は、いずれも自分には到底釣り合わないほど立派なものに思え」は「私の身についたものの中で最も高価なものが、二つともW君から贈られたものだ」に合致し、「過剰なものに感じてとまどっている」は〈「私」の気持ちの負担〉の説明として適当である。解答は①である。

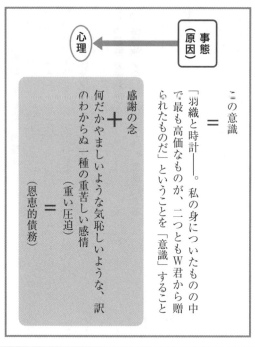

他の選択肢についても確認しよう。傍線部Bのきっかけとなる事態は「この意識」すなわち〈W君が羽織と時計をくれたこと〉に対する「意識」である。よって、②「W君がその贈り物をするために評判を落としたことを」、③「高価な品々をやすやすと手に入れてしまった欲の深さを」、④「それらを自分の力では手に入れられなかったことを」、⑤「W君に対する周囲の批判を耳にするたびに」は全て誤りであると判断できる。いずれも傍線部のきっかけとなる事態のズレであり、傍線部を含む一文全体を分析した上で「この意識」に着目できていれば、**〈因果関係のズレ〉**や**〈指示語ズレ〉**で迅速に判断できたはずである。②は「さしたる必要を感じていなかったのに」が32行目「自分から望んで」に反するし、③「W君へ向けられた批判をそのまま自分にも向けられたものと受け取っている」、④「自分へ向けられた哀れみ」、⑤「見返りを期待する底意」は本文に根拠がない。

問4　傍線部の理由説明の設問

W君が病気を再発して辞職し、パン菓子屋を始めたものの自身は寝たきりとなったことを知りながら、なかなか見舞に足が向かないことについて、「私」が自分の思いを述べている場面である。

❶ 傍線部分析を行う。

(1) 傍線部を含む「一文全体」を確認する。

而《しか》も不思議なことに、C私はW君よりも、彼の妻君《さいくん》の眼を恐れた。

(2) 文の構造（主部と述部・指示語・接続表現）と〈言い換えが必要な言葉〉を確認する。

接続表現の「而も」が何に対する添加なのか、「不思議なこと」についてなぜそのように感じるのか、「妻君の眼」とは具体的にどのようなものか、を確認する必要がある。

(3) 〈言い換えが必要な言葉〉を言い換えて、文の意味内容を確認する。

「而も」は「W君の家の敷居を高く思わせた」という前文の内容への添加を意味する。「私」はW君の家の敷居が高いように感じる（＝行きにくい）ことに加えて、「妻君の眼を恐れ」ている状態である。これは「この債務に対する自意識」から生じた「私」の考えであり、「この……自意識」の指示内容は「常にW君から恩恵的債務を負うて居るように感ぜられた」という意識である。

「妻君の眼」については、これ以降の箇所で詳しく説明されている。W君の妻君が「私」を見て、「あの時計は、良人《うち》が世話して進《あ》げたのだ」「あの羽織は、良人が進げたのだ」、「あの人は羽織や時計をどうしただろう」のように思うのではないかと、「私」が思っていることが述べられている。「不思議なことに」と「私」がいうのは、本来なら厚意に甘えたまま「無沙汰」をしているW君の眼を恐れるべき状況であるのに、W君本人よりも「妻君の眼」の方を「恐れ」ていることに対してである。

(4) 文の内容を事態（原因）・心理・行動（結果）に当てはめ、「心理の流れ」（因果関係）を整理する。

傍線部CはW君の「妻君の眼を恐れた」という「私」の心理である。

❷ 設問要求を確認する。

「『私』が『妻君の眼』を気にするのはなぜか」と心理の**原因**が問われている。心理のきっかけとなる事態との因果関係を確認する必要がある。

❸ 設問の答えを本文から見つけ、「正答根拠」をまとめる。

傍線部Cの心理のきっかけとなる事態は、W君から贈られた「羽織と時計」に対する「恩恵的債務」にある。「『私』が『妻君の眼』を気にする」のは、「この債務に対する自意識」と説明されている通り、W君に羽織と時計をもらったことへの心理的負担から生じており〈羽織と時計が妻君の目につくのではないかと感じた〉ことがこれにあたる。さらに、「随分薄情な方ね」「見舞に一度も来て下さらない」のように「あんなに、羽織や時計などを進げたりして、こちらでは尽《つく》すだけのことは尽してあるのに」と自分を責めてくるように感じて（「邪推」して）いる。

「妻君の眼を恐れた」のは「私」の勝手な「邪推」によるものだが、その「邪推」は「羽織と時計」への「恩恵的債務」により生じているのだ、という流れをおさえる。W君に大きな借りがあるように感じる心理的な負担が、この「邪推」の**原因**であり、これにより「私」はなかなかW君の見舞に訪れることができずにいるのである。

ここまでの**「心理の流れ」**を整理し、**「正答根拠」**をまとめよう。

事態（原因）

病気のW君の見舞に行かねばと思いながらも、「羽織と時計」（恩恵的債務）に対する「自意識」（心理的負担）を感じている

↓

「羽織と時計」について・見舞に来ないことについて、W君の妻君が自分のことを責めてきそうだと「邪推」する

↓

心理

W君の家の敷居を高く思わせた彼の妻君の眼を恐れた

注意 「自意識」や「邪推」は心理的なはたらきであるが、傍線部Cの心理を生じさせた**原因**なので、事態として分析する。因果関係を捉えることが重要である。

正答根拠

「羽織と時計」についての「自意識」から〈「妻君」が自分のことを責めてきそうだ〉と勝手に「邪推」しているから。

❹「正答根拠」と各選択肢を照合する。

傍線部Cの「恐れ」につながる事態を適切に踏まえているものは①「妻君に自分の冷たさを責められるのではないかと悩んでいるから」である。「『私』に厚意をもって接してくれたW君」の「見舞に駆けつけなくてはいけないと思う一方で」、「転職後はW君と久しく疎遠になってしまい」という内容も本文と合っている。解答は①である。

②「W君を経済的に助けられない」、③「日常生活にかまけてW君のことをつい忘れてしまう」は傍線部Cにつながる事態として不適切で**〈因果関係のズレ〉**による誤り。理由の説明になっていないことから**〈設問ズレ〉**でもある。また、②「妻君には申し訳ないことをしていると感じている」は「恐れ」ではなく、「パン菓子屋を始めるほど家計が苦しくなった」は本文に根拠がない。③「妻君に偽善的な態度を指摘されるのではないかという怖さ」は「恐れ」の内容としてズレている。④「妻君の前では卑屈にへりくだらねばならないことを」恐れているわけではなく〈責められることを〉恐れているのである。⑤「感謝の気持ち」は「立派な人間と評価してくれたことに」対するものではない（「羽織と時計」をもらったことに対するものである）し、「自分だけが幸せになっているのにW君を訪れなかったことを反省すればするほど……妻君には顔を合わせられない」は「恐れた」という心理の説明として誤っている。

問5　傍線部の内容説明の設問

問4で見たような気持ちから「私」はW君をなかなか訪ねることができず、W君の妻君や従妹《いとこ》と偶然に会えたら、それをきっかけに心易《こころやす》く往来できるようになるだろうと思いながら、三年四年が経過した。今年、子供を連れて散歩に出た時、「私」は妻にW君のパン菓子屋でパンを買わせたという場面である。

❶ 傍線部分析を行う。

(1) 傍線部を含む「一文全体」を確認する。

今年の新緑の頃、子供を連れて郊外へ散歩に行った時に、D私は少し遠廻《まわ》りして、W君の家の前を通り、原っぱで子供に食べさせるのだからと妻に命じて、態《わざ》と其《そ》の店に餡《あん》パンを買わせたが、実はその折陰ながら家の様子を窺い、うまく行けば、全く偶然の様に、妻君なり従妹なりに遇《あ》おうという微《かす》かな期待をもって居た為《た》めであった。

(2) 文の構造（主部と述部・指示語・接続表現）と〈言い換えが必要な言葉〉を確認する。

「其の店」とはどのような店か、「妻君なり従妹なり」というのは誰の妻君、従妹なのかを確認する必要がある。

(3) 〈言い換えが必要な言葉〉を言い換えて、文の意味内容を確認する。

解説の初めに述べたように、「私」はW君の妻君や従妹と偶然に会えたらと思っていた。傍線部を含む文でも、そのように思いながら「其の店」（家）を窺ったということは、「其の店」とはW君の開いたパン菓子屋だと分かる。わざわざ「遠廻り」をして立ち寄っていることや「餡パン」を買わせたということも手がかりとなる。

偶然のようにW君の家族に出会うことを期待して「遠廻り」したのだ、という状況を確認する。

(4) 文の内容を事態（原因） 心理 行動（結果）に当てはめ、「心理の流れ」（因果関係）を整理する。

傍線部**D**は「私」の行動である。偶然のようにW君の家族に遭遇することをねらっての行動であることをおさえる。

❷ 設問要求を確認する。

「『私』の行動の説明」が求められているので、傍線部**D**の行動に至るまでの事態と心理を確認する必要がある。

❸ 設問の答えを本文から見つけ、「正答根拠」をまとめる。

偶然の遭遇を期待したのは、妻君の眼を気にするあまりW君の見舞に行きそびれているからである。69行目「偶然の機会で……遇わんことを願った」心理の**結果**としての具体的な行動が、傍線部**D**である。

「見舞に行こう」と思っていたがなかなか行けず、「偶然の機会」によりW君の家族に会えることを期待したから「遠廻り」したのだ、という因果関係をおさえる。

以上の内容を**「心理の流れ」**として整理し、**「正答根拠」**をまとめよう。

事態（原因）	W君の見舞に行きたいが、行けない
↓ 心理	「偶然の機会」でもあれば……と期待する
↓ 行動（結果）	少し遠廻りして、W君の家の前を通り、妻に命じてW君の店で餡パンを買わせた

正答根拠 W君の様子が気になるのだが見舞には行きにくいので、偶然を装ってW君の様子を把握しようとしている。

❹ 「正答根拠」と各選択肢を照合する。

⑤「偶然を装わなければW君と会えないとまで思っていたが、……回りくどいやり方で様子を窺う機会を作ろうとしている」は**「正答根拠」**が適切に説明されている。解答は⑤である。

①・③・④は傍線部Dの行動につながる事態や心理が不適切な**〈因果関係のズレ〉**による誤りである。①「自分たち家族の……さまを見せることがためらわれて」、③「かつての厚意に少しでも応えることができれば」は心理がズレている。④「W君の家族との間柄がこじれてしまった」は「私」の「邪推」にすぎず、実際に「間柄」がこじれたわけではないので「その誤解を解こうとして」も不適切で事態・心理ともにズレている。いずれも傍線部の理由の説明になっていないため**〈設問ズレ〉**でもある。
①は「遠廻り」という「作為的な振る舞い」を「かつてのような質素な生活を演出しようと」と説明している点もおかしい。
②「妻にまで虚勢を張るはめになっている」は本文に根拠がない。

問6　複数の題材に関連する内容を読み取らせる設問

本文として取り上げられた作品についての同時代の批評文を**【資料】**として引用して、両者に関連する内容の理解を問う設問。

(i) **【資料】の二重傍線部の内容説明の設問**

本文に対する「批評」の読解であるので、論理的文章の**「正答へのアプローチ」**を用いて、**【資料】**の二重傍線部の内容を確認しよう。

❶ 傍線部分析を行う。

(1) **傍線部を含む「一文全体」を確認する。**

羽織と時計とに執し過ぎたことは、この作品をユーモラスなものにする助けとはなったが、作品の効果を増す力にはなって居ない。

二重傍線が一文全体に引かれていることを確認する。

(2) **文の構造〈主部と述部・指示語・接続表現〉と〈言い換えが必要な言葉〉を確認する。**

【資料】の文章が本文の「批評」であることを踏まえて、主述の関係に注目して、二重傍線部の「評者の意見」をおさえる。

(主)(作者が)「羽織と時計とに執し過ぎたこと」は ／
(述)「作品の効果を増す力にはなって居ない」

また、指示語「この作品」、「作品の効果を増す力」は**〈言い換えが必要な言葉〉**である。

(3) **〈言い換えが必要な言葉〉を言い換えて、文の意味内容を確認する。**

「この作品」の指示内容は、本文「羽織と時計」である。
「作品の効果を増す力」については、二重傍線部の前文の「小話《こばなし》臭味を取《とり》去ったら、即ち羽織と時計とに作者が関心し過ぎなかったら」に注目。「羽織と時計」という「一点だけ」を「覘《ねら》って」作品を書いたことが「小話臭味」を生んでしまい、「作品の効果を増す力にはなって居ない」と言っていると分かる。

❷ 設問要求を確認する。

「それはどのようなことか」とあり、「評者の意見」の内容説明が求められている。

❸ 設問の答えを本文から見つけ、「正答根拠」をまとめる。

【資料】にある「評者の意見」の内容説明が求められているので、**【資料】**の文章から答えを見つける。

「評者」は、「羽織と時計」という「一点だけ」を「覘って」作品を書いたことが、「作品の効果を増す力にはなって居ない」と述べる。「今までの氏」（＝「羽織と時計」の作者である加能氏）には「生活の種々相を様々な方面から多角的に描破して、其処《そこ》から或《あ》るものを浮き上《あが》らせようとした点」があり、それが「作品の効果を強大にする」という「長所」であった、と解説する。

さらに「忠実なる生活の再現者としての加能氏に多くの尊敬を払っている」とあることから、「多角的」で「忠実な」生活の描写を「長所」と捉えている「評者」の考えが分かる。だからこそ「羽織と時計」という「ライフの一点だけを覘って作をする」ことが「作品の効果を増す力にはなって居ない」と述べるのである。

以上の「評者」の意見を**「正答根拠」**としてまとめてみよう。

正答根拠

「羽織と時計」とにこだわりすぎて「一点だけ」を覘った描写になってしまったことにより、加能氏の「忠実なる生活の再現者」としての「長所」が作品から失われている。

❹「正答根拠」と各選択肢を照合する。

④「（羽織と時計という）挿話の巧みなまとまりにこだわったため、W君の生活や境遇の描き方が（「忠実なる生活の再現」ではなく）断片的なものになっている」が適切である。**【資料】**で「飽くまでも『私』の見たW君の生活……を如実に描いたなら、一層感銘の深い作品になったろうと思われる」と指摘されていることも判断の手がかりになる。解答は④である。

①「多くの挿話から」では「羽織と時計とに執し過ぎたこと」と逆である。②「忠実に再現しようと意識」も「忠実なる生活の再現者としての加能氏」の説明になっており、二重傍線部とは逆。③「一面だけを取り上げ美化している」と読む根拠が本文にはないし、**【資料】**の説明における「一面だけ」というのは「羽織と時計」という「一点」を指すのであるから、「W君の一面」も不適切。

(ii) 本文の表現の工夫に対する理解を問う設問

「羽織と時計」という本文の表題や本文中の指定箇所の表現に対して、**【資料】**の「評者とは異なる見解を提示した内容」を選ぶ、という設問である。

傍線部のない設問なので**「正答へのアプローチ」**❷から行う。

❷ 設問要求を確認する。

【資料】の評者が着目する「羽織と時計」について、表現としての「本文中」の「繰り返しに注目」した上で、「評者とは異なる見解を提示した内容」を問うている。

❸ 設問の答えを本文から見つけ、「正答根拠」をまとめる。

「羽織と時計――」の「繰り返し」について、44行目は**問3**で見たように「重い圧迫」の原因として示されたもの、54行目は**問4**で見たように見舞に行くのをためらわせる作用を及ぼした「恩恵的債務」として示されたものである。

また、(i)で確認した「評者」の見解は次の通りである。

●評者の見解
「羽織と時計」の「一点だけ」を覗った描写
↓
作品の効果を増す力にはなっていない
↓
W君の生活・境遇を如実に描いたなら
一層感銘の深い作品になったろうと思われる

これと「異なる見解」を**「正答根拠」**としてまとめる。

正答根拠
●評者とは異なる見解
「羽織と時計――」の「繰り返し」
↓
作品の効果を増す力になっている
↓
「羽織と時計――」の「繰り返し」によって
「感銘の深い作品」になっている
（W君と「私」を遠ざけた原因として象徴的に描かれている）

❹「正答根拠」と各選択肢を照合する。

④「W君の厚意が皮肉にも自分をかえって遠ざけることになった経緯」は、44行目と54行目の「羽織と時計――」の説明として適切である。また、「『私』が切ない心中を吐露していることを重視すべきだ」も本文を「感銘の深い作品」として捉えているといえるので**「正答根拠」**に合う。解答は④である。

①「W君を信頼できなくなっていく『私』の動揺」が本文の説明として不適当。41行目「W君の厚い情誼」や42行目「感謝の念」から「私」はW君に信頼をおいていることが読み取れ、その「感謝の念」と同時に「重苦しい感情」を感じているので信頼できなくなったわけではない。②「複雑な人間関係に耐えられず生活の破綻を招いてしまったW君のつたなさ」が本文に根拠がない記述である。③「『私』に必死で応えようとするW君の思いの純粋さを想起させる」では、「私」ではなく「W君の思い」に焦点が当たっており、誤りである。

チャレンジテスト（文学的文章）

第6問

問題　別冊66ページ

黒井千次《くろいせんじ》「庭の男」の一節。問5の俳句は歳時記より引用。

解答と配点

問	解答	配点
問1	②・⑥	各4点
問2	①	8点
問3	③	8点
問4	(i) ②　(ii) ①	各6点
問5 (i)	①	6点
問5 (ii)	⑤	8点

／50点

本文解説

隣家の立て看板に悩む「私」の姿が描かれた文章。

会社勤めを終え、自宅で過ごすことが多くなった「私」は、隣家の庭のプレハブ小屋に立てかけられた看板に描かれた男の存在が気になるようになった。看板のことを妻に相談するなかで、自分が案山子《かかし》をどけてくれと頼んでいる雀《すずめ》のようだと感じており、そんな気持ちを隣家の人間に理解してもらえるはずがないことを自覚しつつも、看板の男の視線が気になって仕方がない状態が続いた。その看板は隣家の息子である少年の持ち物であるので、隣家に電話をかけて親に看板を撤去してもらうのを頼むというのもフェアではない気がするし、何よりそれによって「あの家には頭のおかしな人間が住んでいる」と自分のことを噂《うわさ》されるのもまた恐ろしいのであった。

そんな時に「私」は、たまたま道で隣家の少年に会ったので、少年に直接看板への対応を求めた。自分なりに礼を尽くして頼んでいるつもりだったのだが、少年は「私」を警戒し、「私」の頼みを無視した上に「ジジイ」と罵った。少年の無視と捨台詞《すてぜりふ》にも似た罵言は「私」にとって耐え難いものであった。

夜が更けてから、「私」は、隣家の庭に侵入して看板を移動させようと試みた。実際に看板を近くで見てみるとただの板のように感じられ、案山子にとまった雀のような気分だと動悸《どうき》を抑えつつも苦笑する「私」であった。しかし、いざその看板を撤去しようと触れた時、それがベニヤ板でも紙でもなく硬質のプラスチックに似た物体であり、単純に紙を貼りつけただけの代物ではないらしいことに気づいた。看板の男は、土に埋められても腐ることのないしたたかな男であった。横にずらすか向きを変えて立てかけることは出来ぬものかと持ち上げようとしたが、看板は根が生えたかのごとく動かない。その看板は、太い針金で小屋としっかりと結ばれており、その細工は六ヵ所にもわたって施されていたのだ。「私」は夕暮れに少年に会った時の警戒した表情を思い出した。そして看板の設置に対する少年の強い覚悟を感じ取り、その看板の男を動かすことを諦めたのであった。

設問解説

問1 傍線部の行動の要因を問う設問

まず、場面の状況と人物関係をおおまかにつかもう。

この場面には「私」と少年が登場する。この少年は隣家の住人で、少年が使っているプレハブ小屋に立てかけられた看板の男が「私」の家のキッチンから見えることで、「私」は悩んでいる。悩みながらも何もできずにいたある夕暮れに、「私」と少年が道ばたで出会ったという場面である。

❶ 傍線部分析を行う。

(1) 傍線部を含む「一文全体」を確認する。

A 隣の少年だ、と思うと同時に、私はほとんど無意識のように道の反対側に移って彼の前に立っていた。

傍線が一文全体に引かれていることを確認する。

この文は言い換えせずに内容が把握できるので、(2)(3)は省略する。

(4) 文の内容を事態(原因)心理行動(結果)に当てはめ、「心理の流れ」(因果関係)を整理する。

傍線部Aは道で「隣の少年」に出会った際の「私」の行動である。

❷ 設問要求を確認する。

「『私』をそのような行動に駆り立てた要因はどのようなことか」とあるので、傍線部Aの行動の「要因」として事態・心理を把握する必要がある。

❸ 設問の答えを本文から見つけ、「正答根拠」をまとめる。

傍線部Aの直後の内容から、「私」が「彼の前に立っていた」のが「声を掛け」ることを目的とした行動であることを把握しておこう。

「私」は「隣の少年」の家の庭に見える「看板に描かれた男」の存在が気になり、その看板を移動してもらいたく思っている。しかし、「中学生かそこらの少年にどう説明すればよいのか見当もつか」ず、少年に直接頼もうとは思っていなかった。隣の家に電話をかけて親にどうにかしてもらうことも考えたが、看板は少年のものであり、その少年をよそに親に依頼するのはフェアではないように思い、また親を納得させる自信もなく、そのままになっていた。そのような状況の中で、道で隣の少年に出会ったので、看板を自分の家から見えないようにしてほしいと頼む気が起こり、「ほとんど無意識のように道の反対側に移って」「彼の前に立っていた」のであった。

この内容を、**「心理の流れ」**に当てはめて整理し、**「正答根拠」**をまとめてみよう。

事態（原因） → **心理** → **行動（結果）**

看板の存在が気になり、移動してほしい
少年にどう説明するか「見当もつかない」
親に言うのはフェアではない
（と以前から思っていた）
← 道で隣の少年に出会う

直接頼もうという気が起きる

「ほとんど無意識のように……反対側に移って」「彼の前に立っていた」

正答根拠

以前から看板を移動してほしいと思っていたので、そのことを少年に直接頼もうという気になったこと。

❹「正答根拠」と各選択肢を照合する。

「正答根拠」に合致するものが解答となる。②「少年を差し置いて親に連絡するような手段は、フェアではないだろう」は〈移動してもらうことを（親に言うのではなく）少年に直接頼む〉ために「彼の前に立っていた」、という**「正答根拠」**につながる内容なので適切である。⑥「看板をどうにかしてほしいと願っていたこと」も適切であり、「少年を説得する方法を思いつけないにもかかわらず」については「中学生かそこらの少年にどう説明すればよいのか見当もつかない」や、少年本人ではなく親と交渉するとしても「親を納得させる自信がない」と考えていることから妥当である。

解答は②・⑥である。

①「恐ろしく思っていた」ことの内容がズレている。「恐ろしく思っていた」のは「あの家には頭のおかしな人間が住んでいる」と「噂を立てられる」ことであり、「少年にどんな疑惑が芽生えるか」ということではない。

③「お前は案山子ではないかと言ってやるだけの余裕が生まれていたこと」、④「いつもの場所に立っているのを確かめるまで安心できなかったこと」は、少年に看板への対応を求めるという傍線部の行動の「要因」の説明になっていない。また、③「余裕が生まれていた」から「彼の前に立っていた」のではなく、④「安心できなかった」から「彼の前に立っていた」わけでもない（〈看板をどうにかしてほしいから〉である）。⑤も傍線部の行動の「要因」として無関係である。いずれも**〈因果関係のズレ〉**かつ**〈設問ズレ〉**である。本文に書いてある内容であっても、傍線部の説明として適切でなければ設問の解答にはならない点に注意しよう。

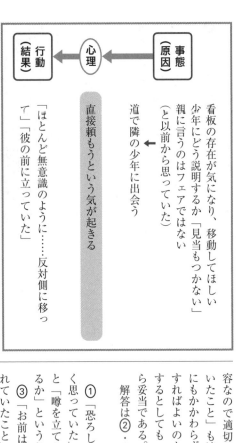

問2　傍線部の内容説明の設問

問1に続く場面である。「私」は、道ばたで出会った隣家の少年に、プレハブ小屋の看板の移動を頼んだが、無視されたあげく「ジジイ――」と吐き捨てるように言われた。その出来事に対する「私」の思いが描かれた部分に傍線部Bがある。

❶ 傍線部分析を行う。

(1) 傍線部を含む「一文全体」を確認する。

B身体の底を殴られたような厭《いや》な痛みを少しでも和らげるために、こちらの申し入れが理不尽なものであり、相手の反応は無理もなかったのだ、と考えてみようともした。

(2) 文の構造（主部と述部・指示語・接続表現）と〈言い換えが必要な言葉〉を確認する。

「身体の底を殴られたような」という比喩がどういうことを表しているのか、「こちらの申し入れ」「相手の反応」は具体的にどういうものであったかを確認する必要がある。

(3) 〈言い換えが必要な言葉〉を言い換えて、文の意味内容を確認する。

「痛み」は〈衝撃・動揺〉などを意味する表現である。「身体の底を殴られたような」は直前の「身に応えた」の言い換えである。「身に応えた」のは「中学生の餓鬼にそれ（＝自分が「頼んでいる」こと）を無視され、罵られた」ことである。「一応は礼を尽《つく》して頼んでいるつもり」だったので、「無視され、罵られた」ことが「身に応え」て「厭な痛み」となったのである。「身に応えた」は〈全身や心に強く感じる〉ことであり、ここでは物理的な身体への痛みが存在しているわけではないので、〈心に強く感じた〉ことを意味する。

「こちらの申し入れ」とは少年のプレハブ小屋に立てかけられている看板を「横に移すか、裏返しにするか」という頼みである。「相手（＝少年）の反応」は、「私」の申し入れを無視して「ジジイ」と罵るというものであった。

また、「ために」に注目し、「身体の底を殴られたような厭な痛み」が、「こちらの申し入れが理不尽なものであり、相手の反応は無理もなかったのだ、と考えて」みることで「和らげる」ことができるようなものであることをおさえる。〈こちらの申し入れが理不尽だったので「無視され、罵られた」ことによる「身体の底を殴られたような厭な痛み」も仕方ない〉と考えてみることで〈厭な痛みが少しでも和らぐ〉という論理である。

(4) 文の内容を事態（原因）心理行動（結果）に当てはめ、「心理の流れ」（因果関係）を整理する。

傍線部Bは「私」の感じた「厭な痛み」という心理である。

また、この心理のきっかけとなる事態は、「私」の頼みに対する少年の対応（「無視され、罵られた」こと）である。

❷ 設問要求を確認する。

「どのようなものか」とあり、傍線部の心理の内容説明が求められている。

❸ 設問の答えを本文から見つけ、「正答根拠」をまとめる。

❶傍線部分析で確認した**「心理の流れ」**を整理して、**「正答根拠」**をまとめてみよう。

事態（原因） → **心理**

看板をどうにかしてほしいと少年に頼む（自分は「礼を尽くして頼んでいるつもり」だった）
↓
少年に無視され、罵られた（「吐き捨てる」ように「ジジイ」と言われた）

身に応えた
「身体の底を殴られたような」「厭な痛み」を感じた

正答根拠

自分は「礼を尽くして頼んでいるつもり」だったにもかかわらず、少年に「無視され、罵られた」ことで生じた、「身に応えた」＝〈心に強く感じた〉気持ち。

❹「正答根拠」と各選択肢を照合する。

〈少年に頼んだ→無視され、罵られた〉という事態の説明が適切なもの、および「身体の底を殴られたような厭な痛み」の内容として適切なものが正解となる。①「頼みごとに耳を傾けてもらえないうえに」が「無視され」たこと、「話しかけた際の気遣い」が「礼を尽くして頼んでいるつもり」だったこと、「一方的に暴言を浴びせられ」が「罵られた」にそれぞれ対応する形で事態が適切に説明されている。また、①「解消し難い不快感」は「厭な痛み」の説明である。「存在が根底から否定されたように感じたことによる」は「身体の底」を「殴られたような」強い衝撃として「身に応えた」のだと考えれば妥当な説明である。解答は①である。

②「少年から非難され」てはいないし、傍線部Bは「そのことを妻にも言えないほどの汚点だと捉えたことによる」わけではない。「孤独」もそう読む根拠が本文にない。③「常識だと信じていたことや経験までもが否定されたように感じたことによる」わけではないし、**問1**で見たように「説得できると見込んでいた」わけではない。④「交渉が絶望的になったと感じたことによる」も因果関係がおかしい。⑤「妻の言葉を真に受け」たから少年に直接頼んだのではないし、「自分の態度に、理不尽さを感じたことによる」は「こちらの申し入れが理不尽なもの……と考えてみようともした」という一文全体の内容と矛盾する。あくまで実

際は「礼を尽して頼んでいるつもり」だったのであり、だからこそ「身に応えた」のである。

問３　傍線部の心情の説明の設問

文章の最後の場面である。少年との直接交渉がうまくいかなかった「私」は、少年の態度に耐え難い思いを感じ、夜間に看板を勝手に移動させようと試みた。しかし、看板は思っていたよりしっかりした素材でできている上に針金でかたく結ばれていて動かすことができなかった。

❶ 傍線部分析を行う。

(1) 傍線部を含む「一文全体」を確認する。

夕暮れの少年の細めた眼を思い出し、理由はわからぬものの、C あ奴《やつ》はあ奴でかなりの覚悟でことに臨んでいるのだ、と認めてやりたいような気分がよぎった。

(2) 文の構造〈主部と述部・指示語・接続表現〉と〈言い換えが必要な言葉〉を確認する。

「夕暮れの少年の細めた眼」と「ことに臨んでいる」が具体的にどういうことか確認する必要がある。

(3) 〈言い換えが必要な言葉〉を言い換えて、文の意味内容を確認する。

「夕暮れの少年の細めた眼」は、少年に看板の対応を求めた時に少年の顔に浮かんだ「警戒の色」を意味する（「細い眼」という表現をもとに探す）。

「あ奴」＝少年が、「かなりの覚悟で」臨んでいる「こと」とは、看板の設置についてである。「あ奴はあ奴で……」というのは〈自分も自分なりに強い覚悟で看板の移動に挑んでいるが、少年もまた同様に強い覚悟で看板を設置したのである〉ということを意味する。

(4) 文の内容を事態（原因）心理 行動（結果）に当てはめ、「心理の流れ」（因果関係）を整理する。

傍線部Cは「私」の「気分」である心理の説明である。

〈看板を勝手に移動させようとして庭に侵入し直接看板の様子を確かめたこと〉をきっかけとして、少年の看板に対する「覚悟」に気づき、看板を動かすのを諦めるとともに、「認めてやりたいような気分」になったという流れである。

❷ 設問要求を確認する。

「『私』の心情の説明」とあるので、傍線部Cの心理とそのきっかけとなる事態との流れをつかむ。

❸ 設問の答えを本文から見つけ、「正答根拠」をまとめる。

❶傍線部分析で確認した**「心理の流れ」**を整理して、**「正答根拠」**をまとめてみよう。

事態（原因） → **心理**

看板を移動させてほしくて少年に直接頼んだが、無視され、罵られて対応してもらえず、隣家の庭に侵入して移動させようとする

← ＝自分の覚悟

「土に埋められても腐ることのない」看板の素材の「したたか」さに気づく
（硬質のプラスチックに似た物体）

＋

持ち上げようとしたが、かたく結びつけられている様子を目にする

← 夕暮れの少年の「警戒の色」を思い出す

← 少年の看板に対する強い覚悟を「認めてやりたいような気分」になる

（自分もそれなりの覚悟で看板に挑み、移動させようとしているが、）少年もまた強い覚悟で看板を設置していたのだということが実感された

正答根拠

（看板を勝手に移動させようとして隣家に侵入したが、）しっかりした素材とかたく結ばれている看板の様子を見たことで、看板に対する少年の強い覚悟を感じ取り、その覚悟は「認めてやりたいような気分」になった。

❹「正答根拠」と各選択肢を照合する。

③「しっかり固定された看板を目の当たりにしたことで」「少年が何らかの決意をもってそれを設置したことを認め、その心構えについては受け止めたいような思いが心をかすめた」が**「正答根拠」**の内容を適切に説明している。解答は③である。

①自分が「決意を必要としたため」に「少年も同様に決意をもって行動した可能性に」思い至ったわけではない（少年の「決意」に気づいたのは看板が〈しっかりした素材〉であり〈かたく結ばれていた〉ためである）。**〈因果関係のズレ〉**である。②「撤去し難いほど堅固に設置した」ことと「隣家の迷惑を顧みること」は関係がない（「私」だけが勝手に迷惑だと感じているのであり、少年にはその自覚はない）。また、「私」の看板への不快感が解消されたわけではないので「応援したいような新たな感情」は「認めてやりたいような気分」としておかしい（「あ奴はあ奴で……認めてやりたい」は〈看板への不快感や少年に対する腹立たしさがなくなったわけではないが、少年の覚悟だけはそれなりに認めてやってもいい〉といった程度の表現である）。④は少年の覚悟

に対する言及がない時点で〈設問ズレ〉で誤りであるし、「具体的な対応を求めるつもりだった」のではなく不法侵入と実力行使で看板に自分で対応しようとしているのである。⑤「一方的に苦情を申し立てようとしたことを悔やみ」は本文に根拠がない。

問4　表現に着目して心情や様子を問う設問

「同一の人物や事物」を示す表現に着目した設問で、各選択肢に具体的な表現が示されているので、表現の前後の内容を手がかりに消去法で検討していく。

(i)　**隣家の少年を示す表現に表れる「私」の心情の説明の設問**

②「看板への対応を依頼する少年に礼を尽くそうとして『君』と声をかけた」は**問2**で確認した「礼を尽くして頼んでいるつもり」に合致する。「無礼な言葉と態度を向けられたことで感情的になり」「怒りを抑えられなくなっている」から「餓鬼」という表現になっている、という説明も適切である。解答は②である。

①「我が子に向けるような親しみ」は本文の「私」の心情として不適切。③少年の「外見」に対して「餓鬼」と言っているわけではない（「君」と声をかけたのも「外見」を認識した後のことである）。④「彼の若さをうらやんでいる」とする根拠が本文にないし、「老いを強く意識させられたことで」では「少年から見れば……ジジイである……が」という逆接の記述と対応しない（「ジジイ」であることは認識させられたが、それが主要な心情となって「餓鬼」と呼ぶことにつながったわけではない）。⑤「彼の年頃を外見から判断しようとしている」は本文に根拠がない。

(ii)　**看板の絵に対する表現から読み取れる、「私」の様子や心情の説明の設問**

①「『私』は看板を……人間のように意識している」は「視線の気配」などから適切であり、「少年の前では……自分の意識が露呈しないように工夫する」も、少年の親に対する「相手の内にいかなる疑惑が芽生えるか」という不安につながるもので適切である。また、「しかし少年が警戒すると」以降の内容は、本文の「警戒の色が顔に浮かんだ」直後の発言で「素敵な絵だけど……あのオジサンを……」と言っていることに合う。「素敵な絵」は看板を飾っている少年への「配慮を示した」言い方であり、それに比べて「あのオジサン」は「無遠慮」な言い方といえるので、「表現の一貫性を失った」という説明は妥当である。解答は①である。

②「少年が憧れているらしい映画俳優への敬意」と「あのオジサン」という表現は対応しない（どちらかといえば「あのオジサン」は、わざわざその看板を飾っている少年に対しても失礼な表現であろう）。③「視線」が気になる時点で「単なる物」に対する認識ではない。④「『あのオジサン』と呼び直している」のが「親しみを込めながら」であると読む根拠が本文になく、「看板の絵を表する言葉」を「見失」ったから「あのオジサン」と呼んでいるわけでもない。

問5 複数の題材を関連づけて応用的・発展的に考える力を問う設問

本文の二重傍線部に対する「理解を深め」るために作成された【ノート】について、本文の内容との対応を考える設問である。【ノート】には、二重傍線部の「案山子」と「雀」について国語辞典と歳時記から関連する内容がまとめられている。これを踏まえて、設問ごとに本文から対応する箇所を確認していく。

まず(i)(ii)に共通する二重傍線部の分析から行う。

❶ 傍線部分析を行う。

(1) 傍線部を含む「一文全体」を確認する。

案山子にとまった雀はこんな気分がするだろうか、と動悸を抑えつつも苦笑した。

二重傍線が一文全体に引かれていることを確認する。

(2) 文の構造（主部と述部・指示語・接続表現）と〈言い換えが必要な言葉〉を確認する。

指示語「こんな気分」の指示内容を確認する必要がある。

(3) 〈言い換えが必要な言葉〉を言い換えて、文の意味内容を確認する。

「こんな気分」の指示内容は「そんなただの板と、窓から見える男が同一人物とは到底信じ難かった」という、看板に近づいた時の「私」の気分である。「そんなただの板」とは「私」の目の前に「平たく立って」いる看板のことである。「窓から見える男」として今まで恐れていた看板が「ただの板」にすぎないものに感じられて、「動悸を抑えつつも苦笑した」ことをおさえる。

また、「案山子にとまった雀」は〈看板に近づいた自分〉と重ねられた表現である。

(4) 文の内容を事態(原因)心理行動(結果)に当てはめ、「心理の流れ」(因果関係)を整理する。

二重傍線部は心理と行動の組み合わせである。「案山子にとまった雀はこんな気分がするだろうか」という心理が、「動悸を抑えつつも苦笑した」という行動につながっている。

では、(i)(ii)それぞれに❷以降の**「正答へのアプローチ」**を行おう。

(i) 本文との関連をもとに応用的・発展的に考える設問

❷ 設問要求を確認する。

「『私』が看板を家の窓から見ていた時と近づいた時にわけたうえで」、【ノート】の傍線部の項目にある空欄 X ・ Y に入る内容を考えることが求められている。

❸ 設問の答えを本文から見つけ、「正答根拠」をまとめる。

【ノート】の傍線は、次の項目に引かれている。

● 「案山子」と「雀」の関係に注目し、看板に対する「私」の認識を捉えるための観点。

この項目はさらに「……時の『私』」に分かれていて、設問の「『私』が看板を家の窓から見ていた時と近づいた時」に対応していることをおさえよう。

また、「案山子」と「雀」の関係が「看板に対する『私』の認識を捉えるための観点」であるということから、「『案山子』と『雀』の関係」が〈看板と「私」の関係〉と重ねられていることを把握する。「案山子」＝看板、「雀」＝「私」である。

そこで、二重傍線部の「こんな気分」が「看板に近づいた時」の心理であることも踏まえて、本文から読み取れる「私」の心理（看板に対する認識）と、それを〈雀の案山子に対する認識〉に置き換えた内容を、**【ノート】**の傍線部の項目に合わせてまとめると、次のようになる。

X

・看板を家の窓から見ていた時の「私」
　視線が気になる
　↓
　落ち着かない
　＝
・案山子を遠くから見ている時の雀
　（案山子が人間に見えるので）視線が気になる
　↓
　恐れる・警戒する

Y

・看板に近づいた時の「私」
　「ただの板」にすぎない、と感じられる
　↓
　今まで、こんな「ただの板」を気にしていた自分を、おかしく（おもしろく）思う
　＝
・案山子に近づいた時の雀
　人間ではないことが分かる（案山子にすぎない、と感じられる）
　↓
　恐れる必要のないものとして感じる

正答根拠

「雀」が「案山子」を遠くから見ている時は（人間に見えるので）恐れるが、「案山子にとまった雀」は（人間でないと分かっているので）「案山子」を（「ただの板」のように）恐れる必要のないものとして感じる。

❹「正答根拠」と各選択肢を照合する。

選択肢の歳時記・国語辞典についての説明として、空欄 X の「案山子」を〈恐れる・警戒する〉という内容に当てはまるのは、(ア)「案山子の存在に雀がざわめいている様子」「『おどし防ぐ』

存在となっている」である。空欄 **Y** の「案山子」を〈恐れる必要のないものとして感じる〉という内容に当てはまるのは(ウ)『見かけばかりもっともらし』い存在となっている」であり、「案山子が実際には雀を追い払うことができず」も〈雀が案山子を恐れていないのだから〉適当である。解答は①である。

空欄 **X** を(イ)「虚勢を張っている」と考えるのであれば、〈「私」が看板に対して〉である。しかし、「解釈のメモ」ⓒの「案山子が雀に対して」は〈看板が「私」に対して〉ということになるので、誤りである。

空欄 **Y** は、「見かけばかり」の「ただの板」を自分は気にしていたのか、というのが「近づいた時」の心理である。(エ)「おどし防ぐ」存在であれば「ただの板」とはいえない。

(ii) 本文との関連をもとに応用的・発展的に考える設問

❷ 設問要求を確認する。

【ノート】を踏まえた「『私』の看板に対する認識の変化や心情」が問われている。【ノート】と本文の内容を照合する形で本文の内容の理解を問う設問である。❶で見た二重傍線部の分析や(i)の理解も活用して解いていこう。

❸ 設問の答えを本文から見つけ、「正答根拠」をまとめる。

「『私』の看板に対する認識の変化や心情」は、(i)の❸で確認した通りである。

正答根拠

看板を家の中から見ていた時は落ち着かない気持ちであったが、近づいたことで「ただの板」だと感じ、自分がそんなものを気にしていたことをおかしく〈おもしろく〉思うようになった。

❹「正答根拠」と各選択肢を照合する。

⑤看板に対してその視線が気になり「心穏やかでない状態」であったのが、近づいたことで「恐れるに足りないとわかり」、「悩んできた自分に滑稽さを感じている」は**「正答根拠」**に合う適切な説明である。「滑稽さを感じ」たことが二重傍線部の「苦笑」につながっている。【ノート】から引用されている俳句ⓐは「解釈のメモ」も踏まえて妥当といえる。国語辞典の記述(イ)も**「正答根拠」**の内容に矛盾しない。解答は⑤である。

①「看板に近づけず」が誤り。「近づけ」なかったわけではなく〈近づかなかった〉だけであり、近づこうと思えばいつでも近づけた（ので物語の終盤で実際に近づいた）のである。「大人げなさ」についても、本文に根拠のない説明であるので誤り。②は庭に忍び込む前と後の説明が逆になっており、誤り。「私」は「案山子」をもともと「おどし防ぐもの」だと感じていたが、庭に忍び込んで近くから見たことで「危害を加えるようなものではない」「ただの板」だと感じたのである。③「『ただの板』に対する怖さを克服しえた」や④「心を乱されていた自分に哀れみを感じている」は二重傍線部「動悸を抑えつつも」という記述と合致しない。

チャレンジテスト（実用的文章）

第7問

問題　別冊80ページ

【資料Ⅰ】（文章、図、グラフ1～グラフ3）、【資料Ⅱ】（文章）からなる複数資料。

解答と配点

問	設問	解答	配点
問1	(i)	①	各3点
	(ii)	②	
問2		③	5点
問3	(i)	③	4点
	(ii)	②	5点
			20点

本文解説

気候変動に関する資料に基づき、気候変動が健康に与える影響と対策についてのレポートを作成する言語活動。

【資料Ⅰ】 気候・自然的要素が健康面に与える影響について示したもの。健康分野における、気候変動の影響について、**文章**・**図**・**グラフ1**～**グラフ3**をもとに説明している。

【資料Ⅱ】 公衆衛生分野における気候変動の影響と適応策について述べた文章。地球温暖化の対策について、原因となる温室効果ガスの排出を削減する「緩和策」だけでなく、その被害を回避、軽減するための「適応策」の必要性について説明している。

設問解説

「読解の基本方針」（→102ページ）で述べた通り、最初にそれぞれの資料がどんな情報を示しているかを確認する。そうすることで、情報を迅速に処理しやすくなる。リード文や各資料のタイトルに注目するとよい。

・リード文とタイトルの確認

リード文「気候変動が健康に与える影響について」

【資料Ⅰ】

文章 健康分野における、気候変動の影響について

図 気候変動影響評価報告書による「健康分野における、気候変動による健康面への影響の概略」（**文章**の概略であることをおさえる）

グラフ1 日本の年平均気温偏差の経年変化
グラフ2 日本の年降水量偏差の経年変化
グラフ3 台風の発生数及び日本への接近数
（以上、「気候変動」の具体例）

【資料Ⅱ】 「公衆衛生分野における気候変動の影響と適応策」（公衆衛生分野と**【資料Ⅰ】**の健康分野が関連していることをおさえる）

では、**「正答へのアプローチ」**を用いて設問を解いていこう。

問1　文章と図表の関係を問う設問

(i)　文章と図表を関連づけた理解を問う設問（【資料Ⅰ】文章・図）

❶ 設問要求をおおまかに確認する。

下線部のある設問だが、下線部の内容説明を問うものではなく、下線部と図の内容の対応関係を問う問題なので、内容合致の問題と判断し、**(B) 傍線部や空欄のない設問**のアプローチで解く。

❷ 設問要求を分析し、確認すべき資料などをおさえる。

「**【資料Ⅰ】** 文章の下線部ⓐ〜ⓔの内容」の中に「二つある」「図では省略されているもの」を見つけることが求められている。文章の下線部と図が確認すべき資料である。

図は「健康分野における、気候変動による健康面への影響の概略」であり、文章の内容を図へと形を変えて示したものである。この図においては、矢印の形で気候変動（原因）による影響（結果）という〈因果関係〉が示されている。

❸ 各選択肢と対応する情報を照合する。

文章の下線部ⓐ〜ⓔと図を照らし合わせて確認する。形式段落は話題のまとまりを示すので、形式段落ごとに判断していくことが有用である。また、それぞれの選択肢を気候変動（原因）と影響（結果）とに分けることで図との照合がしやすくなる。

下線部ⓐ
気候変動「気温上昇」による
影響「熱ストレス」の「増加」

下線部ⓑ
気候変動「暑熱」による（下線部直前の「特に」より「気温上昇」の一例）
影響「高齢者を中心に」「超過死亡が増加傾向にある」

下線部ⓒ
気候変動「気温の上昇」による
影響「感染症を媒介する節足動物の分布域・個体群密度・活動時期」の「変化」

下線部ⓓ
気候変動「自然災害」（下線部直前「猛暑や強い台風、大雨等の極端な気象現象の増加に伴」うもの）による
影響「被災者の暑熱リスクや感染症リスク、精神疾患リスク等が増加する可能性」

下線部ⓔ
気候変動「温暖化」による
影響「汚染物質の増加に伴う」「２０３０年代まで」の「超過死亡者数」の「増加」と、「それ以降」の「減少」

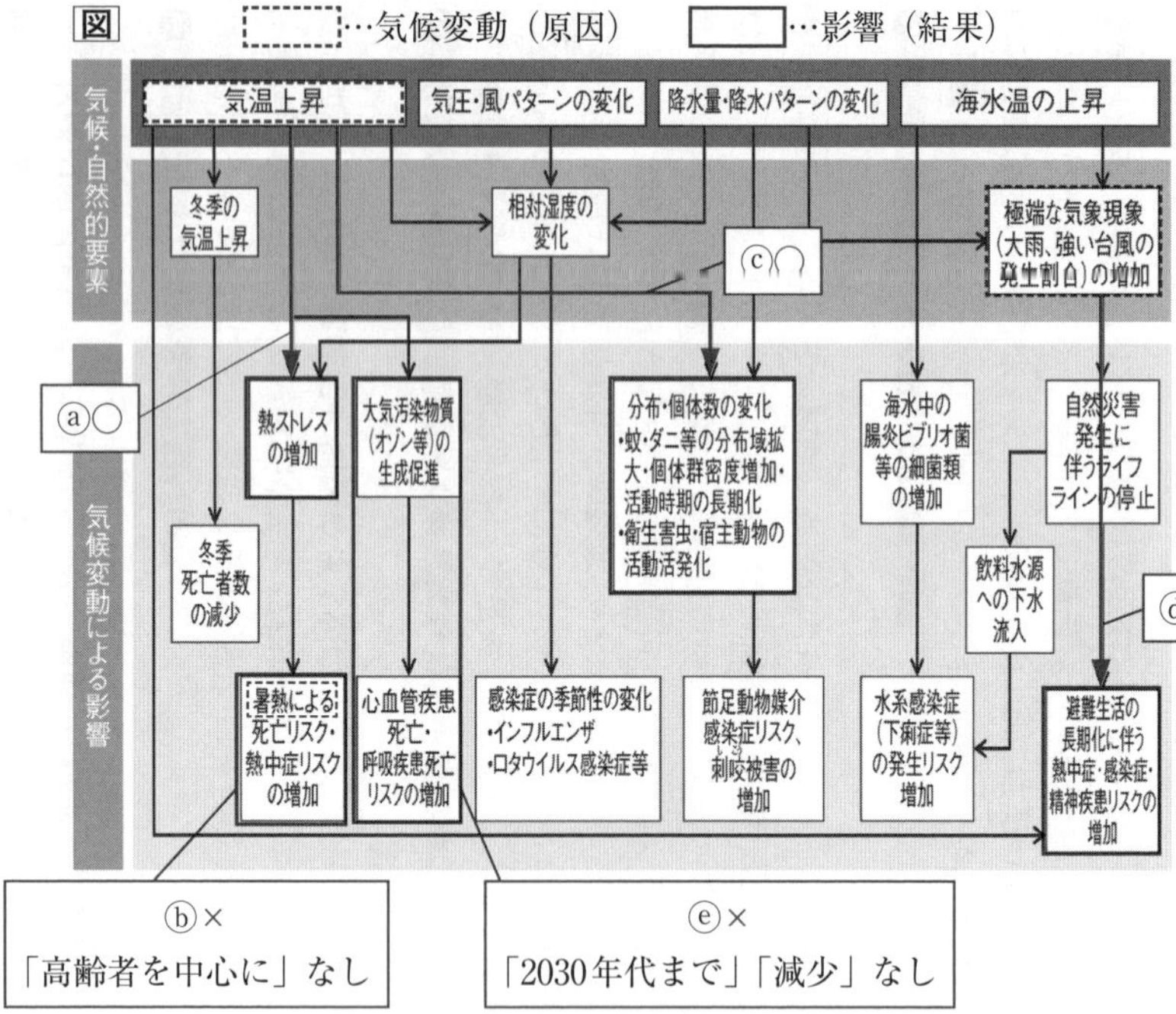

下線部ⓐ・ⓑ・ⓒの気候変動が「気温上昇」であることから、図の左上の「気温上昇」に着目し、影響が示されているか、つながりをたどる。下線部ⓑについて、図の「暑熱による死亡リスク・熱中症リスクの増加」は「高齢者を中心に」示されたものではないので、下線部ⓑが「図では省略されているもの」として一つ目の解答である。

下線部ⓓは、気候変動・影響の両方とも図に正しく示されている。

下線部ⓔについて、図には「2030年代まで」に限定された「超過死亡者数」の増加や減少という影響が示されていないので、これが「図では省略されているもの」としての二つ目の解答。「温暖化」を「気温上昇」の一例と考えても、そこから「2030年代まで」の影響については図の中に対応する内容が存在しない。

下線部ⓑとⓔが「図では省略されているもの」なので、解答は①である。

(ii) **図表の内容や表現についての理解を問う設問（【資料Ⅰ】図・文章）**

図の内容や表現の説明を問う設問であり、「表現の設問」の解法を応用する形で、図の表現の効果を確認する。「適当でないもの」なので△を使いつつ、確実に罪の重い誤りを解答として確定する。詳しい解法は第5章（→130ページ）を参照のこと。

第5章で説明した「指定箇所」が図にあたるのが今回の設問

の特徴である。それぞれの選択肢について、**図**の**「表現の技巧」**と**「表現の内容・効果」**を確認していこう。

① 技巧○「気候変動による影響」として環境及び健康面への影響を整理して図示し、／内容・効果○**文章**の内容を読み手が理解しやすいように工夫している。

② 技巧×「気温上昇」と「降水量・降水パターンの変化」「海水温の上昇」は「因果関係」ではない
気温上昇によって降水量・降水パターンの変化や海水温の上昇が起こるという因果関係を図示することによって、内容・効果○図が文章の内容を補足していることは正しい／**文章**の内容を補足している。

③ 技巧○「気候・自然的要素」と「気候変動による影響」に分けて整理することで、／内容・効果○どの要素がどのような影響を与えたかがわかるように提示している。

④ 技巧○「気候・自然的要素」が及ぼす「気候変動による影響」を図示することにより、／内容・効果○特定の現象が複数の影響を生み出し得ることを示唆している。

⑤ 内容・効果○気候変動によって健康分野が受ける複雑な影響を読み手にわかりやすく伝えるために、／技巧○いくつかの事象に限定して因果関係を図示している。

図は「健康分野における、気候変動による健康面への影響の概略」であり、**【資料Ⅰ】**の**文章**の内容をまとめたものである。さらに「気候」と「影響」の因果関係が矢印によって示されていることも**問1**(i)で確認した通りである。このことから①・③・④・⑤は適切であると判断できる（⑤「いくつかの事象に限定して」は「気温上昇」「気圧・風パターンの変化」「降水量・降水パターンの変化」「海水温の上昇」の四項目への限定を意味している）。

「適当でないもの」として解答は②であり、**〈因果関係のズレ〉**による誤りである。「気温上昇」と「降水量・降水パターンの変化」「海水温の上昇」は、**図**の中で「気候・自然的要素」として並列されており、因果関係の矢印ではつながっていない。この点が明確な誤りである。

問2　資料の内容の正誤を問う設問（【資料Ⅰ】・【資料Ⅱ】）

❶ 設問要求をおおまかに確認する。

傍線部や空欄がなく、「内容の正誤」を判断する内容合致の問題なので**（B）**のアプローチで解いていこう。

❷ 設問要求を分析し、確認すべき資料などをおさえる。

「【資料Ⅰ】、【資料Ⅱ】を根拠として」考えられる「内容の正誤」が問われている。それぞれの選択肢の内容について、**【凡例】**に基づいて「正しい」「誤っている」「判断できない」のどれにあたるかを判断する必要がある。

この設問は、「正誤を確定できる判断根拠の有無」によって選択肢を照合する必要がある。「正誤を確定できる判断根拠が示されている」→「その内容に照らして正しい・誤っている」／「正誤を確定できる判断根拠が示されていない」→「正誤の判断ができない」ということである。

チャレンジテスト第7問は大学入試センターが公表した試作問題であり、このような「判断できない」ものを考えさせる設問が今後の共通テストでも出題される可能性がある。「正しい」「誤っている」「判断できない」の区別の仕方については、**例題2**の解説（→120ページ）も参照してほしい。

❸ 各選択肢と対応する情報を照合する。

まず、それぞれの選択肢の内容について、「判断根拠が示されているか」を確認し、正誤の判断が可能なのか、判断できないのかを区別することに注意する。

【資料Ⅰ】が「健康分野における、気候変動の影響について」であり、**【資料Ⅱ】**も「公衆衛生分野における気候変動の影響と適応策」であるので、**問1**(i)と同様に「気候変動→健康（公衆衛生分野）への影響」という〈因果関係〉にも気をつけて、選択肢の内容を確認していこう。

ア　「気候変動による気温の上昇」は**【資料Ⅰ】** 図 に示されており、これが「冬における死亡者数の減少につながる」ことも 図 より判断できる内容である。「気温の上昇」が「高齢者を中心に熱中症や呼吸器疾患など様々な健康リスクをもたらす」ことは、**【資料Ⅰ】** 文章 の下線部ⓐからⓑにかけての部分および 図 より読み取れる内容だ。「判断根拠」が**【資料Ⅰ】** 図・文章 に示されており、内容も「正しい」ものである。

イ　「日本の年降水量の平均」は**【資料Ⅰ】** グラフ2 から読み取ることができる。次に「一九〇一年から一九三〇年の三〇年間より一九八一年から二〇一〇年の三〇年間の方が多く」という内容を確認しよう。グラフ2 は「1981—2010年平均からの差」を棒グラフで示したものである。グラフの中央の横線の0＝「基準値」は「1981〜2010年の30年間の平均値」であることが、グラフの下に示されている。このグラフの1901年〜1930年に着目すると、「基準値」よりも年降水量が多い年が大半なので、1901年〜1930年の平均値が1981〜2010年よりも「多い」と判断できる。よって、イ「一九八一年から二〇一〇年の三〇年間の方が多く」は誤りであると確定できる。「判断根拠」が**【資料Ⅰ】** グラフ2 に示されており、内容が「誤っている」ものである。

1981-2010年平均＝基準値より多い年が大半

グラフ2　日本の年降水量偏差の経年変化

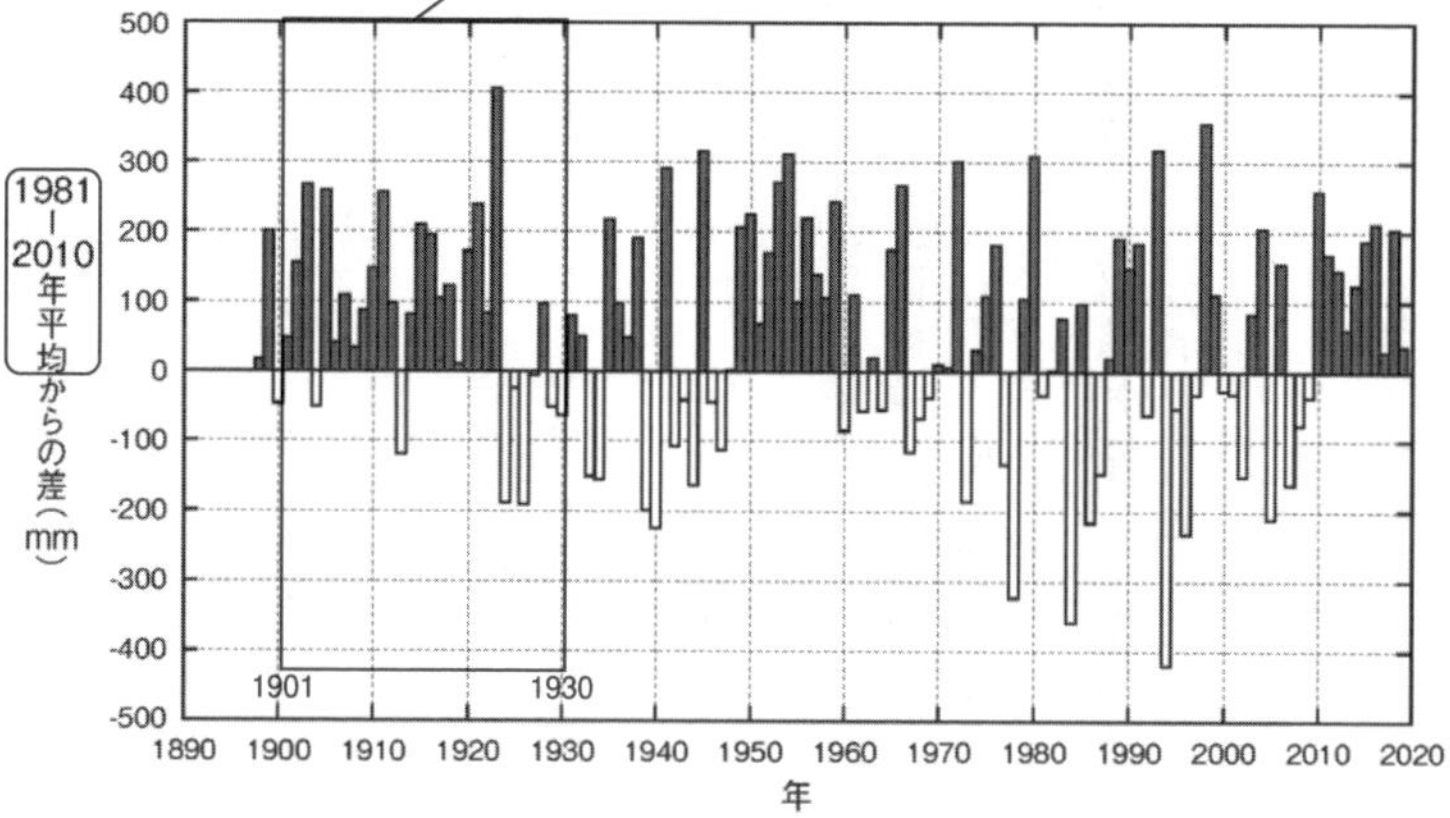

棒グラフは気象庁の観測地点のうち、国内51地点での各年の年降水量の基準値からの偏差を平均した値を示している。0を基準値とし、上側の棒グラフは基準値と比べて多いことを、下側の棒グラフは基準値と比べて少ないことを示している。基準値は1981～2010年の30年間の平均値。

ウ　「台風の発生数が平年値よりも多い年」は【資料Ⅰ】グラフ3に示されているが、「真夏日・猛暑日」のデータは【資料Ⅰ】、【資料Ⅱ】の中には示されていない。グラフ1の「年平均気温」も一年の平均のデータなので、「真夏日・猛暑日」の日数を確定できるものではない（仮に「真夏日・猛暑日」が多くても、同じ年の冬に気温が低い日が多ければ、年平均気温はさほど変わらないことになる）。ウは「真夏日・猛暑日」についての「判断根拠が示されていない」ものとして「判断できない」選択肢である。

エ　「地球温暖化に対して……緩和策だけでなく……適応策や健康増進のための対策も必要である」ことは、【資料Ⅱ】に示されている。【資料Ⅱ】では「地球温暖化の対策」を「緩和策」「適応策」「健康増進」の面から検討している。「判断根拠」が【資料Ⅱ】に示されており、内容が「正しい」ものである。

これらの判断を組み合わせたものとして、解答は③である。

注意　問2は選択肢が組み合わせになっている問題である。実際に設問を解く際には、アが「正しい」ことを確認した時点で解答が①か③に絞られ、その上でイが「誤っている」ことを確認する。さらにウが「判断できない」ことが分かれば解答は③でほぼ決まる。最後にエが「正しい」かどうかを確認することで、③が解答であることを確定する、という手順で効率的に解答することも可能である。

ただし、この設問では「判断できない」の判定基準に悩まされる人も多いのではないか。その場合は、ウの判定を保留にしてエを検討することが有効である。エは**【資料Ⅱ】**を根拠として確実に「正しい」と判定できるので、その上でウを〈「誤っている」と言いきる根拠がない〉ものとして「判断できない」と定める、これにより③を解答とする、という手順も確認しておこう。本番では、より「早く、確実に」解ける手順を採用すればよい。

問3　複数の資料を踏まえたレポートの内容と構成について問う設問

(i)　**資料を踏まえたレポートの構成について問う設問（【資料Ⅱ】・【目次】）**

❶ 設問要求をおおまかに確認する。

空欄として分析対象が明確に示されているので、**(A) 傍線部や空欄のある設問**のアプローチで解く問題である。

❷ 設問要求を分析し、「必要な情報」を判断する。

【資料Ⅱ】を踏まえた「レポートの第3章の構成」について、**【目次】**の空欄 X に入る内容が求められている。

❸ 設問の答えを資料（文章と図表）から見つけ、「正答根拠」をまとめる。

空欄 X は文章の中にあるものではないため、空欄の分析の⑴〜⑶は省略する。

⑷ 空欄に入るべき内容を確認する。

空欄 X は第3章のcの内容として設けられており、第3章のa・b・dと並列されるものが入ると分かる。**【目次】**の第3章「気候変動に対して健康のために取り組むべきこと」は**【資料Ⅱ】**の中に示されている（「**【資料Ⅱ】**を踏まえて」という設問要求もヒントになる）。

続いて**【資料Ⅱ】**より、空欄 X に入るべき内容を探す。**【目次】**の項目のa・b・dと並列されるものが解答となるので、**【資料Ⅱ】**とa・b・dの内容の対応を確認する。その上でcすなわち空欄 X に入る内容を抽出し、**「正答根拠」**としてまとめよう。「また」という並列の表現に注目するとよい。

【資料Ⅱ】

a　b

地球温暖化の対策は、これまで原因となる温室効果ガスの排出を削減する「緩和策」を中心に進められてきた。しかし、世界が早急に緩和策に取り組んだとしても、地球温暖化の進行を完全に制御することはできないと考えられている。温暖化の影響と考えられる事象が世界各地で起こる中、その影響を抑えるためには、私たちの生活・行動様式の変容や防災への投資といった被害を回避、軽減するための「適応策」が求められる。例えば、環境省は熱中症予防情報サイトを設けて、私たちが日々の生活や街中で熱中症を予防するための様々な工夫や取り組みを紹介したり、保健活動にかかわる人向けの保健指導マニュアル「熱中症環境保健マニュアル」を公開したりしている。これも暑熱に対する適応策である。また、健康影響が生じた場合、現状の保健医療体制で住民の医療ニーズに応え、健康水準を保持できるのか、そのために不足しているリソース[注1]があるとすれば何で、必要な施策は何かを特定することが望まれる。例えば、21世紀半ばに熱中症搬送者数が2倍以上となった場合、現行の救急搬送システム（救急隊員数、救急車の数等）ですべての熱中症患者を同じ水準で搬送可能なのか、受け入れる医療機関、病床、医療従事者は足りるのか、といった評価を行い、対策を立案していくことが今後求められる。（c）また緩和策と健康増進を同時に進めるコベネフィット[注2]を追求していくことも推奨される。例えば、自動車の代わりに自転車を使うことは、自動車

d

「現状の保健医療体制で住民の医療ニーズに応え、健康水準を保持できるのか、そのために不足しているリソースがあるとすれば何で、必要な施策は何かを特定すること」にあたる内容が、空欄 X に入る。さらに「生活・行動様式の変容」（a）や「防災への投資」（b）といった「適応策」とあることを踏まえると、これらと並列される内容としては〈必要な施策の特定〉を中心にするのが適切だと考えられる。

正答根拠
住民の医療ニーズに必要な施策は何かを特定すること

❹「正答根拠」と各選択肢を照合する。

③「住民の医療ニーズに応えるために必要な施策を特定すること」が最も適当である。解答は③。

①「熱中症予防情報サイトを設けて周知に努める」・②「保健活動にかかわる人向けのマニュアルを公開する」は、どちらも「適応策」である「生活・行動様式の変容」の具体例なので、cとして独立した項目になる内容ではない。④「現行の救急搬送システムの改善点を明らかにする」は「不足しているリソース」の具体例にすぎず、cとして項目化するには至らない（a・b・dと並列するものとして【目次】に記載するには具体的すぎるので不適切である）。⑤は【資料Ⅱ】で「コベネフィットを社会全体で追求していくこと」によって「期待される」こととして書かれた

内容であり、【目次】第3章のタイトルである「気候変動に対して健康のために取り組むべきこと」にはあたらないので、誤りである。

①・②・④・⑤の内容は、全て「本文に書いてあることだが、設問の答えになっていない」もので、〈設問ズレ〉の誤りである。本文（資料）に書いてある内容としては誤りを含まないが、空欄に入るべき内容になっていないので、設問の答えにはならない。

(ii) **複数の資料とレポートの内容や構成を関連づけて捉え直す力を問う設問（【目次】・【資料Ⅰ】・【資料Ⅱ】）**

❶ **設問要求をおおまかに確認する。**

この設問は「【目次】と【資料Ⅰ】【資料Ⅱ】」についての「助言の内容」を問う形で、分析対象となる箇所が空欄や傍線部のように明確に示されていないので、(B)のアプローチで解こう。

❷ **設問要求を分析し、確認すべき資料などをおさえる。**

「級友に【目次】と【資料Ⅰ】【資料Ⅱ】を示してレポートの内容や構成を説明し、助言をもらった」という設定で、その「助言の内容」について正誤の判定をすることが求められている。

それぞれの選択肢を「【目次】と【資料Ⅰ】【資料Ⅱ】」に照らし合わせながら、消去法で解答する。「誤りがあるもの」を選ぶ設問なので、△を使いつつ、確実に罪の重い誤りを解答として定める。

【目次】は【資料Ⅰ】【資料Ⅱ】を踏まえてひかるさんが作成したものであり、「気候変動が健康に影響を与えること」に関連した内容であることをおさえておく。

❸ **各選択肢と対応する情報を照合する。**

②「大気汚染物質による感染症の発生リスクの増加」が、〈因果関係のズレ〉による誤りである。【目次】の第1章は「気候変動が私たちの健康に与える影響」を示したものであり、内容としては【資料Ⅰ】の文章と図に対応するものだ。【資料Ⅰ】の文章の下線部ⓒおよび、ⓓを含む一文より、「感染症の発生リスクの増加」という「健康への影響」をもたらす原因となる「気候変動」は「気温の上昇」と「極端な気象現象の増加」である。さらに、図によると「大気汚染物質」がもたらす影響として示されているのは「心血管疾患死亡・呼吸疾患死亡リスクの増加」であることから、「大気汚染物質による感染症の発生リスクの増加」は誤りである。解答は②。

①テーマの「対策」の対象が「健康」なのか「気候変動」なのかが不明瞭である、という指摘であり、適切である。「対策」の対象が「明確になるように表現すべき」という助言の内容も適切なものである。

③ひかるさんが【目次】の第2章で挙げているデータは【資料Ⅰ】のグラフ1・グラフ2・グラフ3のことで、全て「気候変動に関するデータ」であり、「感染症や熱中症の発生状況の推移がわかるデータ」が存在していない。「気候変動と健康という

テーマで論じるなら」、感染症や熱中症といった健康についてのデータもあった方がいい、という助言は適切である。

④「気候変動が健康に与えるリスク」を取り上げるならば、その「前提」として「気候変動が起きている」ことを示すべきという論の展開に関する助言である。第1章が「気候変動が私たちの健康に与える影響」、第2章が「データによる気候変動の実態」なので、「入れ替えた方が、流れがよくなる」という指摘は適切なものである。

⑤**【目次】**の「第1章から第3章」の内容はいずれも**【資料Ⅰ】【資料Ⅱ】**の内容をそのまま紹介するものになっており、「ひかるさんなりの考察」を述べる項目がないので、これも助言として適切なものである。

チャレンジテスト（実用的文章）

第8問

問題　別冊88ページ

【レポート】（文章）、【資料Ⅰ】（図表を含む資料）、【資料Ⅱ】（文章）、【資料Ⅲ】（図表を含む文章）からなる複数資料。

解答と配点

問1	②	4点
問2	③	3点
問3	③	3点
問4	②・④	各5点
		20点

本文解説

日本語の独特な言葉遣いに関するレポートを作成する言語活動。

【レポート】「言葉遣いへの自覚」という題で、日本語の独特な言葉遣いについて調べた内容に基づくヒロミさんの考えをまとめたもの。日本語における「役割語」のあり方を検討している。

【資料Ⅰ】「性別による言葉遣いの違い」について、言葉遣いに関する世論調査の結果（グラフ）を示したもの。

【資料Ⅱ】【資料Ⅲ】「役割語」について説明した文章。**【資料Ⅱ】**は「役割語の定義」とその例を挙げたもの。**【資料Ⅲ】**は「役割語の習得時期」とその習得の仕方について、例を挙げつつ説明したもの。

設問解説

・リード文とタイトルの確認

【レポート】（リード文）「言葉遣いへの自覚」（「日本語の独特な言葉遣いについて」調べたことと自分の考えをまとめたもの）

【資料Ⅰ】　性別による言葉遣いの違い
【資料Ⅱ】　役割語の定義
【資料Ⅲ】　役割語の習得時期
→ **【レポート】**に引用するためのもの

問1　レポートを踏まえた図表の理解を問う設問（【レポート】・【資料Ⅰ】）

❶ 設問要求をおおまかに確認する。

空欄 X が分析対象として示されていることから、(A) のアプローチで解いていこう。

❷ 設問要求を分析し、「必要な情報」を判断する。

【レポート】の空欄 X に入るべき内容として「**【レポート】**の展開を踏まえた**【資料Ⅰ】**の説明」が求められている。**【レポート】**と**【資料Ⅰ】**の二つの資料を統合して判断する必要があることを把握しておこう。

❸ 設問の答えを資料（文章と図表）から見つけ、「正答根拠」をまとめる。

(1) 空欄を含む「一文全体」を確認する。

一方、[X]にも着目すると、男女の言葉遣いの違いを認識しているものの、女性らしいとされていた言葉遣いがあまり用いられず、逆に男性らしいとされる言葉遣いをしている女性も少なからず存在することが分かる。

(2) 文の構造（主部と述部・指示語・接続表現）と〈言い換えが必要な言葉〉を確認する。

空欄直前の「一方」が、前文の「性差によって言葉遣いがはっきり分かれている」を受けていることをおさえる。

さらに、[X]に入るべき内容が、[X]に「着目する」ことで「分かる」と述べられている「男女の言葉遣いの違いを認識しているものの、女性らしいとされていた言葉遣いがあまり用いられず、逆に男性らしいとされる言葉遣いをしている女性も少なからず存在すること」であることを確認しておく。

〈言い換えが必要な言葉〉はないため、**(3)**は省略する。

(4) 空欄に入るべき内容を確認する。

(1)(2)より、**【資料Ⅰ】**から「男女の言葉遣いの違いを認識しているものの、女性らしいとされていた言葉遣いがあまり用いられず、逆に男性らしいとされる言葉遣いをしている女性も少なからず存在すること」を示す内容を見つける必要がある。

先に述べたように**【レポート】**と**【資料Ⅰ】**の二つの資料が分析対象なので、この二つを確認していく。

まず、**【レポート】**を参考にしながら**【資料Ⅰ】**の内容を確認しよう。**【資料Ⅰ】**全体は「性別による言葉遣いの違い」を示すもので、質問1と質問2の二項目がある。

質問1は、**【レポート】**より「男女の言葉遣いは同じでないと思っている人の割合」（七割以上）を示す。

質問2①は**【レポート】**より「このバスに乗ればいいのよね？」が「女の子の話し方として」、「このカレーライスうまいね！」が「男の子の話し方として」認識されていることを示す。

そして質問2②「次のようなことばづかいはしますか？」という項目が、[X]に入るべき内容である「女性らしいとされていた言葉遣いがあまり用いられず、逆に男性らしいとされる言葉遣いをしている女性も少なからず存在すること」を示すものであり、**問1**の解答に必要な情報である。

さらに**【資料Ⅰ】**質問2②のデータについて、次のA・Bの二点の内容を解釈する必要がある。

A　女性らしいとされていた言葉遣いがあまり用いられない

B　男性らしいとされる言葉遣いをしている女性も少なからず存在する

Aは「女の子の話し方として」認識されている「このバスに乗ればいいのよね？」の「女子」の回答結果が「する」31・6％、「しない」59・8％であること、Bは「男の子の話し方として」認識されている「このカレーライスうまいね！」の「女子」の回答結果が「する」33・5％であることから解釈することができる。

ここで**【レポート】**と**【資料Ⅰ】**質問2②の内容を統合して**「正答根拠」**をまとめる。

正答根拠

A **【レポート】**

「女性らしいとされていた言葉遣いがあまり用いられず」

【資料Ⅰ】質問2②

（「女の子の話し方として」認識されている）「このバスに乗ればいいのよね？」ということばづかいを「する」女子が31・6％、「しない」女子が59・8％

B **【レポート】**

「男性らしいとされる言葉遣いをしている女性も少なからず存在する」

【資料Ⅰ】質問2②

（「男の子の話し方として」認識されている）「このカレーライスうまいね！」ということばづかいを「する」女子が33・5％

❹「正答根拠」と各選択肢を照合する。

「正答根拠」を適切に説明しているものが解答となる。それぞれの選択肢を確認していこう。

① 「このバスに乗ればいいのよね？」を使わない女子は六割近くにのぼり、「このカレーライスうまいね！」を使わない男子は二割を超えていること

A○　B×「使う」女子の存在を示していない

② 「このバスに乗ればいいのよね？」を使う女子は三割程度にとどまり、「このカレーライスうまいね！」を使う女子は三割を超えていること

A○　B○

③ 「このバスに乗ればいいのよね？」を使わない女子は六割近くにのぼり、「このカレーライスうまいね！」を使わない男女は四割近くにのぼること

A○　B×「使う」女子の存在を示していない

④ 「このバスに乗ればいいのよね？」を使わない女子は六割近くにのぼり、「このカレーライスうまいね！」を使うか分からないという女子は一割程度にとどまっていること

A○　B×「使う」女子の存在を示していない

⑤「このバスに乗ればいいのよね?」を使う女子は三割程度にとどまり、「このカレーライスうまいね!」を男女どちらが使ってもいいと考える人は三割近くにのぼること

A○

B×「使う」女子の存在を示していない

②の「このバスに乗ればいいのよね」を「使う女子」が「三割程度にとどまり」は「女性らしいとされていた言葉遣いがあまり用いられず」を踏まえている(「三割程度にとどまり」=「あまり用いられず」)。さらに「このカレーライスうまいね!」を「使う女子」が「三割を超えている」は「少なからず存在する」ことを示しているので、解答は②である。

この設問で重要なのは、グラフの内容としてはどれも適当である、という点である。グラフの読み取りとして適当であっても、設問で問われていることの答えになっていなければ、解答にはなりえない。**〈設問ズレ〉**による誤りとなる。[X]に入る内容として、A・Bの二点を説明するものでなければならないことに注意して選択肢を判断する必要がある。

問2 レポートを踏まえた複数の資料の理解を問う設問(【レポート】・【資料Ⅱ】・【資料Ⅲ】)

❶ 設問要求をおおまかに確認する。

空欄[Y]が分析対象として示されていることから、**(A)**のアプローチで解いていこう。

❷ 設問要求を分析し、「必要な情報」を判断する。

【レポート】の空欄[Y]に入るべき内容として「**【資料Ⅱ】**及び**【資料Ⅲ】**の要約」が求められている。**【レポート】**と**【資料Ⅱ】【資料Ⅲ】**の三つの資料を統合して判断する必要があることを把握しておく。

❸ 設問の答えを資料(文章と図表)から見つけ、「正答根拠」をまとめる。

(1) **空欄を含む「一文全体」を確認する。**

これらの資料によれば、言葉遣いの違いは性別によるとはかぎらない、そして、[Y]ということである。

(2) **文の構造(主部と述部・指示語・接続表現)と〈言い換えが必要な言葉〉を確認する。**

指示語「これらの資料」の指示内容を確認する必要がある。

(3) **〈言い換えが必要な言葉〉を言い換えて、文の意味内容を確認する。**

「これらの資料」の指示内容は**【資料Ⅱ】【資料Ⅲ】**の「役割語」についてのものである。さらに「言葉遣いの違い」が「性別によるとはかぎらない、そして、[Y]ということである。」という文脈を把握しておく。

空欄の後ろの文に「このような役割語は」という表現があることにも着目しておこう。

(4) 空欄 Y に入るべき内容を確認する。

空欄［Y］に入るのは「【資料Ⅱ】及び【資料Ⅲ】の要約」である。【資料Ⅱ】【資料Ⅲ】はいずれも「役割語」に関する資料であり、(3)で示した通り、［Y］には「このような役割語」についての内容が入ることが改めて確認できる。

「要約」が問われているので、まず、【資料Ⅱ】【資料Ⅲ】それぞれの中心的内容を抽出する。

【資料Ⅱ】では「役割語の定義」として「特定の人物像（年齢、性別、職業、階層、時代、容姿・風貌、性格等）」と結びついた「言葉遣い」、すなわち「特定の話し方あるいは言葉遣いと特定の人物像（キャラクタ）との心理的な連合」だと説明されている。

【資料Ⅲ】では「役割語の習得時期」（＝「言葉遣いの違い」を知る時期）について、五歳児は役割語の認識がほぼ完璧であったという実験結果を紹介した上で、「幼児が日常的に触れる絵本やアニメ作品等」に「役割語の例」が多いと述べている。「役割語の習得時期」は幼児期だというのが中心的内容である。

これらの内容を「【資料Ⅱ】及び【資料Ⅲ】の要約」としてまとめ、「正答根拠」とする。

正答根拠

【資料Ⅱ】の要約

「役割語」とは「特定の言葉遣い」と「特定の人物像」との心理的な結びつきをもたらすものである。

【資料Ⅲ】の要約

日本語話者は、絵本やテレビなどの作品の受容を通して、「幼児」の頃から役割語の知識を受け入れている。

4 「正答根拠」と各選択肢を照合する。

③「年齢や職業、性格といった話し手の人物像に関する情報と結びつけられた言葉遣いを役割語と呼び」は【資料Ⅱ】の内容と合致する。「私たちはそうした言葉遣いを幼児期から絵本やアニメ等の登場人物の話し方を通して学んでいる」は【資料Ⅲ】の内容を踏まえている。また［Y］を含む一文の前半と「そして」で接続される内容としても、「言葉遣いの違い」をもたらすものの説明であることから適当である。解答は③である。

①は【資料Ⅲ】の内容としては適当だが、【資料Ⅱ】の「役割語の定義」を踏まえていない。「【資料Ⅱ】及び【資料Ⅲ】の要約」という設問要求を満たさないため、不適当。②は【資料Ⅲ】の「役割語の習得時期」を踏まえていない。また「役割語」が「日本語の言葉遣いの特徴を端的に示した概念」であるとはどこにも述べられていないので、内容の面でも誤り。④は【資料Ⅱ】の内容としては適当だが、【資料Ⅲ】を踏まえていない。①・②と同様に設問要求を満たさないため、誤りである。⑤は「成長の過程で理性的な判断によってそのイメージは変えられる」がどこにも述べられていない内容であり、誤り。

問3　レポートを踏まえて、複数の資料の内容や構成を捉え直す力を問う設問（【レポート】・【資料Ⅱ】・【資料Ⅲ】）

❶ 設問要求をおおまかに確認する。

空欄 Z が分析対象として示されていることから、（A）のアプローチで解いていこう。

❷ 設問要求を分析し、「必要な情報」を判断する。

【レポート】の空欄 Z に入るべき「役割語の例」として「適当でないもの」を判断することが求められている。「例」を検討するためには、〈その「例」が説明しているものが何か〉を捉えることが必要であることから、**【資料Ⅱ】**の「役割語の定義」を参照する必要があることを把握しておく。

❸ 設問の答えを資料（文章と図表）から見つけ、「正答根拠」をまとめる。

空欄 Z は一文の全体であるので、空欄の分析の(1)～(3)は省略する。

(4)　空欄に入るべき内容を確認する。

まず、空欄 Z の前後を確認する。

> それでは、現実の世界ではどうだろうか。私たちの身近にある例を次にいくつか挙げてみよう。
>
> Z
>
> 以上のように、私たちの周りには多くの役割語があふれている。

空欄の後ろの「以上のように」から、Z には「私たちの周りに」「あふれている」「多くの役割語」の例が入ることが分かる。さらに空欄の前からも「現実の世界」の「私たちの身近にある例」としての「役割語の例」が入ることをおさえておく。「役割語が効率的にキャラクタを描き分けることによって、それぞれのイメージを読者に伝えることができる。その一方で、キャラクタのイメージがワンパターンに陥ってしまうこともある」という点について、「現実の世界ではどうだろうか」と続いているので、Z に入るべき内容は〈役割語が特定のキャラクタ（人物像）を伝える例〉であると判断できる。

続いて**【資料Ⅱ】**より「役割語の定義」をおさえることで「役割語の例」として必要な条件を確認しておく。**問2**で読み取ったように「役割語」とは〈「特定の言葉遣い」と「特定の人物像」との心理的な結びつきをもたらすもの〉なので、「役割語の例」として適当なのは、「特定の言葉遣い」と「特定の人物像」が結びついているものである。

注意 この設問で問われているのは「現実の世界」の「私たちの身近にある例」としての「役割語の例」なので、**【資料Ⅱ】【資料Ⅲ】**で述べられている「役割語の例」はあくまで参考に留めておけばよい（詳細に分析する必要はない）。**選択肢の表現が「例」として適当かどうかを判断する**ことが求められていることを意識しておこう。

以上の内容に基づき、「役割語の例」を判断するための条件を**「正答根拠」**としてまとめておく。

正答根拠
「役割語の例」を判断するための条件
【レポート】…「私たちの周りに」「あふれている」「多くの役割語」であること
【資料Ⅱ】…「特定の言葉遣い」と「特定の人物像」が結びついているものであること

❹「正答根拠」と各選択肢を照合する。

①「敬語」と「くだけた」言葉遣いで人物像の印象が異なる、という内容である。「他人の目を意識して」「話し方を変える」のは、相手が思い浮かべる人物像と「話し方」が結びついているからであり、「役割語」の例として適当である。

②「一般的に男性が用いる……一人称代名詞」を女性が用いるのは、その一人称と特定の人物像（の性別）が結びついているからであり、適当な例である。

③「不自然な方言」と「自然な方言」を比較して後者の方が「好まれる」のは、話し方の好みの例であり、「方言」という特定の話し方と人物像が結びついているわけではない。「役割語」によって「特定の人物像」を伝える例ではないので、「適当でないもの」として解答は③である。

④「コミュニケーション」において「人物像」を「使い分ける」のは、話し方と特定の人物像が結びついているから可能になることであり、適当な例である。

⑤「外国人男性選手の言葉」が「男性言葉をことさら強調して翻訳される」のは、「男性言葉」に特定の（たとえば強そうな人間であるという）人物像が結びついているからであると考えることができる。適当な例である。

注意 先にも述べた通り、この設問では、選択肢の表現が「例」として適当かどうかを判断することが求められている。「例」を判断するための「条件」がおさえられていれば、あとは選択肢の表現を分析する形で消去法を用いて解いてもよい。より「早く、確実に」解くことを心がけよう。

問4　レポートの内容や構成について応用的・発展的に考える力を問う設問（【レポート】・【資料Ⅰ】・【資料Ⅱ】・【資料Ⅲ】）

❶ 設問要求をおおまかに確認する。

この設問は空欄や傍線部といった形で分析すべき箇所が明確に示されていないので、**（B）**のアプローチで解いていこう。

❷ 設問要求を分析し、確認すべき資料などをおさえる。

「【レポート】の主張をより理解してもらうため」に補足するべき「論拠」が求められている。

まず【レポート】について、ヒロミさんの「主張」を見つけることが必要である。【レポート】のタイトルが「言葉遣いへの自覚」であることから、【レポート】末尾の「役割語の性質を理解したうえで、フィクションとして楽しんだり、時と場所によって用いるかどうかを判断したりするなど、自らの言葉遣いについても自覚的でありたい」というのがヒロミさんの「主張」であると判断できる。

【資料Ⅰ】～【資料Ⅲ】が「【レポート】に引用するため」のものとして示されていることから、【資料Ⅰ】～【資料Ⅲ】が【レポート】に書かれたヒロミさんの主張の「論拠」であることをおさえておく。（その上で、さらなる「補足」となる「論拠」として適当なものを選択肢から考える、という設問である。）

❸ 各選択肢と対応する情報を照合する。

選択肢の内容について、ヒロミさんの「主張」の「論拠」として適当であるかを解釈していき、消去法を用いて解答を確定する。

① 「日本語における役割語では語彙や語法より音声的な要素が重要である」という内容は述べられていない。【資料Ⅲ】に「語彙・語法的な指標と音声的な指標のどちらが効いていたかはこれからの検討課題である」とあることから、どちらが「重要である」かは確定されていないことが分かるので、誤りである。

② 「一人称代名詞の使い分け」によって「具体的な人物像を想起させることができる」という説明は、【資料Ⅱ】【資料Ⅲ】に示されている「役割語」の説明と合致する。さらに「一人称代名詞の使い分け」が「人物像」を「想起させる」ので、「自らの言葉遣いについても」その与える人物像も含めて「自覚的でありたい」というヒロミさんの「主張」の論拠としても適当である。よって、これが一つ目の解答である。

③ 「役割語の多くが江戸時代の言葉を反映していること」は、【レポート】【資料】どちらにも述べられておらず、誤りである。

④ 「役割語と性別、年齢、仕事の種類、見た目などのイメージとがつながりやすいこと」は「特定の人物像」を想起させる「役割語」の説明として適当である。「役割語を用いることは人間関係において個性を固定化してしまう」は【レポート】の「キャラクタのイメージがワンパターンに陥ってしまう」を言い換えたものであり、「不用意に」使うのではなく「時と場所によって用いるかどうかを判断したりするなど……自覚的でありたい」という「主張」の論拠としても適当である。これが二つ目の解答である。

⑤ 「この時期の幼児教育には子どもの語彙を豊かにする可能性がある」とは【レポート】【資料】どちらにも述べられていない。【資料Ⅲ】で「役割語の習得時期」は「幼児」の頃だと説明されているが、あくまで「役割語認識の発達」についての説明であり、「語彙」の豊かさとは無関係である。

⑥ 「役割語であると認識されてはいても実際の場面ではあまり用いられないという役割語使用の実情」は、【資料Ⅰ】質問2

②で示されているデータから判断することができるが、「このカレーライスうまいね！」という「男の子の話し方」をする男子が七割程度いることから「あまり用いられない」とはいえず、不適当である。さらに「役割語の数が将来減少してしまう可能性があるということ」は**【レポート】【資料】**どちらにもない内容であり、ヒロミさんの「主張」の論拠としても不適当である（役割語の数が将来減少してしまう可能性があるから「自らの言葉遣いについても自覚的でありたい」と主張しているわけではない）。

よって、解答は②・④である。

別　冊

大学入学

共通テスト

現代文 集中講義

改訂版

旺文社

もくじ

チャレンジテスト

チャレンジテスト（論理的文章）

第1問

解答・解説　本冊150ページ

センター試験（本試験）

❖次の文章を読んで、後の問い（問1〜6）に答えよ。なお、設問の都合で本文の段落に 1 〜 19 の番号を付してある。

1 「これから話す内容をどの程度理解できたか、後でテストをする」

2 授業の冒頭でこう宣言されたら、受講者のほとんどは授業内容の暗記をこころがけるだろう。後でテストされるのだ、内容をちゃんと憶《おぼ》えられたか否かで成績が評価されるのである。こうした事態に対応して、私たちは憶えやすく整理してノートを取る、用語を頭の中で繰り返し唱える、など、暗記に向けた聴き方へと、授業の聴き方を違える。これは学習や教育の場のデザインのひとつの素朴な例である。

3 講義とは何か。大きな四角い部屋の空気のふるえである。または教室の前に立った、そしてたまにうろつく教師のモノローグ（注1）である。またはごくたまには、目前の問題解決のヒントとなる知恵である。講義の語りの部分にだけ注目してみても、以上のような多様な捉え方が可能である。世界は多義的でその意味と価値はたくさんの解釈に開かれている。世界の意味と価値は一意に定まらない。A講義というような、学生には日常的なものでさえ、素朴に不変な実在とは言いにくい。考えごとをしているものにとっては空気のふるえにすぎず、また誰かにとっては暗記の対象となるだろう。

4 冒頭の授業者の宣言は授業の意味を変える。すなわち授業のもつ多義性をしぼり込む。空気のふるえや、教師のモノローグを、学生にとっての「記憶すべき一連の知識」として設定する作用をもつ。授業者の教授上の意図的な工夫、または意図せぬ文脈の設定で、その場のひとやモノや課題の間の関係は変化する。ひとのふるまいが変化することもある。呼応した価値を共有する受講者、つまりこの講義の単位を取りたいと思っている者は、聞き流したり興味のある箇所だけノートしたりするのでなく、後の評価に対応するためまんべんなく記憶することにつとめるだろう。

5 本書(注2)ではこれまで、さまざまなフィールドのデザインについて言及してきた。ここで、本書で用いてきたデザインという語についてまとめてみよう。一般にデザインということばは、ある目的を持って(ア)イショウ・考案・立案すること、つまり意図的に形づくること、と、その形づくられた構造を意味する。これまで私たちはこのことばを拡張した意味に用いてきた。ものの形ではなく、ひとのふるまいと世界のあらわれについて用いてきた。

6 こうした意味でのデザインをどう定義するか。デザインを人工物とひとのふるまいの関係として表した新しい古典、ノーマン(注3)の『誰のためのデザイン』の中を探してみても、特に定義は見つからない。ここではその説明を試みることで、私たちがデザインという概念をどう捉えようとしているのかを示そうと思う。

7 辞書によれば「デザイン」のラテン語の語源は〝de signare〟つまり〝to mark〟、印を刻むことだという。人間は与えられた環境をそのまま生きることをしなかった。自分たちが生きやすいように自然環境に印を刻み込み、自然を少しずつ文明に近づけていったと考えられる。それは大地に並べた石で土地を区分することや、太陽の高さで時間の流れを区分することなど、広く捉えれば今ある現実に「人間が手を加えること」だと考えられる。

8 私たちはこうした自分たちの活動のための環境の改変を、人間の何よりの特徴だと考える。そしてこうした環境の加工を、デザインということばで表そうと思う。デザインすることはまわりの世界を「人工物化」することだと言いかえてみたい。自然を人工物化したり、そうした人工物を再人工物化したりということを、私たちは繰り返してきたのだ。英語の辞書にはこのことを表すのに適切だと思われる〝artificialize〟という単語を見つけることができる。アーティフィシャルな、つまりひとの手の加わったものにするという意味である。

9 デザインすることは今ある秩序（または無秩序）を変化させる。現行の秩序を別の秩序に変え、異なる意味や価値を与える。例えば本にページ番号をふることで、本には新しい秩序が生まれる。それは任意の位置にアクセス可能である、という、ページ番号をふる以前にはなかった秩序である。この小さな工夫が本という人工物の性質を大きく変える。他にも、

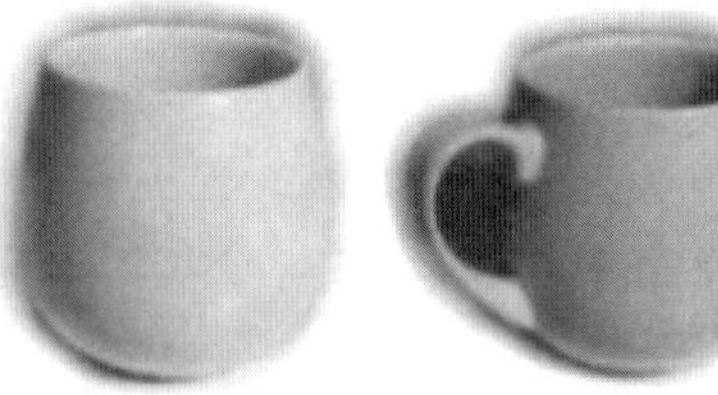

図1　持ち手をつけたことでのアフォーダンスの変化

図2　アフォーダンスの変化による行為の可能性の変化

一日の時の流れを二四分割すること、地名をつけて地図を作り番地をふること、などがこの例である。こうした工夫によって現実は人工物化／再人工物化され、これまでとは異なった秩序として私たちに知覚されるようになる。冒頭の例では、講義というものの意味が再編成され、「記憶すべき知識群」という新しい秩序をもつことになったのである。

10　今とは異なるデザインを共有するものは、今ある現実の別のバージョンを知覚することになる。あるモノ・コトに手を加え、新たに人工物化し直すこと、つまりデザインすることで、世界の意味は違って見える。例えば、B図1のように、湯飲み茶碗《ちゃわん》に持ち手をつけると珈琲《コーヒー》カップになり、指に引っ掛けて持つことができるようになる。このことでモノから見て取れるモノの扱い方の可能性、つまりアフォーダンスの情報が変化する。

11　モノはその物理的なたたずまいの中に、モノ自身の扱い方の情報を含んでいる、というのがアフォーダンスの考え方である。鉛筆なら「つまむ」という情報が、バットなら「にぎる」という情報が、モノ自身から使用者に供される（アフォードされる）。バットをつまむのは、バットの形と大きさを一見するだけで無理だろう。鉛筆をにぎったら、突き刺すのには向くが書く用途には向かなくなってしまう。

12　こうしたモノの物理的な形状の変化はひとのふるまいの変化につながる。持ち手がついたことで、両手の指に一個ずつ引っ掛けるといっぺんに十個のカップを運べる。

13　ふるまいの変化はこころの変化につながる。たくさんあるカップを片手にひとつずつ、ひと時に二個ずつ片付けているウェイターを見たら、雇い主はいらいらするに違いない。持ち手をつけることで、カップの可搬性が変化する。ウェイターにとってのカップの可搬性は、持ち手をつける前と後では異なる。もっとたくさんひと時に運べるそのことは、ウェイターだけでなく雇い主にも同時に知覚可能な現実である。ただ単に可搬性にだけ変化があっただけではない。これらの「容器に関してひとびとが知覚可能な現実」そのものが変化しているのである。

14 ここで本書の内容にかなったデザインの定義を試みると、デザインとは「対象に異なる秩序を与えること」と言える。デザインには、物理的な変化が、アフォーダンスの変化が、ふるまいの変化が、こころの変化が、現実の変化が伴う。例えば私たちははき物をデザインしてきた。裸足《はだし》では、ガレ場(注4)、熱い砂、ガラスの破片がちらばった床、は怪我《けが》をアフォードする危険地帯で(イ)フみ込めない。はき物はその知覚可能な現実を変える。私たち現代人の足の裏は、炎天下の浜辺の(ウ)カワいた砂の温度に耐えられない。これは人間というハードウェアの性能の限界であり、いわばどうしようもない運命である。その運命を百円のビーチサンダルがまったく変える。自然の(エ)セツリが創り上げた運命をこんな簡単な工夫が乗り越えてしまう。はき物が、自転車が、電話が、電子メールが、私たちの知覚可能な現実を変化させ続けていることは、その当たり前の便利さを失ってみれば身にしみて理解されることである。そしてまたその現実が、相互反映的にまた異なる人工物を日々生み出していることも。

15 私たちの住まう現実は、価値中立的な環境ではない。文化から生み出され歴史的に(オ)センレンされてきた人工物に媒介された、文化的意味と価値に満ちた世界を生きている。それは意味や価値が一意に定まったレディメイドな世界ではない。文化や人工物の利用可能性や、文化的実践によって変化する、自分たちの身の丈に合わせてあつらえられた私たちのオーダーメイドな現実である。人間の文化と歴史を眺めてみれば、人間はいわば人間が「デザインした現実」を知覚し、生きてきたといえる。Cこのことは人間を記述し理解していく上で、大変重要なことだと思われる。

16 さてここで、あるモノ・コトのデザインによって変化した行為を「行為′（こういダッシュ）」と呼ぶこととする。これまでとは異なる現実が知覚されているのである。もはやそこは、このデザイン以前と同じくふるまえるような同じ現実ではないのである。そうした現実に対応した行為にはダッシュをふってみよう。例えば、前後の内容を読んで、本の中から読みかけの箇所を探す時の「記憶」・「想起」と、ページ番号を憶えていて探し出す時の「記憶」とでは、その行いの結果は同じだがプロセスはまったく異なる。読み手から見た作業の内容、掛かる時間や手間はページ番号の有無でまったく異なる。読みさしの場所の素朴な探し出しが昔ながらの「記憶」活動ならば、ページ番号という人工物に助けられた活動は「記′憶（きおくダッシュ）」活動ということだ。台所でコップを割ってしまったが、台所ブーツをはいているので破片を恐れずに歩くのは、もうそれまでの歩行とは違う「歩′行」。「今日話す内容をテストする」、と言われた時の受講者の記憶は「記′憶」。人工物化された（アーティフィシァライズされた）新たな環境にふるまう時、私たちのふるまいはもはや単なるふるまいではなく、「デザインされた現実」へのふるまいである。

17 買い物の際の暗算、小学生の百マス計算での足し算、そろばんを使った足し算、表計算ソフトでの集計、これらは同じ計算でありながらも行為者から見た課題のありさまが違う。それは「足し算′」だったり「足し算″」だったり「足し算‴」……する。ただし、これはどこかに無印（むじるし）の行為、つまりもともとの原行為とでも呼べる行為があることを意味しない。原行為も、文化歴史的に設《しつら》えられてきたデフォルト(注5)の環境デザインに対応した、やはり「行′為」であったのだと考える。ページ番号がふられていない本にしても、それ以前のテキストの形態である巻き物から比べれば、読みさしの箇所の特定はたやすいだろう。人間になまの現実はなく、すべて自分たちでつくったと考えれば、すべての人間の行為は人工物とセットになった「行′為」だといえるだろう。

18 人間は環境を徹底的にデザインし続け、これからもし続けるだろう。動物にとっての環境とは決定的に異なる「環′境（かんきょうダッシュ）」を生きている。それが人間の基本的条件だと考える。ちなみに、心理学が批判されてきた／されているポイントは主にこのことの無自覚だと思われる。心理学実験室での「記′憶（きおくダッシュ）」を人間の本来の「記憶（むじるしきおく）」と定めた無自覚さが批判されているのである。

19 D「心′理学（しんりダッシュがく）」の必要性を指摘しておきたい。人間の、現実をデザインするという特質が、人間にとって本質的で基本的な条件だと思われるからである。人間性は、社会文化と不可分のセットで成り立っており、ヴィゴツキー(注6)

が主張する通り私たちの精神は道具に媒介されているのである。したがって、「原心理」なるものは想定できず、これまで心理学が対象としてきた私たちのこころの現象は、文化歴史的条件と不可分の一体である「心′理学」として再記述されていくであろう。この「心′理学」は、つまり「文化心理学」のことである。文化心理学では、人間を文化と深く入り交じった集合体の一部であると捉える。この人間の基本的条件が理解された後、やがて「′」は記載の必要がなくなるものだと思われる。

（有元典文《ありもとのりふみ》・岡部大介《おかべだいすけ》『デザインド・リアリティ——集合的達成の心理学』による）

（注）
1　モノローグ——独り言。一人芝居。
2　本書ではこれまで、さまざまなフィールドのデザインについて言及してきた。——本文より前のところで、コスプレや同人誌など現代日本のサブカルチャーが事例としてあげられていたことを受けている。
3　ノーマン——ドナルド・ノーマン（一九三五〜　）。アメリカの認知科学者。
4　ガレ場——岩石がごろごろ転がっている急斜面。
5　デフォルト——もともとそうなっていること。初期設定。
6　ヴィゴツキー——レフ・ヴィゴツキー（一八九六〜一九三四）。旧ソ連の心理学者。

問1　傍線部(ア)〜(オ)に相当する漢字を含むものを、次の各群の①〜⑤のうちから、それぞれ一つずつ選べ。

(ア)　イショウ
①　コウショウな趣味を持つ
②　演劇界のキョショウに会う
③　出演料のコウショウをする
④　課長にショウカクする
⑤　戸籍ショウホンを取り寄せる

(イ)　フみ
①　株価がキュウトウする
②　役所で不動産をトウキする
③　前例をトウシュウする
④　ろくろでトウキをつくる
⑤　飛行機にトウジョウする

(ウ)　カワいた
①　渋滞をカンワする
②　新入生をカンゲイする
③　難題にカカンに挑む
④　浅瀬をカンタクする
⑤　カンデンチを買う

(エ)　セツリ
①　電線をセツダンする
②　予算のセッショウをする
③　セットウの罪に問われる
④　セツジョクをはたす
⑤　栄養をセッシュする

(オ)　センレン
①　センリツにのせて歌う
②　センジョウして汚れを落とす
③　利益をドクセンする
④　言葉のヘンセンを調べる
⑤　センスイカンに乗る

問2　傍線部A「講義というような、学生には日常的なものでさえ、素朴に不変な実在とは言いにくい。」とあるが、それはなぜか。その理由の説明として最も適当なものを、次の①～⑤のうちから一つ選べ。

① ありふれた講義形式の授業でも、授業者の冒頭の宣言によって学生が授業内容の暗記をこころがけていくように、学習の場における受講者の目的意識と態度は、授業者の働きかけによって容易に変化していくものであるから。

② ありふれた講義形式の授業でも、授業者の冒頭の宣言がなければ学生にとっての授業の捉え方がさまざまに異なるように、私たちの理解する世界は、その解釈が多様な可能性をもっており、一つに固定されたものではないから。

③ ありふれた講義形式の授業でも、授業者の冒頭の宣言がなければ学生の授業の聴き方は一人ひとり異なるように、授業者の教授上の意図的な工夫は、学生の学習効果に大きな影響を与えていくものであるから。

④ ありふれた講義形式の授業でも、授業者の冒頭の宣言がなければ学生にとって授業の目的が明確には意識されないように、私たちを取り巻く環境は、多義性を絞り込まれることによって初めて有益な存在となるものであるから。

⑤ ありふれた講義形式の授業でも、授業者の冒頭の宣言によって学生のふるまいが大きく変わってしまうように、特定の場におけるひとやモノや課題の間の関係は、常に変化していき、再現できるものではないから。

問3　傍線部B「図1のように」とあるが、次に示すのは、四人の生徒が本文を読んだ後に図1と図2について話している場面である。本文の内容をふまえて、空欄に入る最も適当なものを、後の①〜⑤のうちから一つ選べ。

生徒A——たしかに湯飲み茶碗に図1のように持ち手をつければ、珈琲カップとして使うことができるようになるね。

生徒B——それだけじゃなく、湯飲み茶碗では運ぶときに重ねるしかないけど、持ち手があれば図2みたいに指を引っ掛けて持つことができるから、一度にたくさん運べるよ。

生徒C——それに、湯飲み茶碗は両手で支えて持ち運ぶけど、持ち手があれば片手でも運べるね。

生徒D——でも、湯飲み茶碗を片手で持つこともできるし、一度にたくさん運ぶ必要がなければ珈琲カップを両手で支えて持つことだってできるじゃない。

生徒B——なるほど。指で引っ掛けて運べるようになったからといって、たとえウェイターであっても、常に図2のような運び方をするとは限らないね。

生徒A——では、デザインを変えたら、変える前と違った扱いをしなきゃいけないわけではないってことか。

生徒C——それじゃ、デザインを変えたら扱い方を必ず変えなければならないということではなくて、［　　　］ということになるのかな。

生徒D——そうか、それが、「今とは異なるデザインを共有する」ことによって、「今ある現実の別のバージョンを知覚することになる」ってことなんだ。

生徒C——まさにそのとおりだね。

① どう扱うかは各自の判断に任されていることがわかる
② デザインが変わると無数の扱い方が生まれることを知る
③ ものの見方やとらえ方を変えることの必要性を実感する
④ 立場によって異なる世界が存在することを意識していく
⑤ 形を変える以前とは異なる扱い方ができることに気づく

問4　傍線部C「このことは人間を記述し理解していく上で、大変重要なことだと思われる。」とあるが、どうしてそのように考えられるのか。その理由として最も適当なものを、次の①〜⑤のうちから一つ選べ。

① 現実は、人間にとって常に工夫される前の状態、もしくはこれから加工すべき状態とみなされる。そのため、人間を記述し理解する際には、デザインされる以前の自然状態を加工し改変し続けるという人間の性質をふまえることが重要になってくるから。

② 現実は、どうしようもないと思われた運命や限界を乗り越えてきた、人間の工夫の跡をとどめている。そのため、人間を記述し理解する際には、自然のもたらす形状の変化に適合し、新たな習慣を創出してきた人間の歴史をふまえることが重要になってくるから。

③ 現実は、自分たちが生きやすいように既存の秩序を改変してきた、人間の文化的実践によって生み出された場である。そのため、人間を記述し理解する際には、自分たちの生きる環境に手を加え続けてきた人間の営為をふまえることが重要になってくるから。

④ 現実は、特定の集団が困難や支障を取り除いていく中で形づくられた場である。そのため、人間を記述し理解する際には、環境が万人にとって価値中立的なものではなく、あつらえられた世界でしか人間は生きられないという事実をふまえることが重要になってくるから。

⑤ 現実は、人工物を身の丈に合うようにデザインし続ける人間の文化的実践と、必然的に対応している。そのため、人間を記述し理解する際には、デザインによって人工物を次から次へと生み続ける、人間の創造する力をふまえることが重要になってくるから。

問5 傍線部D「『心′理学（しんりダッシュがく）』の必要性」とあるが、それはどういうことか。その説明として最も適当なものを、次の①〜⑤のうちから一つ選べ。

① 人間が文化歴史的条件と分離不可能であることに自覚的ではない心理学は、私たちのこころの現象を捉えるには不十分であり、自らがデザインした環境の影響を受け続ける人間の心理を基本的条件とし、そのような文化と心理とを一体として考える「心′理学」が必要であるということ。

② 人工物に媒介されない行為を無印の行為とみなし、それをもともとの原行為と想定して私たちのこころの現象を捉えるこれまでの心理学に代わって、人工物化された新たな環境に直面した際に明らかになる人間の心理を捕捉して深く検討する「心′理学」が今後必要であるということ。

③ 価値中立的な環境に生きる動物と文化的意味や価値に満ちた環境に生きる人間との決定的な隔たりに対して、従来の心理学は無関心であったため、心理学実験室での人間の「記′憶」を動物実験で得られた動物の「記憶」とは異なるものとして認知し研究する「心′理学」が必要であるということ。

④ 私たちのこころの現象を文化歴史的条件と切り離した現象として把握し、それを主要な研究対象としてきた既存の心理学よりも、環境をデザインし続ける特質を有する人間の心性を、文化歴史的に整備されたデフォルトの環境デザインに対応させて記述する「心′理学」の方が必要であるということ。

⑤ ある行い（「行為」）の結果と別の行い（「行′為」）の結果とが同じ場合には両者の差異はないものとして処理する心理学の欠点を正し、環境をデザインし続ける人間の心性と人間の文化的実践によって変化する現実とを集合体として考えていく「心′理学」が必要であるということ。

問6　この文章の表現と構成について、次の(i)・(ii)の問いに答えよ。

(i)　この文章の第[1]〜[8]段落の表現に関する説明として**適当でないもの**を、次の①〜④のうちから一つ選べ。

①　第[1]段落の「これから話す内容をどの程度理解できたか、後でテストをする」は、会話文から文章を始めることで読者を話題に誘導し、後から状況説明を加えて読者の理解を図っている。

②　第[3]段落の「講義とは何か。大きな四角い部屋の空気のふるえである。」は、講義の語りの部分について、教室の中で授業者の口から発せられた音声の物理的な現象面に着目して表現している。

③　第[6]段落の「新しい古典」は、紹介されている著作について、発表後それほどの時間を経過していないが、その分野で広く参照され、今後も読み継がれていくような書物であることを表している。

④　第[8]段落の「私たちはこうした〜考える。」と、「〜、私たちは繰り返してきたのだ。」の「私たち」は、両方とも、筆者と読者とを一体化して扱い、筆者の主張に読者を巻き込む効果がある。

(ii) この文章の構成に関する説明として最も適当なものを、次の①～④のうちから一つ選べ。

① この文章は、冒頭で具体例による問題提起を行い、次に抽象化によって主題を展開し、最後に該当例を挙げて統括を行っている。

② この文章は、個別の具体例を複数列挙して共通点を見出し、そこから一般化して抽出した結論をまとめ、主張として提示している。

③ この文章は、導入部で具体例の報告を行い、展開部で筆者の主張と論拠を述べ、結論部で反対意見への反論と統括とを行っている。

④ この文章は、個別の例を提示して具体的に述べることと、抽象度を高めてその例を捉え直すこととを繰り返して論点を広げている。

チャレンジテスト（論理的文章）

第2問

解答・解説　本冊164ページ

❖次の文章は、香川雅信《かがわまさのぶ》『江戸の妖怪革命』の序章の一部である。本文中でいう「本書」とはこの著作を指し、「近世」とは江戸時代にあたる。これを読んで、後の問い（**問1～5**）に答えよ。なお、設問の都合で本文の段落に 1 ～ 18 の番号を付してある。

1 フィクションとしての妖怪、とりわけ娯楽の対象としての妖怪は、いかなる歴史的背景のもとで生まれてきたのか。

2 確かに、鬼や天狗《てんぐ》など、古典的な妖怪を題材にした絵画や芸能は古くから存在した。しかし、妖怪が明らかにフィクションの世界に属する存在としてとらえられ、そのことによってかえっておびただしい数の妖怪画や妖怪を題材とした文芸作品、大衆芸能が創作されていくのは、近世も中期に入ってからのことなのである。つまり、フィクションとしての妖怪という領域自体が歴史性を帯びたものなのである。

3 妖怪はそもそも、日常的理解を超えた不可思議な現象に意味を与えようとするミン(ア)ゾク的な心意から生まれたものであった。人間はつねに、経験に裏打ちされた日常的な原因―結果の了解に基づいて目の前に生起する現象を認識し、未来を予見し、さまざまな行動を決定している。ところが時たま、そうした日常的な因果了解では説明のつかない現象に遭遇する。それは通常の認識や予見を無効化するため、人間の心に不安と恐怖を(イ)カンキする。このような言わば意味論的な危機に対して、それをなんとか意味の体系のなかに回収するために生み出された文化的装置が「妖怪」だった。それは人間が秩序ある意味世界のなかで生きていくうえでの必要性から生み出されたものであり、それゆえに切実なリアリティをともなっていた。A民間伝承としての妖怪とは、そうした存在だったのである。

4 妖怪が意味論的な危機から生み出されるものであるかぎり、そしてそれゆえにリアリティを帯びた存在であるかぎり、それをフィクションとして楽しもうという感性は生まれえない。フィクションとしての妖怪という領域が成立するには、妖怪に対する認識が根本的に変容することが必要なのである。

5 妖怪に対する認識がどのように変容したのか。そしてそれは、いかなる歴史的背景から生じたのか。本書ではそのような問いに対する答えを、「妖怪娯楽」の具体的な事例を通して探っていこうと思う。

6 妖怪に対する認識の変容を記述し分析するうえで、本書ではフランスの哲学者ミシェル・フーコーの「アルケオロジー」の手法を(ウ)エンヨウすることにしたい。

7 アルケオロジーとは、通常「考古学」と訳される言葉であるが、フーコーの言うアルケオロジーは、思考や認識を可能にしている知の枠組み――「エピステーメー」（ギリシャ語で「知」の意味）の変容として歴史を描き出す試みのことである。人間が事物のあいだにある秩序を認識し、それにしたがって思考する際に、われわれは決して認識に先立って「客観的に」存在する事物の秩序そのものに触れているわけではない。事物のあいだになんらかの関係性をうち立てるある一つの枠組みを通して、はじめて事物の秩序を認識することができるのである。この枠組みがエピステーメーであり、しかもこれは時代とともに変容する。事物に対する認識や思考が、時間を(エ)ヘダてることで大きく変貌してしまうのだ。

8 フーコーは、十六世紀から近代にいたる西欧の「知」の変容について論じた『言葉と物』という著作において、このエピステーメーの変貌を、「物」「言葉」「記号」そして「人間」の関係性の再編成として描き出している。これらは人間が世界を認識するうえで重要な役割を果たす諸要素であるが、そのあいだにどのような関係性がうち立てられるかによって、「知」のあり方は大きく様変わりする。

9 本書では、このアルケオロジーという方法を踏まえて、日本の妖怪観の変容について記述することにしたい。それは妖怪観の変容を「物」「言葉」「記号」「人間」の布置の再編成として記述する試みである。この方法は、同時代に存在する一見関係のないさまざまな文化事象を、同じ世界認識の平面上にあるものとしてとらえることを可能にする。これによって日本の妖怪観の変容を、大きな文化史的変動のなかで考えることができるだろう。

10 では、ここで本書の議論を先取りして、Bアルケオロジー的方法によって再構成した日本の妖怪観の変容について簡単に述べておこう。

11 中世において、妖怪の出現は多くの場合「凶兆」として解釈された。それらは神仏をはじめとする神秘的存在からの「警告」であった。すなわち、妖怪は神霊からの「言葉」を伝えるものという意味で、一種の「記号」だったのである。これは妖怪にかぎったことではなく、あらゆる自然物がなんらかの意味を帯びた「記号」として存在していた。つまり、「物」は物そのものと言うよりも「記号」であったのである。これらの「記号」は所与のものとして存在しており、人間にできるのはその「記号」を「読み取る」こと、そしてその結果にしたがって神霊への働きかけをおこなうことだけだった。

12 「物」が同時に「言葉」を伝える「記号」である世界。こうした認識は、しかし近世において大きく変容する。「物」にまとわりついた「言葉」や「記号」としての性質が剝ぎ取られ、はじめて「物」そのものとして人間の目の前にあらわれるようになるのである。ここに近世の自然認識や、西洋の博物学に相当する(注)本草学《ほんぞうがく》という学問が成立する。そして妖怪もまた博物学的な思考、あるいは嗜好《しこう》の対象となっていくのである。

13 この結果、「記号」の位置づけも変わってくる。かつて「記号」は所与のものとして存在し、人間はそれを「読み取る」ことしかできなかった。しかし、近世においては、「記号」は人間が約束事のなかで作り出すことができるものとなった。これは、「記号」が神霊の支配を逃れて、人間の完全なコントロール下に入ったことを意味する。こうした「記号」を、本書では「表象」と呼んでいる。人工的な記号、人間の支配下にあることがはっきりと刻印された記号、それが「表象」である。

14 「表象」は、意味を伝えるものであるよりも、むしろその形象性、視覚的側面が重要な役割を果たす「記号」である。妖怪は、伝承や説話といった「言葉」の世界、意味の世界から切り離され、名前や視覚的形象によって弁別される「表象」となっていった。それはまさに、現代で言うところの「キャラクター」であった。そしてキャラクターとなった妖怪は完全にリアリティを喪失し、フィクショナルな存在として人間の娯楽の題材へと化していった。妖怪は「表象」という人工物へと作り変えられたことによって、人間の手で自由自在にコントロールされるものとなったのである。こうしたC妖怪の「表象」化は、人間の支配力が世界のあらゆる局面、あらゆる「物」に及ぶようになったことの帰結である。かつて神霊が占めていたその位置を、いまや人間が占めるようになったのである。

15 ここまでが、近世後期――より具体的には十八世紀後半以降の都市における妖怪観である。だが、近代になると、こうした近世の妖怪観はふたたび編成しなおされることになる。「表象」として、リアリティの領域から切り離されてあった妖怪が、以前とは異なる形でリアリティのなかに回帰するのである。これは、近世は妖怪をリアルなものとして恐怖していた迷信の時代、近代はそれを合理的思考によって否定し去った啓蒙《けいもう》の時代、という一般的な認識とはまったく逆の形である。

16 「表象」という人工的な記号を成立させていたのは、「万物の霊長」とされた人間の力の絶対性であった。ところが近代になると、この「人間」そのものに根本的な懐疑が突きつけられるようになる。人間は「神経」の作用、「催眠術」の効果、「心霊」の感応によって容易に妖怪を「見てしまう」不安定な存在、「内面」というコントロール不可能な部分を抱えた存在として認識されるようになったのだ。かつて「表象」としてフィクショナルな領域に囲い込まれていた妖怪たちは、今度は「人間」そのものの内部に棲《す》みつくようになったのである。

17 そして、こうした認識とともに生み出されたのが、「私」という近代に特有の思想であった。謎めいた「内面」を抱え込んでしまったことで、「私」は私にとって「不気味なもの」となり、いっぽうで未知なる可能性を秘めた神秘的な存在となった。妖怪は、まさにこのような「私」を(オ)トウエイした存在としてあらわれるようになるのである。

18 以上がアルケオロジー的方法によって描き出した、妖怪観の変容のストーリーである。

（注） 本草学――もとは薬用になる動植物などを研究する中国由来の学問で、江戸時代に盛んとなり、薬物にとどまらず広く自然物を対象とするようになった。

問1 傍線部(ア)〜(オ)に相当する漢字を含むものを、次の各群の①〜④のうちから、それぞれ一つずつ選べ。

(ア) ミンゾク
① 楽団にショゾクする
② カイゾク版を根絶する
③ 公序リョウゾクに反する
④ 事業をケイゾクする

(イ) カンキ
① 証人としてショウカンされる
② 優勝旗をヘンカンする
③ 勝利のエイカンに輝く
④ 意見をコウカンする

(ウ) エンヨウ
① 鉄道のエンセンに住む
② キュウエン活動を行う
③ 雨で試合がジュンエンする
④ エンジュクした技を披露する

(エ) ヘダてる
① 敵をイカクする
② 施設のカクジュウをはかる
③ 外界とカクゼツする
④ 海底のチカクが変動する

(オ) トウエイ
① 意気トウゴウする
② トウチ法を用いる
③ 電気ケイトウが故障する
④ 強敵を相手にフントウする

問2　傍線部A「民間伝承としての妖怪」とは、どのような存在か。その説明として最も適当なものを、次の①～⑤のうちから一つ選べ。

① 人間の理解を超えた不可思議な現象に意味を与え日常世界のなかに導き入れる存在。
② 通常の認識や予見が無効となる現象をフィクションの領域においてとらえなおす存在。
③ 目の前の出来事から予測される未来への不安を意味の体系のなかで認識させる存在。
④ 日常的な因果関係にもとづく意味の体系のリアリティを改めて人間に気づかせる存在。
⑤ 通常の因果関係の理解では説明のできない意味論的な危機を人間の心に生み出す存在。

問3　傍線部B「アルケオロジー的方法」とは、どのような方法か。その説明として最も適当なものを、次の①～⑤のうちから一つ選べ。

① ある時代の文化事象のあいだにある関係性を理解し、その理解にもとづいて考古学の方法に倣い、その時代の事物の客観的な秩序を復元して描き出す方法。

② 事物のあいだにある秩序を認識し思考することを可能にしている知の枠組みをとらえ、その枠組みが時代とともに変容するさまを記述する方法。

③ さまざまな文化事象を「物」「言葉」「記号」「人間」という要素ごとに分類して整理し直すことで、知の枠組みの変容を描き出す方法。

④ 通常区別されているさまざまな文化事象を同じ認識の平面上でとらえることで、ある時代の文化的特徴を社会的な背景を踏まえて分析し記述する方法。

⑤ 一見関係のないさまざまな歴史的事象を「物」「言葉」「記号」そして「人間」の関係性に即して接合し、大きな世界史的変動として描き出す方法。

問4　傍線部C「妖怪の『表象』化」とは、どういうことか。その説明として最も適当なものを、次の①～⑤のうちから一つ選べ。

① 妖怪が、人工的に作り出されるようになり、神霊による警告を伝える役割を失って、人間が人間を戒めるための道具になったということ。

② 妖怪が、神霊の働きを告げる記号から、人間が約束事のなかで作り出す記号になり、架空の存在として楽しむ対象になったということ。

③ 妖怪が、伝承や説話といった言葉の世界の存在ではなく視覚的な形象になったことによって、人間世界に実在するかのように感じられるようになったということ。

④ 妖怪が、人間の手で自由自在に作り出されるものになり、人間の力が世界のあらゆる局面や物に及ぶきっかけになったということ。

⑤ 妖怪が、神霊からの警告を伝える記号から人間がコントロールする人工的な記号になり、人間の性質を戯画的に形象した娯楽の題材になったということ。

問5　この文章を授業で読んだNさんは、内容をよく理解するために【ノート1】〜【ノート3】を作成した。本文の内容とNさんの学習の過程を踏まえて、(i)〜(iii)の問いに答えよ。

(i)　Nさんは、本文の 1 〜 18 を【ノート1】のように見出しをつけて整理した。空欄 Ⅰ ・ Ⅱ に入る語句の組合せとして最も適当なものを、下の①〜④のうちから一つ選べ。

【ノート1】

- 問題設定（1 〜 5）
  - 2 〜 3　Ⅰ
  - 4 〜 5　Ⅱ
- 方法論（6 〜 9）
  - 7 〜 9　アルケオロジーの説明
- 日本の妖怪観の変容（10 〜 18）
  - 11　中世の妖怪
  - 12 〜 14　近世の妖怪
  - 15 〜 17　近代の妖怪

①　Ⅰ　妖怪はいかなる歴史的背景のもとで娯楽の対象になったのかという問い
　　Ⅱ　意味論的な危機から生み出される妖怪

②　Ⅰ　妖怪はいかなる歴史的背景のもとで娯楽の対象になったのかという問い
　　Ⅱ　妖怪娯楽の具体的事例の紹介

③　Ⅰ　娯楽の対象となった妖怪の説明
　　Ⅱ　いかなる歴史的背景のもとで、どのように妖怪認識が変容したのかという問い

④　Ⅰ　妖怪に対する認識の歴史性
　　Ⅱ　いかなる歴史的背景のもとで、どのように妖怪認識が変容したのかという問い

(ii) Nさんは、本文で述べられている近世から近代への変化を【ノート2】のようにまとめた。空欄 Ⅲ ・ Ⅳ に入る語句として最も適当なものを、後の各群の ① ～ ④ のうちから、それぞれ一つずつ選べ。

【ノート2】

近世と近代の妖怪観の違いの背景には、「表象」と「人間」との関係の変容があった。

近世には、人間によって作り出された、 Ⅲ が現れた。しかし、近代へ入ると Ⅳ が認識されるようになったことで、近代の妖怪は近世の妖怪にはなかったリアリティを持った存在として現れるようになった。

Ⅲ に入る語句

① 恐怖を感じさせる形象としての妖怪
② 神霊からの言葉を伝える記号としての妖怪
③ 視覚的なキャラクターとしての妖怪
④ 人を化かすフィクショナルな存在としての妖怪

Ⅳ に入る語句

① 合理的な思考をする人間
② 「私」という自立した人間
③ 万物の霊長としての人間
④ 不可解な内面をもつ人間

(iii) 【ノート2】を作成したNさんは、近代の妖怪観の背景に興味をもった。そこで出典の『江戸の妖怪革命』を読み、【ノート3】を作成した。空欄 V に入る最も適当なものを、後の①～⑤のうちから一つ選べ。

【ノート3】

本文の 17 には、近代において「私」が私にとって「不気味なもの」となったということが書かれていた。このことに関係して、本書第四章には、欧米でも日本でも近代になってドッペルゲンガーや自己分裂を主題とした小説が数多く発表されたとあり、芥川龍之介の小説「歯車」(一九二七年発表)の次の一節が例として引用されていた。

第二の僕、――独逸人《どいつじん》の所謂《いわゆる》Doppelgaengerは仕合《しあわ》せにも僕自身に見えたことはなかった。しかし亜米利加《あめりか》の映画俳優になったK君の夫人は第二の僕を帝劇の廊下に見かけていた。(僕は突然K君の夫人に「先達《せんだって》はつい御挨拶もしませんで」と言われ、当惑したことを覚えている。)それからもう故人になったある隻脚《かたあし》の翻訳家もやはり銀座のある煙草《たばこ》屋に第二の僕を見かけていた。死はあるいは僕よりも第二の僕に来るのかも知れなかった。

考察　ドッペルゲンガー(Doppelgaenger)とは、ドイツ語で「二重に行く者」、すなわち「分身」の意味であり、もう一人の自分を「見てしまう」怪異のことである。また、「ドッペルゲンガーを見た者は死ぬと言い伝えられている」と説明されていた。 V

17 に書かれていた「『私』という近代に特有の思想」とは、こうした自己意識を踏まえた指摘だったことがわかった。

①「歯車」の僕は、自分の知らないところで別の僕が行動していることを知った。僕はまだ自分でドッペルゲンガーを見たわけではないと安心し、別の僕の行動によって自分が周囲から承認されているのだと悟った。これは、「私」が他人の認識のなかで生かされているという神秘的な存在であることの例にあたる。

②「歯車」の僕は、自分には心当たりがない場所で別の僕が目撃されていたと知った。僕は自分でドッペルゲンガーを見たわけではないのでひとまずは安心しながらも、もう一人の自分に死が訪れるのではないかと考えていた。これは、「私」が自分自身を統御できない不安定な存在であることの例にあたる。

③「歯車」の僕は、身に覚えのないうちに、会いたいと思っていた人の前に別の僕が姿を現していたと知った。僕は自分でドッペルゲンガーを見たわけではないが、別の僕が自分に代わって思いをかなえてくれたことに驚いた。これは、「私」が未知なる可能性を秘めた存在であることの例にあたる。

④「歯車」の僕は、自分がいたはずのない場所に別の僕がいたことを知った。僕は自分でドッペルゲンガーを見たわけではないと自分を落ち着かせながらも、自分が分身に乗っ取られるかもしれないという不安を感じた。これは、「私」が「私」という分身にコントロールされてしまう不気味な存在であることの例にあたる。

⑤「歯車」の僕は、自分がいるはずのない時と場所で僕を見かけたと言われた。僕は今のところ自分でドッペルゲンガーを見たわけではないので死ぬことはないと安心しているが、他人にうわさされることに困惑していた。これは、「私」が自分で自分を制御できない部分を抱えた存在であることの例にあたる。

チャレンジテスト（論理的文章）第3問

解答・解説　本冊174ページ

❖次の【文章Ⅰ】【文章Ⅱ】を読んで、後の問い（問1〜6）に答えよ。

【文章Ⅰ】　次の文章は、宮沢賢治の「よだかの星」を参照して「食べる」ことについて考察した文章である。なお、表記を一部改めている。

「食べる」ことと「生」にまつわる議論は、どうしたところで動物が主題になってしまう。そこでは動物たちが人間の言葉をはなし、また人間は動物の言葉を理解する（まさに神話的状況である）。そのとき動物も人間も、自然のなかでの生き物として、まったく対等な位相にたってしまうことが重要なのである。動物が人間になるのではない。宮沢の記述からかいまみられるのは、そもそも逆で、人間とはもとより動物である（そうでしかありえない）ということである。そしてそれは考えてみれば、あまりに当然すぎることである。

「よだかの星」は、その意味では、擬人化がカ(ア)ジョウになされている作品のようにおもわれる。その感情ははっきりと人間的である。よだかは、みなからいじめられ、何をしても孤立してしまう。いつも自分の醜い容姿を気にかけている。親切心で他の鳥の子供を助けても、何をするのかという眼差《まなざ》しでさげすまれる。なぜ自分は生きているのかとおもう。ある意味では、多かれ少なかれ普通の人間の誰もが、一度は心のなかに抱いたことのある感情だ。さらには、よだかにはいじめっ子の鷹《たか》がいる。鷹は、お前は鷹ではないのになぜよだかという名前を名乗るのだ、しかも夜という単語と鷹という単語を借りておかしいではないか、名前を変えろと迫る。よだかはあまりのことに、自分の存在そのものを否定されたかのように感じる。
しかしよだかは、いかに醜くとも、いかに自分の存在を低くみようとも、空を飛び移動するなかで、おおきな口をあけ、羽虫をむさぼり喰《く》ってしまう。それが喉につきささろうとも、甲虫《かぶとむし》を食べてしまう。自然に対しては、自分は支配者のような役割を演じてしまいもするのである。だがどうして自分は羽虫を「食べる」のか。なぜ自分のような存在が、劣等感をもちながらも、他の生き物を食べて生きていくのか、それがよいことかどうかがわからない。

夜だかが思ひ切って飛ぶときは、そらがまるで二つに切れたやうに思はれます。一疋《ぴき》の甲虫が、夜だかの咽喉《のど》にはひって、ひどくもがきました。よだかはすぐそれを呑《の》みこみましたが、その時何だかせなかがぞっとしたやうに思ひました。
(『宮沢賢治全集5』、八六頁《ページ》)

A ここからよだかが、つぎのように思考を展開していくことは、あまりに自明なことであるだろう。

(ああ、かぶとむしや、たくさんの羽虫が、毎晩僕に殺される。そしてそのただ一つの僕がこんどは鷹に殺される。それがこんなにつらいのだ。ああ、つらい、つらい。僕はもう虫をたべないで餓《う》ゑて死なう。いやその前にもう鷹が僕を殺すだらう。いや、その前に、僕は遠くの遠くの空の向ふに行ってしまはう。)(同書、八七頁)

当然のことながら、夏の夜の一夜限りの生命かもしれない羽虫を食べること、短い時間しかいのちを送らない甲虫を食べることは、そもそも食物連鎖上のこととしてやむをえないことである。それにそもそもこの話は、もともとはよだかが自分の生のどこかに困難を抱えていて(それはわれわれすべての鏡だ)、それが次第に、他の生き物を殺して食べているという事実の問いに転化され、そのなかで自分も鷹にいずれ食べられるだろう、それならば自分は何も食べず絶食し、空の彼方《かなた》へ消えてしまおうというはなしにさらに転変していくものである。

よだかは大犬座の方に向かい億年兆年億兆年かかるといわれても、さらに大熊星の方に向かい頭を冷やせといわれても、なおその行為をやめることはしない。結局よだかは最後の力を振り絞り、自らが燃え尽きることにより、自己の行為を昇華するのである。

食べるという主題がここで前景にでているわけではない。むしろまずよだかにとって問題なのは、どうして自分のような惨めな存在が生きつづけなければならないのかということであった。そしてその問いの先にあるものとして、ふと無意識に口にしていた羽虫や甲虫のことが気にかかる。そして自分の惨めさを感じつつも、無意識にそれを咀嚼《そしゃく》してしまっている自分に対し「せなかがぞっとした」「思ひ」を感じるのである。

よくいわれるように、このはなしは食物連鎖の議論のようにみえる。確かに表面的にはそう読めるだろう。だがよだかは、実はまだ自分が羽虫を食べることがつらいのか、自分が鷹に食べられることがつらいのか、たんに惨めな存在である自らが食べ物を殺して咀嚼することがつらいのか判然と理解しているわけではない。これはむしろ、主題としていえば、まずは食べないことの選択、つまりは断食につながるテーマである。そして、そうであるがゆえに、最終的な星への昇華という宮沢独特のストーリー性がひらかれる仕組みになっているようにもみえる。

ここで宮沢は、食物連鎖からの解放という（仏教理念として充分に想定される）事態だけをとりだすのではない。むしろここでみいだされるのは、心が(イ)キズついたよだかが、それでもなお羽虫を食べるという行為を無意識のうちになしていることに気がつき「せなかがぞっとした」「思ひ」をもつという一点だけにあるようにおもわれる。それは、B人間である（ひょっとしたら同時によだかでもある）われわれすべてが共有するものではないか。そしてこの思いを昇華させるためには、数億年数兆年彼方の星に、自らを変容させていくことしか解決策はないのである。

（檜垣立哉《ひがきたつや》『食べることの哲学』による）

【文章Ⅱ】　次の文章は、人間に食べられた豚肉（あなた）の視点から「食べる」ことについて考察した文章である。

長い旅のすえに、あなたは、いよいよ、人間の口のなかに入る準備を整えます。箸で挟まれたあなたは、まったく抵抗できぬままに口に運ばれ、アミラーゼの入った唾液をたっぷりかけられ、舌になぶられ、硬い歯によって噛《か》み切られ、すり潰されます。そのあと、歯の隙間に残ったわずかな分身に別れを告げ、食道を通って胃袋に入り、酸の海のなかでドロドロになります。十二指腸でも膵液《すいえき》と胆汁が流れ込み消化をアシストし、小腸にたどり着きます。ここでは、小腸の運動によってあなたは前後左右にもまれながら、六メートルに及ぶチューブをくねくね旅します。そのあいだ、小腸に出される消化酵素によって、炭水化物がブドウ糖や麦芽糖に、脂肪を脂肪酸とグリセリンに分解され、それらが腸に吸収されていきます。ほとんどの栄養を吸い取られたあなたは、すっかりかたちを変えて大腸にたどり着きます。

大腸は面白いところです。大腸には消化酵素はありません。そのかわりに無数の微生物が棲《す》んでいるのです。人間は、微生物の集合住宅でもあります。その微生物たちがあなたを(ウ)襲い、あなたのなかにある繊維を発酵させます。繊維があればあるほど、大腸の微生物は活性化するので、小さい頃から繊維をたっぷり含むニンジンやレンコンなどの根菜を食べるように言われているのです。そうして、いよいよあなたは便になって肛門《こうもん》からトイレの中へとダイビングします。こうして、下水の旅をあなたは始めるのです。

こう考えると、食べものは、人間のからだのなかで、急に変身を(エ)トげるのではなく、ゆっくり、じっくりと時間をかけ、徐々に変わっていくのであり、どこまでが食べものであり、どこからが食べものでないのかについて決めるのはとても難しいことがわかります。

答えはみなさんで考えていただくとして、二つの極端な見方を示して、終わりたいと思います。

一つ目は、人間は「食べて」などいないという見方です。食べものは、口に入るまえは、塩や人工調味料など一部の例外を除いてすべて生きものであり、その死骸であって、それが人間を通過しているにすぎない、と考えることもけっして言いすぎではありません。人間は、生命の循環の通過点にすぎないのであって、地球全体の生命活動がうまく回転するように食べさせられている、と考えていることです。

二つ目は、肛門から出て、トイレに流され、下水管を通って、下水処理場で微生物の力を借りて分解され、海と土に戻っていき、そこからまた微生物が発生して、それを魚や虫が食べ、その栄養素を用いて植物が成長し、その植物や魚をまた動物や人間が食べる、という循環のプロセスと捉えることです。つまり、ずっと食べものである、ということ。世の中は食べもので満たされていて、食べものは、生きものの死によって、つぎの生きものに生を(オ)与えるバトンリレーである。しかも、バトンも走者も無数に増えるバトンリレー。誰の口に入るかは別として、人間を通過しているにすぎないのです。

どちらも極端で、どちらも間違いではありません。しかも、C二つとも似ているところさえあります。死ぬのがわかっているのに生き続けるのはなぜか、という質問にもどこかで関わってきそうな気配もありますね。

（藤原《ふじはら》辰《たつ》史《し》『食べるとはどういうことか』による）

問1　次の(i)・(ii)の問いに答えよ。

(i)　傍線部(ア)・(イ)・(エ)に相当する漢字を含むものを、次の各群の①～④のうちから、それぞれ一つずつ選べ。

(ア)　カジョウ
① ジョウチョウな文章
② 予算のジョウヨ金
③ 汚れをジョウカする
④ ジョウキを逸する

(イ)　キズついた
① 入会をカンショウする
② 音楽をカンショウする
③ カンショウ的な気分になる
④ 箱にカンショウ材を詰める

(エ)　トげる
① 過去の事例からルイスイする
② キッスイの江戸っ子
③ マスイをかける
④ 計画をカンスイする

(ii)　傍線部(ウ)・(オ)とは**異なる意味**を持つものを、次の各群の①～④のうちから、それぞれ一つずつ選べ。

(ウ)　襲い
① ヤ襲
② セ襲
③ キ襲
④ ライ襲

(オ)　与える
① キョウ与
② ゾウ与
③ カン与
④ ジュ与

第3問　チャレンジテスト（論理的文章）

問2　傍線部A「ここからよだかが、つぎのように思考を展開していく」とあるが、筆者はよだかの思考の展開をどのように捉えているか。その説明として最も適当なものを、次の①～⑤のうちから一つ選べ。

① よだかは、生きる意味が見いだせないままに羽虫や甲虫を殺して食べていることに苦悩し、現実の世界から消えてしまおうと考えるようになる。

② よだかは、みなにさげすまれるばかりかついには鷹に殺されてしまう境遇を悲観し、彼方の世界へ旅立とうと考えるようになる。

③ よだかは、羽虫や甲虫を殺した自分が鷹に殺されるという弱肉強食の関係を嫌悪し、不条理な世界を拒絶しようと考えるようになる。

④ よだかは、他者を犠牲にして生きるなかで自分の存在自体が疑わしいものとなり、新しい世界を目指そうと考えるようになる。

⑤ よだかは、鷹におびやかされながらも羽虫や甲虫を食べ続けているという矛盾を解消できず、遠くの世界で再生しようと考えるようになる。

問3　**傍線部B「人間である（ひょっとしたら同時によだかでもある）われわれすべてが共有するものではないか」とあるが、それはどういうことか。その説明として最も適当なものを、次の①～⑤のうちから一つ選べ。**

① 存在理由を喪失した自分が、動物の弱肉強食の世界でいつか犠牲になるかもしれないと気づき、自己の無力さに落胆するということ。

② 生きることに疑念を抱いていた自分が、意図せずに他者の生命を奪って生きていることに気づき、自己に対する強烈な違和感を覚えるということ。

③ 存在を否定されていた自分が、無意識のうちに他者の生命に依存していたことに気づき、自己を変えようと覚悟するということ。

④ 理不尽な扱いに打ちのめされていた自分が、他者の生命を無自覚に奪っていたことに気づき、自己の罪深さに動揺するということ。

⑤ 惨めさから逃れたいともがいていた自分が、知らないままに弱肉強食の世界を支える存在であったことに気づき、自己の身勝手さに絶望するということ。

問4 **傍線部C「二つとも似ているところさえあります」とあるが、どういう点で似ているのか。その説明として最も適当なものを、次の ① ～ ⑤ のうちから一つ選べ。**

① 人間の消化過程を中心とする見方ではなく、微生物の活動と生物の排泄行為から生命の再生産を捉えている点。
② 人間の生命維持を中心とする見方ではなく、別の生きものへの命の受け渡しとして食べる行為を捉えている点。
③ 人間の食べる行為を中心とする見方ではなく、食べられる側の視点から消化と排泄の重要性を捉えている点。
④ 人間の生と死を中心とする見方ではなく、地球環境の保護という観点から食べることの価値を捉えている点。
⑤ 人間の栄養摂取を中心とする見方ではなく、多様な微生物の働きから消化のメカニズムを捉えている点。

問5　【文章Ⅱ】の表現に関する説明として最も適当なものを、次の①〜⑤のうちから一つ選べ。

① 豚肉を「あなた」と見立てるとともに、食べられる生きものの側の心情を印象的に表現することで、無機的な消化過程に感情移入を促すように説明している。

② 豚肉を「あなた」と見立てるとともに、消化酵素と微生物とが協同して食べものを分解する様子を比喩的に表現することで、消化器官の働きを厳密に描いている。

③ 豚肉を「あなた」と見立てるとともに、食べものが消化器官を通過していく状況を擬態語を用いて表現することで、食べることの特殊な仕組みを筋道立てて説明している。

④ 豚肉を「あなた」と二人称で表しながら、比喩を多用して消化過程を表現することで、生きものが他の生物の栄養になるまでの流れを軽妙に説明している。

⑤ 豚肉を「あなた」と二人称で表しながら、生きものが消化器官でかたちを変えて物質になるさまを誇張して表現することで、消化の複雑な過程を鮮明に描いている。

問6　Mさんは授業で**【文章Ⅰ】**と**【文章Ⅱ】**を読んで「食べる」ことについて自分の考えを整理するため、次のような**【メモ】**を作成した。これについて、後の(i)・(ii)の問いに答えよ。

【メモ】

〈1〉共通する要素（どちらも「食べる」ことと生命の関係について論じている。）

⇩

〈2〉「食べる」ことについての捉え方の違い

【文章Ⅰ】（　X　）

【文章Ⅱ】（「食べる」ことは、生物を地球全体の生命活動に組み込むものである。）

⇩

〈3〉まとめ

（　Y　）

(i)　Mさんは〈1〉を踏まえて〈2〉を整理した。空欄 X に入る最も適当なものを、次の①～④のうちから一つ選べ。

① 「食べる」ことは、弱者の生命の尊さを意識させる行為である。

② 「食べる」ことは、自己の生命を否応なく存続させる行為である。

③「食べる」ことは、意図的に他者の生命を奪う行為である。
④「食べる」ことは、食物連鎖から生命を解放する契機となる行為である。

(ii) Mさんは〈1〉〈2〉を踏まえて「〈3〉まとめ」を書いた。空欄 **Y** に入る最も適当なものを、次の①～④のうちから一つ選べ。

① 他者の犠牲によってもたらされたよだかの苦悩は、生命の相互関係における多様な現象の一つに過ぎない。しかし見方を変えれば、自他の生を昇華させる行為は、地球全体の生命活動を円滑に動かすために欠かせない要素であるとも考えられる。
② 苦悩から解放されるためによだかが飢えて死のうとすることは、生命が本質的には食べてなどいないという指摘に通じる。しかし見方を変えれば、地球全体の生命活動を維持するためには、食べることの認識を改める必要があるとも考えられる。
③ 無意識によだかが羽虫や甲虫を食べてしまう行為には、地球全体の生命活動を循環させる重要な意味がある。しかし見方を変えれば、一つ一つの生命がもっている生きることへの衝動こそが、循環のプロセスを成り立たせているとも考えられる。
④ 他者に対してよだかが支配者となりうる食物連鎖の関係は、命のバトンリレーのなかで解消されるものである。しかし見方を変えれば、地球全体の生命活動を円滑にするためには、食べることによって生じる序列が不可欠であるとも考えられる。

第4問

解答・解説　本冊184ページ

センター試験（本試験）

❖次の文章は、上林暁《かんばやしあかつき》「花の精」の一節である。妻が病で入院し長期間不在の「私」の家には、三人の子と、夫に先立たれ途方に暮れている妹がいる。「私」にとって庭の月見草は心を慰めてくれる存在だったが、ある日、庭師が月見草を雑草だと思ってすべて抜いてしまった。「私」は空虚な気持ちで楽しめない日々を過ごしていた。以下はそれに続く場面である。これを読んで、後の問い（**問1〜6**）に答えよ。なお、設問の都合で本文の上に行数を付してある。

私が朝晩庭に下りて、草花の世話をして、心を紛らわせているのを見ると、或日《ある》妹が言った。

「空地利用しようか！」

「なにを植えるんだ。」

「茄子《なす》やトマトなんかを。」

「前にも作ったことがあったが、ここは湿気が多いのと、隣の家の風呂の煙のために、駄目なんだ。糸瓜《へちま》と茄子と紫蘇《しそ》を植えて、一番好《よ》かったのは紫蘇だけだった。糸瓜は糸瓜水を一合ばかり採ったが、茄子は一つもならなかった。――とにかく、作るなら作って見よ。」

妹は市場へ行った序《つい》でに、茄子とチシャ菜の苗を買って来た。

「茄子は、一人に一本ずつで、十分間に合うそうだから。」

と言うわけで、茄子は五本買って来た。そんな言葉を言っているのを聞くと、いかにも百姓(注1)が妹の身に染みている感じがするのだった。妹は郷里では百姓をしていたのである。養蚕や田作りや葉煙草《たばこ》の栽培が、仕事であった。妹は(ア)お手のもので、鍬《くわ》を持つと、庭の空いてる西隅に鍵の手に畝を切った。畝には、泥溝《どぶ》からあげた泥や、腐敗した落葉《おちば》などを集めて来て埋めた。それが実に手際が好いのである。そして一定の間隔をおいて、五本の茄子を植えた。チシャ菜は、黄色い落葉を散らしたように、一面に植えた。二三日すると、今度はトマトを三本買ってきた。私は、草花を植えるために、縁先の陽《ひ》あたりの好いところは全部占領していたけれど、A自分だけ好いところを占領するのは気がひけたので、そこの一部を割いて、トマトを植えさせた。

小さな菜園だが、作りはじめると、妹は急に生き生きとして来た。故郷で身についた親しい生活を、小規模ながらも味わえるのが、楽しいのであろう。それからまた、私が花の世話をするのと同じく、菜園の世話をしていれば、途方にくれた思いも、一《ひ》と時忘れることが出来、心が慰まるからにちがいない。妹も朝晩バケツに水を汲《く》み、柄杓《ひしゃく》で茄子やチシャ菜の根にかけた。米の研ぎ汁は、養分の多いことに思いついて、(注2)擬宝珠《ぎぼうし》にまで撒《ま》くことになったのである。小さな庭のなかに、兄が花畠《はなばたけ》をつくり、妹が菜園をつくるのも、皆それぞれ、遣《や》り場のない思いを、慰め、紛らそうがためにほかならないのだ。とすれば、擬宝珠と並んで、花畠のなかの双璧であった月見草を喪《うしな》った私の失望落胆は察してもらえるにちがいない。

然《しか》るに、その月見草を喪ってから十日と経《た》たぬうちに、私の家の庭には、ふたたび新しい月見草が還《かえ》って来て、私の精神の秩序も回復されることとなるのである。

それは、六月の中旬。友人のO君が来たとき、どっか山の見えるところへ行きたいと私が言うと、多摩川べりの是政《これまさ》というところへ行けば、すぐ川のむこうへ山が迫っているという。O君は是政へ鮠《はや》を釣りに行くから、一緒に行ってもいいということだった。山を見たいとは言ったものの、それだけでは腰をあげる気のしなかった私は、そのあとでまた、月見草のことをO君に訴えたのである。すると、是政へ行けば、月見草なんか川原に一杯咲いているという。私は忽《たちま》ち腰をあげる気持《きもち》になった。O君が釣《つり》をしている間じゅう、私は川原で寝そべったり、山を見たりして遊び、かえりには月見草を引いて来ることに、(イ)肚《はら》を決めたのである。

その日の午後、私達《たち》は省線(注3)武蔵境駅からガソリン(注4)・カアに乗った。是政行《ゆき》は二時間おきにしか出ないので、仕方なく北多磨行に乗った。そこから多摩川まで歩くのである。私は古洋服に、去年の麦藁《むぎわら》帽子をかぶり、ステッキをついていた。O君は色眼鏡をかけ、水に入る用意にズックの靴をはき、レイン・コオトを纏《まと》って、普段のO君とまるでちがい、天《あ》っ晴《ぱ》れ釣師の風態《ふうてい》であった。ガソリン・カアは動揺激しく、草に埋《うも》れたレエルを手繰り寄せるように走って行った。風が起《おこ》って、両側の土手の青草が、サアサアと音を立てながら靡《なび》くのが聞《きこ》えた。私達は運転手の横、最前頭部の腰掛《こしかけ》に坐《すわ》っていた。

「富士山が近く見えるよ。」とO君が指さすのを見ると、成る程雪がよく見える。

多磨墓地前で停車。あたりは、石塔を刻む槌《つち》の音ばかりである。次が北多磨。そこで降りて、私達は線路伝いに、多摩川へ向《むか》って行った。麦が熟れ、苗代の苗が伸びていた。線路は時々溝や小川の上を跨《またが》っていて、私達は枕木伝いに渡らねばならなかった。

「もう、ここらから月見草が、いっぱいだよ。」とO君が、釣竿《ざお》で指すのを見ると、線路のふちに、月見草が一杯並んでいる。昨夜の花は萎え凋《しぼ》み、葉は暑さのためにうなだれている。一体に痩せた感じで、葉色も悪く、うちにあったのが盛んであったさまを思い、私は少し物足りなかった。しかし私は安心した。そこいらいっぱいの月見草を見ると、もう大丈夫だという感じだった。

「月見草には二種類あるんだね。匂いのするのと、しないのと。」

そう言えば、私のうちの庭にあったのは、葉が密生していて、匂いのしないのであった。

線路に別れると、除虫菊の咲いた畠の裾を歩いたり、桑の切株《きりかぶ》のならんだ砂畠を通ったりして、荒地野菊の間を分け、私達は多摩川の土手にあがって行った。眼《め》のまえは、多摩川の広い川原である。旱天《かんてん》つづきで、川筋は細々と流れている。川のむこうは直《す》ぐ山で、緑が眼に沁《し》みた。南武電車の鉄橋を、二輛《りょう》連結の電車が渡って行った。

川原に降りると、また月見草がいっぱいだった。

「かえりには、もう咲いてるだろうな。」

「咲いてるとも。いいのを見つくろって、引いてゆくといいよ。」

Ｏ君は瀬の中へ入って、毛針を流しはじめた。私は上衣《うわぎ》を脱いで、川原に坐った。帽子が風に吹き飛ばされるので、脱いで、石を載せておいた。Ｏ君が流れを下ると、それにつれて、私は魚籠《びく》を提《さ》げて、川原を下った。時々靴をぬいで、水を渉《わた》らねばならなかった。川原に坐って流れを見ていると、眼先が揺れはじめ、眼を上げて見ると、山も揺れるのであった。緑の濃い夏山のたたずまいは、ふと私に故郷の山を思い出させた。山を見るのも何年ぶりであろう。時々千鳥が啼《な》いた。魚がかかると、Ｏ君は腰を一寸《ちょっと》うしろに引き、釣針を上げた。すると私は魚籠を差し出した。Ｏ君が中流に出るため魚籠を腰につけると、私は閑《ひま》になったので、砂利を採ったあとの凹《くぼ》みに入って寝ころがった。人差指《ひとさし》ほどの鮠を八匹、それがＯ君の獲物であった。

夕翳《ゆうかげ》が出て、川風が冷えて来た。

「もうあと十分やるから、君は月見草を引いてくれない？」

私はＯ君を残し、川原で手頃な月見草を物色した。匂いのあるのを二本と、匂いのないのを二本、新聞紙にくるんだ。蕾《つぼみ》はまだ綻《ほころ》びていない。振りかえってみると、Ｏ君はまだ寒そうな恰好《かっこう》をして瀬の中に立っている。川原の路《みち》を、夜釣の人が自転車を飛ばしてゆく。

私は仮橋を渡り、番小屋の前に立って橋賃を払いながら、橋番（注5）の老人と話をしていた。私の家が杉並天沼だというと、天沼に親戚があると言った。

そこへ、Ｏ君が月見草の大きな株を手いっぱいに持って、あがって来た。Bそれは、なんだかよろこばしい図であった。それを見ると、私も思い切って大きなやつを引けばよかったと思った。

「あれから、どうだった？」

「駄目々々。」

「今日は曇っているから、魚があがって来ないんだよ。」と橋番の老人が言った。

「これ、一緒に包んでくれない？」

私は、Ｏ君の月見草を、自分のと一緒に新聞紙に包み、Ｏ君が首に巻いていた手拭《てぬぐい》で、それを結《ゆわ》えた。そして小脇に抱えた。

「みんな、それを引いてくんだがね、なかなかつかないんだよ。種を播《ま》いとく方がいいよ。」とまた橋番の老人が言った。

そう言いながらも、老人の眼は絶えず、橋行く人に注がれている。

是政の駅は、川原から近く、寂しい野の駅だった。古びた建物には、駅員のいる室だけに電燈《とう》が点《つ》いていて、待合室は暗かった。私達は、そこの、暗いベンチに腰をおろした。疲れていた。寒かった。おなかが空いていた。カアが来るまでにはまだ一時間ある。七時五十五分が終発なのだ。

「寒いことはない？」

「いや。」そう言ったが、水からあがったばかりのＯ君は脛《すね》まで濡《ぬ》れ、寒そうに腕組みしていた。

二時間に一度しか汽動車の入って来ない閑散な駅なので、駅員はゆっくりと新聞を読んでいた。その新聞には、ドイツ軍の巴里《ぱり》肉薄が載っているはずであった。駅員は七時になると徐《おもむ》ろに立ち上《あが》って待合室の電燈をつけた。

私はベンチを離れ、待合室の入口《いりぐち》に立って、村の方を見ていた。村は暗く、寂しい。畑のむこう、林を背にして、サナト(注6)リウムの建物が見えた。私が待合室の入口に立った時には、どの部屋にもまだ灯がついていなかったので、暗い窓をもった建物は、窩《あな》をもった骸骨のように見え、人の棲《す》まぬ家かと思われた。そのうちにポツリ、ポツリと、部屋々々に灯がつきはじめ、建物が生きて来た。それを見ていると、C突然私は病院にいる妻のことを思い出した。今日家を出てから、妻のことを思い出すのは初めてである。妻は今ごろどうしているだろうか。もう疾《と》っくに晩飯をすませ、独り窓のそばに坐っているだろうか。廊下にでも出て立っているだろうか。それとも、もう電燈を消して、寝床に入っているだろうか。

寂しさがこみあげて来た。私はＯ君を一人残して、サナトリウムの方へ歩いて行った。恰《あたか》も自分の妻もこのサナトリウムに住んでいるかの如《ごと》き気持で、私はその建物に向って突き進んで行った。部屋々々には、もう明るく灯がともり、蚊帳の影も見える。炊事室らしく、裏手の方からは皿や茶碗《ちゃわん》を洗う音が聞えた。二階の娯楽室らしい広間には、岐阜提燈《ちょうちん》に灯が入り、水色の光のなかを、あちこち動いている患者の姿も見えた。私は、それらの光景を、ゆっくりと眼や耳に留めながら、サナトリウムの前を通り過ぎた。通りすぎながら、またしても、妻が直ぐそこの病室にいるかの如き気持になって、妻よ、安らかなれ、とよそながら、胸のなかで、物言うのであった。私は感傷的で、涙が溢《あふ》れそうであった。

ほとんど涙を湛《たた》えたような気持で、サナトリウムを後に、乾いた砂路をポクポク歩いていると、ふと私は吸いつけられたように足を停《と》めた。眼の前一面に、月見草の群落なのである。涙など一遍に引っ込んでしまった。薄闇の中、砂原の上に、今開いたばかりの月見草が、私を迎えるように頭を並べて咲き揃《そろ》っているのである。右にも左にも、群れ咲いている。遠いのは、闇の中に姿が薄れていて、そのため却《かえ》って、その先一面どこまでも咲きつづいているような感じを与えるのであった。私は暫《しばら》く佇《たたず》んで(ウ)目を見張っていたが、いつまで見ていても果てしがない。O君のことも思い出したので、急ぎ足にそこを立ち去った。

七時五十五分、最終のガソリン・カアで、私たちは是政の寒駅を立った。乗客は、若い娘が一人、やはり釣がえりの若者が二人、それにO君と私とだった。自転車も何も一緒に積み込まれた。月見草の束は網棚の上に載せ、私達はまた、運転手の横の腰掛に掛けた。線路の中で咲いた月見草を摘んでいた女車掌が車内に乗り込むと、さっき新聞を読んでいた駅員が駅長の赤い帽子を冠《かぶ》り、ホームに出て来て、手を挙げ、ベルを鳴らした。

ガソリン・カアはまた激しく揺れた。私は最前頭部にあって、吹き入る夜風を浴びながら、ヘッドライトの照《てら》し出す線路の前方を見詰めていた。是政の駅からして、月見草の駅かと思うほど、構内まで月見草が入り込んでいたが、驚いたことには、今ガソリン・カアが走ってゆく前方は、すべて一面、月見草の原なのである。右からも左からも、前方からも、三方から月見草の花が顔を出したかと思うと、火に入る虫のように、ヘッドライトの光に吸われて、後へ消えてゆくのである。それがあとからあとからひっきりなしにつづくのだ。私は息を呑《の》んだ。Dそれはまるで花の天国のようであった。毎夜毎夜、この花のなかを運転しながら、運転手は何を考えるだろうか？　うっかり気を取られていると、花のなかへ脱線し兼ねないだろう。

花の幻が消えてしまうと、ガソリン・カアは闇の野原を走って、武蔵境の駅に着いた。是政からかえると、明るく、花やかで、眩《まぶ》しいほどだった。網棚の上から月見草の束を取り下ろそうとすると、是政を出るときには、まだ蕾を閉じていた花々が、早やぽっかりと開いていた。取り下ろす拍子に、ぷんとかぐわしい香りがした。私は開いた花を大事にして、月見草の束を小脇に抱え、陸橋を渡った。

（注）1　百姓――ここでは農作業をすること。
2　擬宝珠――夏に白色、淡紫色などの花を咲かせるユリ科の植物の名称。
3　省線――この文章が発表された一九四〇年当時、鉄道省が管理していた大都市周辺の鉄道路線。
4　ガソリン・カア――ガソリンエンジンで走行する鉄道車両。
5　橋番――橋の通行の取り締まりや清掃などの仕事をする人。
6　サナトリウム――郊外や高原で新鮮な空気や日光などを利用して長期に療養するための施設。

問1 傍線部(ア)〜(ウ)の本文中における意味として最も適当なものを、次の各群の①〜⑤のうちから、それぞれ一つずつ選べ。

(ア) お手のもので
① 見通しをつけていて
② 腕がよくて
③ 得意としていて
④ ぬかりがなくて
⑤ 容易にできそうで

(イ) 肚《はら》を決めた
① 気持ちを固めた
② 段取りを整えた
③ 勇気を出した
④ 覚悟を示した
⑤ 気力をふりしぼった

(ウ) 目を見張っていた
① 間違いではないかと見つめていた
② 感動して目を見開いていた
③ 動揺しつつも見入っていた
④ 集中して目を凝らしていた
⑤ まわりを見わたしていた

問2　傍線部A「自分だけ好いところを占領するのは気がひけたので、そこの一部を割いて、トマトを植えさせた」とあるが、この場面からわかる、妹に対する「私」の気持ちや向き合い方はどのようなものであるか。その説明として最も適当なものを、次の①～⑤のうちから一つ選べ。

① 自分だけが庭の日なたの部分を使い花を育てていることに後ろめたい気持ちになり、これからは一緒にたくさんの野菜を育てることで落ち込んでいた妹を励まそうとしている。

② 活力を取り戻して庭に野菜畑を作るために次々と行動する妹に接し、気後れしていたが、家族である妹との関わりは失った月見草に代わる新しい慰めになるのではないかと思い始めている。

③ 野菜を植える手慣れた様子に妹の回復の兆しを感じ、慰めを求めているのは自分だけではないのだから園芸に適した場所を独占するのは悪いと思い、妹にもそこを使わせる気遣いをしている。

④ 自分が庭を一人占めしていることを妹から指摘されたような気持ちになり、再出発した妹に対する居心地の悪さを解消するために、栽培に好都合な場所を妹と共用しようとしている。

⑤ 何もない土地に畝を作り、落ち葉を埋める妹の姿に将来の希望を見出したような思いになり、前向きになっている妹の気持ちを傷つけないように、その望みをできるだけ受け入れようとしている。

問3　傍線部B「それは、なんだかよろこばしい図であった。」とあるが、そう感じたのはなぜか。その説明として最も適当なものを、次の①～⑤のうちから一つ選べ。

① いつの間にか月見草に関心をもっていたO君と、大きな月見草の株とが一緒になった光景は目新しく、月見草を失った自分の憂いが解消してしまうような爽快なものだったから。

② 月見草を傷つけまいと少ししか月見草をとらなかった自分と対照的に、たくさんの月見草の株をとってきたO君の姿は、落胆する自分の気持ちを慰めてくれるかのような力強いものだったから。

③ 釣りをしていたはずのO君が、短い時間で手際よくたくさんの月見草の株を手にして戻ってきた光景は驚くべきもので、その行動の大胆さは自分を鼓舞するような痛快なものだったから。

④ 匂いがするかしないかを考えて月見草をとってきた自分とは異なり、その違いを考慮せずに無造作に持ってきたO君の姿は、いかにも月見草に興味がない人の行為のようなほほえましいものだったから。

⑤ 月見草に関心がなく、釣りに夢中だと思っていたO君が月見草の大きな株を手にしていた光景は意外で、月見草への自分の思いをO君が理解してくれていたと思わせるようなうれしいものだったから。

問4　傍線部C「突然私は病院にいる妻のことを思い出した」とあるが、この前後の「私」の心情はどのようなものか。その説明として最も適当なものを、次の①～⑤のうちから一つ選べ。

① 暗く寂しい村の中に建つサナトリウムの建物を見ているうちに、忘れようと努めていた妻の不在がふと思い出されて絶望的な思いになった。しかし、今の自分にできることは気持ちだけでも妻に寄り添うようにすることだと思い直し、妻の病状をひたすら案ずるようになっている。

② サナトリウムの建物に灯がともり始めたのを見て、離れた地で入院中の妻のことが急に頭に浮かび、その不在を感じた。妻がすぐそこにいるような思いにかられて建物に近づき、人々の生活の気配を感じるうちに妻のことを改めて意識して、その平穏を願い胸がいっぱいになっている。

③ 生気のなかったサナトリウムの建物が次第に活気づいてきたと思っているうちに、他の施設に入院している妻もまた健やかに生活しているような錯覚にとらわれ出した。しかし、あまり思わしくない妻の病状を考え、現実との落差に対する失望感から泣き出しそうな思いになっている。

④ サナトリウムの建物の内部が生き生きとしてきたことがきっかけとなって、入院している妻が今どのように過ごしているかを想像し始めた。朝から月見草をめぐる自分の心の空虚さにこだわり、妻の病を忘れていたことに罪悪感を覚え、妻への申し訳なさで頭がいっぱいになっている。

⑤ サナトリウムの建物が骸骨のように見えたことで、療養中の妻のことをにわかに意識するようになった。その感情が是政駅で感じた寒さや疲労と結びついて、妻がいつまでも退院できないのではないかという不安がふくらみ、妻の回復を祈るしかないと感じている。

問5　傍線部D「それはまるで花の天国のようであった。」とあるが、ここに至るまでの月見草に関わる「私」の心の動きはどのようなものか。その説明として最も適当なものを、次の①～⑤のうちから一つ選べ。

① 是政の駅に戻る途中で目にした、今咲いたばかりの月見草の群れは、どこまでも果てしなく広がるようで、自分の感傷を吹き飛ばすほどのものだった。さらに武蔵境へ向かう車中で見た、三方から光の中に現れては闇に消えていく一面の月見草の花によって、憂いや心労に満ちた日常から自分が解放されるように感じた。

② 月見草を求めて出かけたが、多摩川へ向かう途中の月見草が痩せていて生気のないことや橋番の悲観的な言葉などによって、持ち帰っても根付かないかもしれないと心配になった。しかし、是政の駅を出て目にした、ヘッドライトに照らされた月見草は、自分の心を癒やしてくれ、庭に月見草が復活するという確信を得た。

③ サナトリウムを見たときは妻を思って涙ぐんだが、一面に広がる月見草の群落が自分を迎えてくれるように感じられ、現実の寂しさを忘れることができた。さらに帰りの車中で目にした月見草の原は、この世のものとも思えない世界に入り込んだような安らかさを感じさせ、妻の病も回復に向かうだろうという希望をもった。

④ 月見草を手に入れた後に乗ったガソリン・カアの前方には月見草の原が広がり、驚いて息を呑むばかりだった。サナトリウムの暗い窓を思わせる闇から、次々に現れては消える月見草に死後の世界のイメージを感じ取り、毎夜このような光景を見ている運転手は死に魅入られてしまうのではないかと想像した。

⑤ O君のおかげで多摩川へ行く途中にたくさんの月見草を見ることができたうえに、匂いのする新しい月見草まで手に入った。気がかりなのは妻のことだったが、是政から武蔵境に行く途中に見た、闇の中から現れ光の果てに消えていく月見草の幻想的な光景は、自分と妻の将来に明るい幸福を予感させてくれた。

第4問　チャレンジテスト（文学的文章）

問6　この文章の表現に関する説明として適当なものを、次の①～⑥のうちから二つ選べ。ただし、解答の順序は問わない。

① 2行目「空地利用しようか！」では「！」を使用し、また4行目「茄子やトマトなんかを。」では述語を省略することで、菜園を始める際の会話部分をテンポよく描き、妹の快活な性格を表現している。

② 26行目「それは、六月の中旬。」、38行目「多磨墓地前で停車。」、「次が北多磨。」などの体言止めの繰り返しによって、O君と一緒に是政に行く旅が、「私」にとって印象深い記憶であったことを強調している。

③ 36行目「サアサアと音を立てながら」、85行目「ポツリ、ポツリと、部屋々々に灯がつきはじめ」、95行目「ポクポク歩いていると」など、カタカナ表記の擬音語・擬態語を使うことで、それぞれの場面の緊迫感を高めている。

④ 45・46行目や、62行目における月見草の匂いの有無に関する叙述は、114行目の、「私」が網棚から月見草を下ろすときに「ぷんとかぐわしい香りがした」という嗅覚体験を際立たせる表現となっている。

⑤ 77行目「疲れていた。寒かった。おなかが空いていた。」という部分は、短い文を畳みかけるように繰り返すことで、「私」の状況が次第に悪化していく過程を強調する表現になっている。

⑥ 85行目「建物は、窩をもった骸骨のように見え」、97行目「私を迎えるように頭を並べて咲き揃っている」のように、比喩を用いることによって、「私」の心理を間接的に表現している。

❖次の文章は、加能作次郎《かのうさくじろう》「羽織と時計」（一九一八年発表）の一節である。「私」と同じ出版社で働くW君は、妻子と従妹《いとこ》と暮らしていたが生活は苦しかった。そのW君が病で休職している期間、「私」は何度か彼を訪れ、同僚から集めた見舞金を届けたことがある。以下はそれに続く場面である。これを読んで、後の問い（**問1〜6**）に答えよ。なお、設問の都合で本文の上に行数を付してある。

春になって、陽気がだんだん暖かになると、W君の病気も次第に快《よ》くなって、五月の末には、再び出勤することが出来るようになった。

『君の家の紋(注1)は何かね？』

彼が久し振りに出勤した最初の日に、W君は突然私に尋ねた。私は不審に思いながら答えた。

『円《まる》(注2)に横モッコです。平凡なありふれた紋です。何ですか？』

『いや、実はね。僕も長い間休んで居て、君に少《すくな》からぬ世話になったから、ほんのお礼の印に羽二重《はぶたえ》(注3)を一反《いったん》(注4)お上げしようと思っているんだが、同じことなら羽織にでもなるように紋を抜いた(注5)方がよいと思ってね。どうだね、其方《そのほう》がよかろうね。』

とW君は言った。

W君の郷里は羽二重の産地で、彼の親類に織元《おりもと》があるので、そこから安く、実費で分けて貰《もら》うので、外にも序《ついで》があるから、そこから直接に京都へ染めにやることにしてあるとのことであった。

『染《そめ》は京都でなくちゃ駄目だからね。』とW君は独りで首肯《うなず》いて、『じゃ早速言ってやろう。』

私は辞退する(ア)術《すべ》もなかった。

一ケ月あまり経《た》って、染め上《あが》って来た。W君は自分でそれを持って私の下宿を訪れて呉《く》れた。私は早速W君と連れだって、呉服屋へ行って裏地を買って羽織に縫って貰った。

貧乏な私は其時《そのとき》まで礼服というものを一枚も持たなかった。羽二重の紋付《もんつき》の羽織というものを、その時始めて着たのであるが、今でもそれが私の持物《もちもの》の中で最も貴重なものの一つとなって居る。

『ほんとにいい羽織ですこと、あなたの様な貧乏人が、こんな羽織をもって居なさるのが不思議な位ですわね。』

妻は、私がその羽織を着る機会のある毎《ごと》にそう言った。私はW君から貰ったのだということを、妙な羽目からつい(イ)言いはぐれて了《しま》って、今だに妻に打ち明けてないのであった。妻が私が結婚の折に特に拵《こしら》えたものと信じて居るのだ。下に着る着物でも袴《はかま》でも、その羽織とは全く不調和な粗末なものばかりしか私は持って居ないので、

『よくそれでも羽織だけ飛び離れていいものをお拵えになりましたわね。』と妻は言うのであった。

『そりゃ礼服だからな。これ一枚あれば下にどんなものを着て居ても、兎《と》に角《かく》礼服として何処《どこ》へでも出られるからな。』私はA擽《くす》ぐられるような思《おもい》をしながら、そんなことを言って誤魔化《ごまか》して居た。

『これで袴だけ(注6)仙台平《せんだいひら》か何かのがあれば揃《そろ》うのですけれどね。どうにかして袴だけいいのをお拵えなさいよ。これじゃ羽織が泣きますわ。こんなぼとぼとした(注7)セルの袴じゃ、折角《せっかく》のいい羽織がちっとも引き立たないじゃありませんか。』

妻はいかにも惜しそうにそう言い言いした。

私もそうは思わないではないが、今だにその余裕がないのであった。私はこの羽織を着る毎にW君のことを思い出さずに居なかった。

その後、社に改革があって、私が雑誌を一人でやることになり、W君は書籍の出版の方に廻《まわ》ることになった。そして翌年の春、私は他にいい口があったので、その方へ転ずることになった。

W君は私の将来を祝し、送別会をする代《かわ》りだといって、自ら奔走して社の同人(注8)達《たち》から二十円ばかり(注9)醵金《きょきん》をして、私に記

念品を贈ることにして呉れた。私は時計を持って居なかったので、自分から望んで懐中時計を買って貰った。

『贈××君。××社同人。』

こう銀側の蓋の裏に小さく刻まれてあった。

この処置について、社の同人の中には、内々不平を抱いたものもあったそうだ。まだ二年足らずしか居ないものに、記念品を贈るなどということは曾《かつ》て例のないことで、これはW君が、自分の病気の際に私が奔走して見舞金を贈ったので、その時の私の厚意に酬《むく》いようとする個人的の感情から企てたことだといってW君を非難するものもあったそうだ。また中には、『あれはW君が自分が罷《や》める時にも、そんな風なことをして貰いたいからだよ。』と卑しい邪推をして皮肉を言ったものもあったそうだ。

私は後でそんなことを耳にして非常に不快を感じた。そしてW君に対して気の毒でならなかった。そういう非難を受けてまでも（それはW君自身予想しなかったことであろうが）私の為《ため》に奔走して呉れたW君の厚い（注10）情誼《じょうぎ》を思いやると、私は涙ぐましいほど感謝の念に打たれるのであった。それと同時に、その一種の恩恵に対して、常に或《あ》る重い圧迫を感ぜざるを得なかった。

羽織と時計——。私の身についたものの中で最も高価なものが、二つともW君から贈られたものだ。この意識が、今でも私の心に、感謝の念と共に、B何だかやましいような気恥《きはずか》しいような、訳のわからぬ一種の重苦しい感情を起《おこ》させるのである。

××社を出てから以後、私は一度もW君と会わなかった。W君は、その後一年あまりして、病気が再発して、遂《つい》に社を辞し、いくらかの金を融通して来て、電車通りに小さなパン菓子屋を始めたこと、自分は寝たきりで、店は主に従妹が支配して居て、それでやっと生活して居るということなどを、私は或る日途中で××社の人に遇《あ》った時に聞いた。私は××社を辞した後、或る文学雑誌の編輯《へんしゅう》に携《たずさわ》って、文壇の方と接触する様になり、交友の範囲もおのずから違って行き、仕事も忙しかったので、一度見舞旁々訪《みまいかたがたおとな》わねばならぬと思いながら、自然と遠ざかって了った。その中《うち》私も結婚をしたり、子が出来たりして、境遇も次第に前と異《ことな》って来て、一層(ウ)足が遠くなった。偶々《たまたま》思い出しても、久しく無沙汰をして居ただけそれだけ、そしてそれに対して一種の自責を感ずれば感ずるほど、妙に改まった気持《きもち》になって、つい億劫《おっくう》になるのであった。

羽織と時計——併《しか》し本当を言えば、この二つが、W君と私とを遠ざけたようなものであった。これがなかったなら、私はもっと素直な自由な気持になって、時々W君を訪れることが出来たであろうと、今になって思われる。何故《なぜ》というに、私はこの二個の物品を持って居るので、常にW君から恩恵的債務を負うて居るように感ぜられたからである。この債務に対する自意識は、私をして不思議にW君の家の敷居を高く思わせた。而《しか》も不思議なことに、C私はW君よりも、彼の妻君《さいくん》の眼を恐れた。私が時計を帯にはさんで行くとする、『あの時計は、(注11)良人《うち》が世話して進《あ》げたのだ。』斯《こ》う妻君の眼が言う。私が羽織を着て行く、『あああの羽織は、良人が進げたのだ。』斯う妻君の眼が言う。もし二つとも身につけて行かないならば、『あの人は羽織や時計をどうしただろう。』斯う妻君の眼が言うように空想されるのであった。どうしてそんな考《かんがえ》が起《おこ》るのか分《わか》らない。或《あるい》は私自身の中に、そういう卑しい邪推深い性情がある為であろう。が、いつでもW君を訪れようと思いつく毎に、妙にその厭《いや》な考が私を引き止めるのであった。そればかりではない、こうして無沙汰を続ければ続けるほど、私はW君の妻君に対して更に恐れを抱くのであった。

『○○さんて方は随分薄情な方ね、あれきり一度も来なさらない。こうして貴郎《あなた》が病気で寝て居らっしゃるのを知らないんでしょうか、見舞に一度も来て下さらない。』

斯う彼女が彼女の良人《おっと》に向《むか》って私を責めて居そうである。その言葉には、あんなに、羽織や時計などを進げたりして、こちらでは尽《つく》すだけのことは尽してあるのに、という意味を、彼女は含めて居るのである。

そんなことを思うと迚《とて》も行く気にはなれなかった。こちらから出て行って、妻君のそういう考をなくする様に努めるよりも、私は逃げよう逃げようとした。私は何か偶然の機会で妻君なり従妹なりと、途中ででも遇わんことを願った。そうしたら、『W君はお変《かわ》りありませんか、相変らず元気で××社へ行っていらっしゃいますか？』としらばくれて尋ねる、すると、疾《と》うに社をやめ、病気で寝て居ると、相手の人は答えるに違いない。

『おやおや！　一寸《ちっと》も知りませんでした。それはいけませんね。どうぞよろしく言って下さい。近いうちに御《お》見舞に上りますから。』

こう言って分れよう。そしてそれから二三日置いて、何か手土産を、そうだ、かなり立派なものを持って見舞に行こう、そうするとそれから後は、心易《こころやす》く往来出来るだろう――。

そんなことを思いながら、三年四年と月日が流れるように経って行った。今年の新緑の頃、子供を連れて郊外へ散歩に行った時に、**D**私は少し遠廻りして、W君の家の前を通り、原っぱで子供に食べさせるのだからと妻に命じて、態《わざ》と其《そ》の店に餡《あん》パンを買わせたが、実はその折陰ながら家の様子を窺《うかが》い、うまく行けば、全く偶然の様に、妻君なり従妹なりに遇おうという微《かす》かな期待をもって居た為《た》めであった。私は電車の線路を挟んで向側《むかいがわ》の人道に立って店の様子をそれとなく注視して居たが、出て来た人は、妻君でも従妹でもなく、全く見知らぬ、(注12)下女《げじょ》の様な女だった。私は若《も》しや家が間違っては居ないか、または代《だい》が変ってでも居るのではないかと、屋根看板をよく注意して見たが、以前××社の人から聞いたと同じく、××堂W――とあった。たしかにW君の店に相違なかった。それ以来、私はまだ一度も其店の前を通ったこともなかった。

(注) 1　紋――家、氏族のしるしとして定まっている図柄。
2　円に横モッコ――紋の図案の一つ。
3　羽二重――上質な絹織物。つやがあり、肌ざわりがいい。
4　一反――布類の長さの単位。長さ一〇メートル幅三六センチ以上が一反の規格で、成人一人分の着物となる。
5　紋を抜いた――「紋の図柄を染め抜いた」という意味。
6　仙台平――袴に用いる高級絹織物の一種。
7　セル――和服用の毛織物の一種。
8　同人――仲間。
9　醵金――何かをするために金銭を出し合うこと。
10　情誼――人とつきあう上での人情や情愛。
11　良人――夫。

12　下女――雑事をさせるために雇った女性のこと。当時の呼称。

問1　傍線部(ア)～(ウ)の本文中における意味として最も適当なものを、次の各群の①～⑤のうちから、それぞれ一つずつ選べ。

(ア)　術もなかった
① 理由もなかった
② 手立てもなかった
③ 義理もなかった
④ 気持ちもなかった
⑤ はずもなかった

(イ)　言いはぐれて
① 言う必要を感じないで
② 言う機会を逃して
③ 言うのを忘れて
④ 言う気になれなくて
⑤ 言うべきでないと思って

(ウ)　足が遠くなった
① 訪れることがなくなった
② 時間がかかるようになった
③ 会う理由がなくなった
④ 行き来が不便になった
⑤ 思い出さなくなった

問2　傍線部A「擽ぐられるような思」とあるが、それはどのような気持ちか。その説明として最も適当なものを、次の①～⑤のうちから一つ選べ。

① 自分たちの結婚に際して羽織を新調したと思い込んで発言している妻に対する、笑い出したいような気持ち。
② 上等な羽織を持っていることを自慢に思いつつ、妻に事実を知られた場合を想像して、不安になっている気持ち。
③ 妻に羽織をほめられたうれしさと、本当のことを告げていない後ろめたさとが入り混じった、落ち着かない気持ち。
④ 妻が自分の服装に関心を寄せてくれることをうれしく感じつつも、羽織だけほめることを物足りなく思う気持ち。
⑤ 羽織はW君からもらったものだと妻に打ち明けてみたい衝動と、自分を侮っている妻への不満とがせめぎ合う気持ち。

問3　傍線部B「何だかやましいような気恥しいような、訳のわからぬ一種の重苦しい感情」とあるが、それはどういうことか。その説明として最も適当なものを、次の①～⑤のうちから一つ選べ。

① W君が手を尽くして贈ってくれた品物は、いずれも自分には到底釣り合わないほど立派なものに思え、自分を厚遇しようとするW君の熱意を過剰なものに感じてとまどっている。

② W君の見繕ってくれた羽織はもちろん、自ら希望した時計にも実はさしたる必要を感じていなかったのに、W君がその贈り物をするために評判を落としたことを、申し訳なくももったいなくも感じている。

③ W君が羽織を贈ってくれたことに味をしめ、続いて時計までも希望し、高価な品々をやすやすと手に入れてしまった欲の深さを恥じており、W君へ向けられた批判をそのまま自分にも向けられたものと受け取っている。

④ 立派な羽織と時計とによって一人前の体裁を取り繕うことができたものの、それらを自分の力では手に入れられなかったことを情けなく感じており、W君の厚意にも自分へ向けられた哀れみを感じ取っている。

⑤ 頼んだわけでもないのに自分のために奔走してくれるW君に対する周囲の批判を耳にするたびに、W君に対する申し訳なさを感じたが、同時にその厚意には見返りを期待する底意をも察知している。

第5問　チャレンジテスト（文学的文章）

問4　傍線部C「私はW君よりも、彼の妻君の眼を恐れた」とあるが、「私」が「妻君の眼」を気にするのはなぜか。その説明として最も適当なものを、次の①～⑤のうちから一つ選べ。

① 「私」に厚意をもって接してくれたW君が退社後に寝たきりで生活苦に陥っていることを考えると、見舞に駆けつけなくてはいけないと思う一方で、「私」の転職後はW君と久しく疎遠になってしまい、その間看病を続けた妻君に自分の冷たさを責められるのではないかと悩んでいるから。

② W君が退社した後慣れないパン菓子屋を始めるほど家計が苦しくなったことを知り、「私」が彼の恩義に酬いる番だと思う一方で、転職後にさほど家計も潤わずW君を経済的に助けられないことを考えると、W君を家庭で支える妻君には申し訳ないことをしていると感じているから。

③ 退職後に病で苦労しているW君のことを思うと、「私」に対するW君の恩義は一生忘れてはいけないと思う一方で、忙しい日常生活にかまけてW君のことをつい忘れてしまうふがいなさを感じたまま見舞に出かけると、妻君に偽善的な態度を指摘されるのではないかという怖さを感じているから。

④ 自分を友人として信頼し苦しい状況にあって頼りにもしているだろうW君のことを想像すると、見舞に行きたいという気持ちが募る一方で、かつてW君の示した厚意に酬いていないことを内心やましく思わざるを得ず、妻君の前では卑屈にへりくだらねばならないことを疎ましくも感じているから。

⑤ W君が「私」を立派な人間と評価してくれたことに感謝の気持ちを持っているため、W君の窮状を救いたいという思いが募る一方で、自分だけが幸せになっているのにW君を訪れなかったことを反省すればするほど、苦労する妻君には顔を合わせられないと悩んでいるから。

問5　傍線部D「私は少し遠廻りして、W君の家の前を通り、原っぱで子供に食べさせるのだからと妻に命じて、態と其の店に餡パンを買わせた」とあるが、この「私」の行動の説明として最も適当なものを、次の①～⑤のうちから一つ選べ。

① W君の家族に対する罪悪感を募らせるあまり、自分たち家族の暮らし向きが好転したさまを見せることがためらわれて、かつてのような質素な生活を演出しようと作為的な振る舞いに及んでいる。

② W君と疎遠になってしまった後悔にさいなまれてはいるものの、それを妻に率直に打ち明け相談することも今更できず、逆にその悩みを悟られまいとして妻にまで虚勢を張るはめになっている。

③ 家族を犠牲にしてまで自分を厚遇してくれたW君に酬いるためのふさわしい方法がわからず、せめて店で買い物をすることによって、かつての厚意に少しでも応えることができればと考えている。

④ W君の家族との間柄がこじれてしまったことが気がかりでならず、どうにかしてその誤解を解こうとして稚拙な振る舞いに及ぶばかりか、身勝手な思いに事情を知らない自分の家族まで付き合わせている。

⑤ 偶然を装わなければW君と会えないとまで思っていたが、これまで事情を誤魔化してきたために、今更妻に本当のことを打ち明けることもできず、回りくどいやり方で様子を窺う機会を作ろうとしている。

問6　次に示す【資料】は、この文章（加能作次郎「羽織と時計」）が発表された当時、新聞紙上に掲載された批評（評者は宮島新三郎、原文の仮名遣いを改めてある）の一部である。これを踏まえた上で、後の(i)・(ii)の問いに答えよ。

【資料】

今までの氏は生活の種々相を様々な方面から多角的に描破（注1）して、其処《そこ》から或るものを浮き上《あが》らせようとした点があったし、又そうすることに依《よ》って作品の効果を強大にするという長所を示していたように思う。見た儘《まま》、有りの儘を刻明に描写する――其処に氏の有する大きな強味がある。由来（注2）氏はライフの一点だけを覘《ねら》って作をするというような所謂《いわゆる》『小話《こばなし》』作家の面影は有《も》っていなかった。

それが『羽織と時計』になると、作者が本当の泣き笑いの悲痛な人生を描こうとしたものか、それとも単に羽織と時計に伴う思い出を中心にして、ある一つの興味ある覘いを、否一つのおちを物語ってでもやろうとしたのか分《わか》らない程謂《い》う所の小話臭味の多過ぎた嫌いがある。若《も》し此《この》作品から小話臭味を取《とり》去ったら、即《すなわ》ち羽織と時計とに作者が関心し過ぎなかったら、そして飽くまでも『私』の見たW君の生活、W君の病気、それに伴う陰鬱な、悲惨な境遇を如実に描いたなら、一層感銘の深い作品になったろうと思われる。羽織と時計とに執し過ぎた（注3）ことは、この作品をユーモラスなものにする助けとはなったが、作品の効果を増す力にはなって居ない。私は寧《むし》ろ忠実なる生活の再現者としての加能氏に多くの尊敬を払っている。

宮島新三郎「師走文壇の一瞥《いちべつ》」（『時事新報』一九一八年一二月七日）

（注）1　描破――あまさず描きつくすこと。
2　由来――元来、もともと。
3　執し過ぎた――「執着し過ぎた」という意味。

(ⅰ)【資料】の二重傍線部に「羽織と時計とに執し過ぎたことは、この作品をユーモラスなものにする助けとはなったが、作品の効果を増す力にはなって居ない。」とあるが、それはどのようなことか。評者の意見の説明として最も適当なものを、次の①～④のうちから一つ選べ。

① 多くの挿話からW君の姿を浮かび上がらせようとして、W君の描き方に予期せぬぶれが生じている。

② 実際の出来事を忠実に再現しようと意識しすぎた結果、W君の悲痛な思いに寄り添えていない。

③ 強い印象を残した思い出の品への愛着が強かったために、W君の一面だけを取り上げ美化している。

④ 挿話の巧みなまとまりにこだわったため、W君の生活や境遇の描き方が断片的なものになっている。

(ⅱ)【資料】の評者が着目する「羽織と時計」は、表題に用いられるほかに、「羽織と時計――」という表現として本文中にも用いられている(44行目、54行目)。この繰り返しに注目し、評者とは異なる見解を提示した内容として最も適当なものを、次の①～④のうちから一つ選べ。

① 「羽織と時計――」という表現がそれぞれ異なる状況において自問自答のように繰り返されることで、かつてのようにはW君を信頼できなくなっていく「私」の動揺が描かれることを重視すべきだ。

② 複雑な人間関係に耐えられず生活の破綻を招いてしまったW君のつたなさが、「羽織と時計――」という余韻を含んだ表現で哀惜の思いをこめて回顧されていることを重視すべきだ。

③ 「私」の境遇の変化にかかわらず繰り返し用いられる「羽織と時計――」という表現が、好意をもって接していた「私」に必死で応えようとするW君の思いの純粋さを想起させることを重視すべきだ。

④ 「羽織と時計――」という表現の繰り返しによって、W君の厚意が皮肉にも自分をかえって遠ざけることになった経緯について、「私」が切ない心中を吐露していることを重視すべきだ。

チャレンジテスト（文学的文章）

第6問

解答・解説　本冊210ページ

共通テスト（本試験）

❖次の文章は、黒井千次《くろいせんじ》「庭の男」（一九九一年発表）の一節である。「私」は会社勤めを終え、自宅で過ごすことが多くなっている。隣家（大野家）の庭に息子のためのプレハブ小屋が建ち、そこに立てかけられた看板に描かれた男が、「私」の自宅のダイニングキチン（キッチン）から見える。その存在が徐々に気になりはじめた「私」は、看板のことを妻に相談するなかで、自分が案山子《かかし》をどけてくれと頼んでいる雀《すずめ》のようだと感じていた。以下はそれに続く場面である。これを読んで、後の問い（**問1～5**）に答えよ。

立看板《たて》をなんとかするよう裏の家の息子に頼んでみたら、という妻の示唆を、私は大真面目で受け止めていたわけではなかった。落着《おちつ》いて考えてみれば、その理由を中学生かそこらの少年にどう説明すればよいのか見当もつかない。相手は看板を案山子などとは夢にも思っていないだろうから、雀の論理は通用すまい。ただあの時は、妻が私の側に立ってくれたことに救われ、気持ちが楽になっただけの話だった。いやそれ以上に、男と睨《にら》み合った時、なんだ、お前は案山子ではないか、と言ってやる僅かなゆとりが生れるほどの力にはなった。裏返されればそれまでだぞ、と窓の中から毒突くのは、一方的に見詰められるのみの関係に比べればまだましだったといえる。

しかし実際には、看板を裏返す手立てが摑《つか》めぬ限り、いくら毒突いても所詮空威張りに過ぎぬのは明らかである。そして裏の男は、私のそんな焦りを見透《みすか》したかのように、前にもまして帽子の広いつばの下の眼に暗い光を溜《た》め、こちらを凝視して止《や》まなかった。流しの窓の前に立たずとも、あの男が見ている、との感じは肌に伝わった。暑いのを我慢して南側の子供部屋で本を読んだりしていると、すぐ隣の居間に男の視線の気配を覚えた。そうなると、本を伏せてわざわざダイニングキチンまで出向き、あの男がいつもと同じ場所に立っているのを確かめるまで落着けなかった。

　隣の家に電話をかけ、親に事情を話して看板をどうにかしてもらう、という手も考えた。少年の頭越しのそんな手段はフェアではないだろう、との意識も働いたし、その前に親を納得させる自信がない。もしも納得せぬまま、ただこちらとのいざこざを避けるために親が看板を除去してくれたとしても、相手の内にいかなる疑惑が芽生えるかは容易に想像がつく。あの家には頭のおかしな人間が住んでいる、そんな噂《うわさ》を立てられるのは恐ろしかった。

　ある夕暮れ、それは妻が家に居る日だったが、日が沈んで外が少し涼しくなった頃、散歩に行くぞ、と裏の男に眼で告げて玄関を出た。家を離れて少し歩いた時、町会の掲示板のある角を曲って来る人影に気がついた。迷彩色のシャツをだらしなくジーパンの上に出し、俯《うつむ》きかげんに道の端をのろのろと近づいて来る。まだ育ち切らぬ柔らかな骨格と、無理に背伸びした身なりとのアンバランスな組合せがおかしかった。細い首に支えられた坊主頭がふと上り、またすぐに伏せられた。

A隣の少年だ、と思うと同時に、私はほとんど無意識のように道の反対側に移って彼の前に立っていた。

「ちょっと」

　声を掛けられた少年は怯《おび》えた表情で立ち止《ど》まり、それが誰かわかると小さく頷《うなず》く仕種《しぐさ》で頭だけ下げ、私を避けて通り過ぎようとした。

「庭のプレハブは君の部屋だろう」

　何か曖昧な母音を洩《も》らして彼は微《かす》かに頷いた。

「あそこに立てかけてあるのは、映画の看板かい」

　細い眼が閉じられるほど細くなって、警戒の色が顔に浮かんだ。

「素敵な絵だけどさ、うちの台所の窓の真正面になるんだ。置いてあるだけなら、あのオジサンを横に移すか、裏返しにするか――」

　そこまで言いかけると、相手は肩を聳《そび》やかす身振りで歩き出そうとした。

「待ってくれよ、頼んでいるんだから」

肩越しに振り返る相手の顔は無表情に近かった。

「もしもさ――」

追おうとした私を振り切って彼は急ぎもせずに離れて行く。

「ジジイ――」

吐き捨てるように彼の俯いたまま低く叫ぶ声がはっきり聞えた。少年の姿が大野家の石の門に吸い込まれるまで、私はそこに立ったまま見送っていた。

ひどく後味の悪い夕刻の出来事を、私は妻に知られたくなかった。少年から見れば我が身が碌《ろく》な勤め先も持たぬジジイであることに間違いはなかったろうが、一応は礼を尽《つく》して頼んでいるつもりだったのだから、中学生の餓鬼にそれを無視され、罵られたのは身に応えた。B身体の底を殴られたような厭《いや》な痛みを少しでも和らげるために、こちらの申し入れが理不尽なものであり、相手の反応は無理もなかったのだ、と考えてみようともした。謂《いわ》れもない内政干渉として彼が憤る気持ちもわからぬではなかった。しかしそれなら、彼は面を上げて私の申し入れを拒絶すればよかったのだ。所詮当方は雀の論理しか持ち合わせぬのだから、黙って引き下《さが》るしかないわけだ。その方が私もまだ救われたろう。

無視と捨台詞《すてぜりふ》にも似た罵言とは、彼が息子よりも遥《はる》かに歳《とし》若い少年だけに、やはり耐え難かった。

夜が更けてクーラーをつけた寝室に妻が引込んでしまった後も、私は一人居間のソファーに坐《すわ》り続けた。穏やかな鼾《いびき》が寝室の戸の隙間を洩《も》れて来るのを待ってから、大型の懐中電灯を手にしてダイニングキチンの窓に近づいた。もしや、という淡い期待を抱いて隣家の庭を窺《うかが》った。手前の木々の葉越しにプレハブ小屋の影がぼうと白く漂うだけで、庭は闇に包まれている。網戸に擦《こす》りつけるようにして懐中電灯の明《あか》りをともした。光の環《わ》の中に、きっと私を睨《にら》み返す男の顔が浮かんだ。闇に縁取られたその顔は肌に血の色さえ滲《にじ》ませ、昼間より一層生々しかった。

「馬鹿奴《め》」

呟《つぶや》く声が身体にこもった。暗闇に立つ男を罵っているのか、夕刻の少年に怒りをぶつけているのか、自らを嘲っているのか、自分でもわからなかった。懐中電灯を手にしたまま素早く玄関を出た。土地ぎりぎりに建てた家の壁と塀の間を身体を斜めにしてすり抜ける。建築法がどうなっているのか識《し》らないが、もう少し肥《ふと》れば通ることの叶《かな》わぬ僅かな隙間だった。ランニングシャツ一枚の肩や腕にモルタル(注)のざらつきが痛かった。

東隣との低い生垣《いけがき》に突き当《あた》り、檜葉《ひば》の間を強引に割ってそこを跨《また》ぎ越し、我が家のブロック塀の端を迂回《うかい》すると再び大野家との生垣を掻《か》き分けて裏の庭へと踏み込んだ。乾いた小さな音がして枝が折れたようだったが、気にかける余裕はなかった。

繁みの下の暗がりで一息つき、足許《あしもと》から先に懐中電灯の光をさっと這《は》わせてすぐ消した。右手の母屋も正面のプレハブ小屋も、明りは消えて闇に沈んでいる。身を屈《かが》めたまま手探りに進み、地面に雑然と置かれている小さなベンチや傘立てや三輪車をよけて目指す小屋の横に出た。

男は見上げる高さでそこに平たく立っていた。光を当てなくとも顔の輪郭は夜空の下にぼんやり認められた。そんなただの板と、窓から見える男が同一人物とは到底信じ難かった。これではあの餓鬼に私の言うことが通じなかったとしても無理はない。案山子にとまった雀はこんな気分がするだろうか、と動悸《どうき》を抑えつつも苦笑した。

しかし濡《ぬ》れたように滑らかな板の表面に触れた時、指先に厭な違和感が走った。それがベニヤ板でも紙でもなく、硬質のプラスチックに似た物体だったからだ。思わず懐中電灯をつけてみずにはいられなかった。果《はた》して断面は分厚い白色で、裏側に光を差し入れるとそこには金属の補強材が縦横に渡されている。人物の描かれた表面処理がいかなるものかまでは咄嗟《とっさ》に摑めなかったが、それが単純に紙を貼りつけただけの代物ではないらしい、との想像はついた。雨に打たれて果無《はかな》く消えるどころか、これは土に埋められても腐ることのないしたたかな男だったのだ。

それを横にずらすか、道に面した壁に向きを変えて立てかけることは出来ぬものか、と持ち上げようとした。相手は根が生えたかの如《ごと》く動かない。これだけの厚みと大きさがあれば体重もかなりのものになるのだろうか。力の入れやすい手がかりを探ろうとして看板の縁を辿《たど》った指が何かに当った。太い針金だった。看板の左端にあけた穴を通して、針金は小屋の樋《とい》としっかり結ばれている。同じような右側の針金の先は、壁に突き出たボルトの頭に巻きついていた。その細工が左右に三つずつ、六ヵ所にわたって施されているのを確かめると、最早《もはや》男を動かすことは諦めざるを得なかった。夕暮れの少年の細めた眼を思い出し、理由はわからぬものの、C あ奴《やつ》はあ奴でかなりの覚悟でことに臨んでいるのだ、と認めてやりたいような気分がよぎった。

（注）　モルタル――セメントと砂を混ぜ、水で練り合わせたもの。タイルなどの接合や、外壁の塗装などに用いる。

問1　傍線部A「隣の少年だ、と思うと同時に、私はほとんど無意識のように道の反対側に移って彼の前に立っていた。」とあるが、「私」をそのような行動に駆り立てた要因はどのようなことか。その説明として適当なものを、次の①～⑥のうちから**二つ**選べ。ただし、解答の順序は問わない。

① 親が看板を取り除いたとしても、少年にどんな疑惑が芽生えるか想像し恐ろしく思っていたこと。
② 少年を差し置いて親に連絡するような手段は、フェアではないだろうと考えていたこと。
③ 男と睨み合ったとき、お前は案山子ではないかと言ってやるだけの余裕が生まれていたこと。
④ 男の視線を感じると、男がいつもの場所に立っているのを確かめるまで安心できなかったこと。
⑤ 少年の発育途上の幼い骨格と、無理に背伸びした身なりとの不均衡をいぶかしく感じていたこと。
⑥ 少年を説得する方法を思いつけないにもかかわらず、看板をどうにかしてほしいと願っていたこと。

問2　傍線部B「身体の底を殴られたような厭な痛み」とはどのようなものか。その説明として最も適当なものを、次の①～⑤のうちから一つ選べ。

① 頼みごとに耳を傾けてもらえないうえに、話しかけた際の気遣いも顧みられず一方的に暴言を浴びせられ、存在が根底から否定されたように感じたことによる、解消し難い不快感。

② 礼を尽くして頼んだにもかかわらず少年から非難され、自尊心が損なわれたことに加え、そのことを妻にも言えないほどの汚点だと捉えたことによる、深い孤独と屈辱感。

③ 分別のある大人として交渉にあたれば、説得できると見込んでいた歳若い相手から拒絶され、常識だと信じていたことや経験までもが否定されたように感じたことによる、抑え難いいら立ち。

④ へりくだった態度で接したために、少年を増長させてしまった一連の流れを思い返し、看板についての交渉が絶望的になったと感じたことによる、胸中をえぐられるような癒し難い無念さ。

⑤ 看板について悩む自分に、珍しく助言してくれた妻の言葉を真に受け、幼さの残る少年に対して一方的な干渉をしてしまった自分の態度に、理不尽さを感じたことによる強い失望と後悔。

問3　傍線部C「あ奴はあ奴でかなりの覚悟でことに臨んでいるのだ、と認めてやりたいような気分がよぎった」における「私」の心情の説明として最も適当なものを、次の①～⑤のうちから一つ選べ。

① 夜中に隣家の庭に忍び込むには決意を必要としたため、看板を隣家の窓に向けて設置した少年も同様に決意をもって行動した可能性に思い至り、共感を覚えたことで、彼を見直したいような気持ちが心をかすめた。

② 隣家の迷惑を顧みることなく、看板を撤去し難いほど堅固に設置した少年の行動には、彼なりの強い思いが込められていた可能性があると気づき、陰ながら応援したいような新たな感情が心をかすめた。

③ 劣化しにくい素材で作られ、しっかり固定された看板を目の当たりにしたことで、少年が何らかの決意をもってそれを設置したことを認め、その心構えについては受け止めたいような思いが心をかすめた。

④ 迷惑な看板を設置したことについて、具体的な対応を求めるつもりだったが、撤去の難しさを確認したことで、この状況を受け入れてしまったほうが気が楽になるのではないかという思いが心をかすめた。

⑤ 看板の素材や設置方法を直接確認し、看板に対する少年の強い思いを想像したことで、彼の気持ちを無視して一方的に苦情を申し立てようとしたことを悔やみ、多少なら歩み寄ってもよいという考えが心をかすめた。

問4　本文では、同一の人物や事物が様々に呼び表されている。それらに着目した、後の(i)・(ii)の問いに答えよ。

(i)　隣家の少年を示す表現に表れる「私」の心情の説明として最も適当なものを、次の①〜⑤のうちから一つ選べ。

① 当初はあくまで他人として「裏の家の息子」と捉えているが、実際に遭遇した少年に未熟さを認めたのちには、「息子よりも遥かに歳若い少年」と表して我が子に向けるような親しみを抱いている。

② 看板への対応を依頼する少年に礼を尽くそうとして「君」と声をかけたが、無礼な言葉と態度を向けられたことで感情的になり、「中学生の餓鬼」「あの餓鬼」と称して怒りを抑えられなくなっている。

③ 看板撤去の交渉をする相手として、少年とのやりとりの最中はつねに「君」と呼んで尊重する様子を見せる一方で、少年の外見や言動に対して内心では「中学生の餓鬼」「あの餓鬼」と侮っている。

④ 交渉をうまく進めるために「君」と声をかけたが、直接の接触によって我が身の老いを強く意識させられたことで、「中学生の餓鬼」「息子よりも遥かに歳若い少年」と称して彼の若さをうらやんでいる。

⑤ 当初は親の方を意識して「裏の家の息子」と表していたが、実際に遭遇したのちには少年を強く意識し、「中学生の餓鬼」「息子よりも遥かに歳若い少年」と彼の年頃を外見から判断しようとしている。

(ii) 看板の絵に対する表現から読み取れる、「私」の様子や心情の説明として最も適当なものを、次の①～④のうちから一つ選べ。

① 「私」は看板を「裏の男」と人間のように意識しているが、少年の前では「映画の看板」と呼び、自分の意識が露呈しないように工夫する。しかし少年が警戒すると、「素敵な絵」とたたえて配慮を示した直後に「あのオジサン」と無遠慮に呼んでおり、余裕をなくして表現の一貫性を失った様子が読み取れる。

② 「私」は看板について「あの男」「案山子」と比喩的に語っているが、少年の前では「素敵な絵」と大げさにたたえており、さらに、少年が憧れているらしい映画俳優への敬意を全面的に示すように「あのオジサン」と呼んでいる。少年との交渉をうまく運ぼうとして、プライドを捨てて卑屈に振るまう様子が読み取れる。

③ 「私」は妻の前では看板を「案山子」と呼び、単なる物として軽視しているが、少年の前では「素敵な絵」とたたえ、さらに「あのオジサン」と親しみを込めて呼んでいる。しかし、少年から拒絶の態度を示されると、「看板の絵」「横に移す」「裏返しにする」と物扱いしており、態度を都合よく変えている様子が読み取れる。

④ 「私」は看板を「裏の男」「あの男」と人間に見立てているが、少年の前でとっさに「映画の看板」「素敵な絵」と表してしまったため、親しみを込めながら「あのオジサン」と呼び直している。突然訪れた少年との直接交渉の機会に動揺し、看板の絵を表する言葉を見失い慌てふためいている様子が読み取れる。

問5　Nさんは、二重傍線部「案山子にとまった雀はこんな気分がするだろうか、と動悸を抑えつつも苦笑した。」について理解を深めようとした。まず、国語辞典で「案山子」を調べたところ季語であることがわかった。そこでさらに、歳時記（季語を分類して解説や例句をつけた書物）から「案山子」と「雀」が詠まれた俳句を探し、これらの内容を**【ノート】**に整理した。このことについて、後の(i)・(ii)の問いに答えよ。

【ノート】

●国語辞典にある「案山子」の意味

㋐竹や藁《わら》などで人の形を造り、田畑に立てて、鳥獣が寄るのをおどし防ぐもの。とりおどし。［季語・秋］。

㋑見かけばかりもっともらしくて、役に立たない人。

●歳時記に掲載されている［案山子と雀の俳句］

ⓐ「案山子立つれば群雀空にしづまらず」（飯田蛇笏《だこつ》）

ⓑ「稲雀追ふ力なき案山子かな」（高浜年尾）

ⓒ「某《それがし》は案山子にて候《そうろう》雀殿」（夏目漱石）

●解釈のメモ

ⓐ遠くにいる案山子に脅かされて雀が群れ騒ぐ風景。

ⓑ雀を追い払えない案山子の様子。

ⓒ案山子が雀に対して虚勢を張っているように見える様子。

●「案山子」と「雀」の関係に注目し、看板に対する「私」の認識を捉えるための観点。

・看板を家の窓から見ていた時の「私」 → ［ X ］

・看板に近づいた時の「私」 → ［ Y ］

(i) Nさんは、「私」が看板を家の窓から見ていた時と近づいた時にわけたうえで、国語辞典や歳時記の内容と関連づけながら【ノート】の傍線部について考えようとした。空欄 X と Y に入る内容の組合せとして最も適当なものを、後の①～④のうちから一つ選べ。

(ア) X ―歳時記の句ⓐでは案山子の存在に雀がざわめいている様子であり、国語辞典の説明㋐にある「おどし防ぐ」存在となっていることに注目する。

(イ) X ―歳時記の句ⓒでは案山子が虚勢を張っているように見え、国語辞典の説明㋑にある「見かけばかりもっともらし」い存在となっていることに注目する。

(ウ) Y ―歳時記の句ⓑでは案山子が実際には雀を追い払うことができず、国語辞典の説明㋑にある「見かけばかりもっともらし」い存在となっていることに注目する。

(エ) Y ―歳時記の句ⓒでは案山子が雀に対して自ら名乗ってみせるだけで、国語辞典の説明㋐にある「おどし防ぐ」存在となっていることに注目する。

① X―(ア)　Y―(ウ)
② X―(ア)　Y―(エ)
③ X―(イ)　Y―(ウ)
④ X―(イ)　Y―(エ)

(ii) 【ノート】を踏まえて「私」の看板に対する認識の変化や心情について説明したものとして、最も適当なものを、次の①～⑤のうちから一つ選べ。

① はじめ「私」は、ⓒ「某は案山子にて候雀殿」の虚勢を張る「案山子」のような看板に近づけず、家のなかから眺めているだけの状態であった。しかし、そばまで近づいたことで、看板はⓘ「見かけばかりもっともらし」いものであることに気づき、これまで「ただの板」にこだわり続けていたことに対して大人げなさを感じている。

② はじめ「私」は、ⓑ「稲雀追ふ力なき案山子かな」の「案山子」のように看板は自分に危害を加えるようなものではないと理解していた。しかし、意を決して裏の庭に忍び込んだことで、看板のⓐ「おどし防ぐもの」としての効果を実感し、雀の立場として「ただの板」に苦しんでいる自分に気恥ずかしさを感じている。

③ はじめ「私」は、自分を監視している存在として看板を捉え、ⓐ「おどし防ぐもの」と対面するような落ち着かない状態であった。しかし、おそるおそる近づいてみたことで、ⓒ「某は案山子にて候雀殿」のように看板の正体を明確に認識し、「ただの板」に対する怖さを克服しえた自分に自信をもつことができたと感じている。

④ はじめ「私」は、ⓐ「とりおどし」のような脅すものとして看板をとらえ、その存在の不気味さを感じている状態であった。しかし、暗闇に紛れて近づいたことにより、実際にはⓑ「稲雀追ふ力なき案山子かな」のような存在であることを発見し、「ただの板」である看板に心を乱されていた自分に哀れみを感じている。

⑤ はじめ「私」は、常に自分を見つめる看板に対してⓐ「群雀空にしづまらず」の「雀」のような心穏やかでない状態であった。しかし、そばに近づいてみたことにより、看板はⓘ「見かけばかりもっともらし」いものであって恐れるに足りないとわかり、「ただの板」に対して悩んできた自分に滑稽さを感じている。

❖次の【資料Ⅰ】（文章、図、グラフ1～グラフ3）と【資料Ⅱ】は、気候変動が健康に与える影響について調べていたひかるさんが見つけた資料の一部である。これらを読んで、後の問い（問1～3）に答えよ。

【資料Ⅰ】

文章　健康分野における、気候変動の影響について

ⓐ気候変動による気温上昇は[注1]熱ストレスを増加させ、熱中症[注2]リスクや暑熱による死亡リスク、その他、呼吸器系疾患等の様々な疾患リスクを増加させる。特に、ⓑ暑熱に対して脆《ぜい》弱性が高い高齢者を中心に、暑熱による[注3]超過死亡が増加傾向にあることが報告されている。年によってばらつきはあるものの、熱中症による救急搬送人員・医療機関受診者数・熱中症死亡者数は増加傾向にある。

ⓒ気温の上昇は[注4]感染症を媒介する節足動物の分布域・個体群密度・活動時期を変化させる。感染者の移動も相まって、国内での感染連鎖が発生することが危惧される。これまで侵入・定着がされていない北海道南部でもヒトスジシマカの生息が拡大する可能性や、日本脳炎ウイルスを媒介する外来性の蚊の鹿児島県以北への分布域拡大の可能性などが新たに指摘されている。

外気温の変化は、[注5]水系・食品媒介性感染症やインフルエンザのような感染症類の流行パターンを変化させる。感染性胃腸炎やロタウイルス感染症、下痢症などの水系・食品媒介性感染症、インフルエンザや手足口病などの感染症類の発症リスク・流行パターンの変化が新たに報告されている。

猛暑や強い台風、大雨等の極端な気象現象の増加に伴いⓓ自然災害が発生すれば、被災者の暑熱リスクや感染症リスク、精神疾患リスク等が増加する可能性がある。

2030年代までの短期的には、ⓔ温暖化に伴い光化学オキシダント・オゾン等の汚染物質の増加に伴う超過死亡者数が増加するが、それ以降は減少することが予測されている。

健康分野における、気候変動による健康面への影響の概略は、次の図に示すとおりである。

（注）1　熱ストレス――高温による健康影響の原因の総称。
2　リスク――危険が生じる可能性や度合い。
3　超過死亡――過去のデータから統計的に推定される死者数をどれだけ上回ったかを示す指標。
4　感染症を媒介する節足動物――昆虫やダニ類など。
5　水系・食品媒介性感染症――水、食品を介して発症する感染症。

図

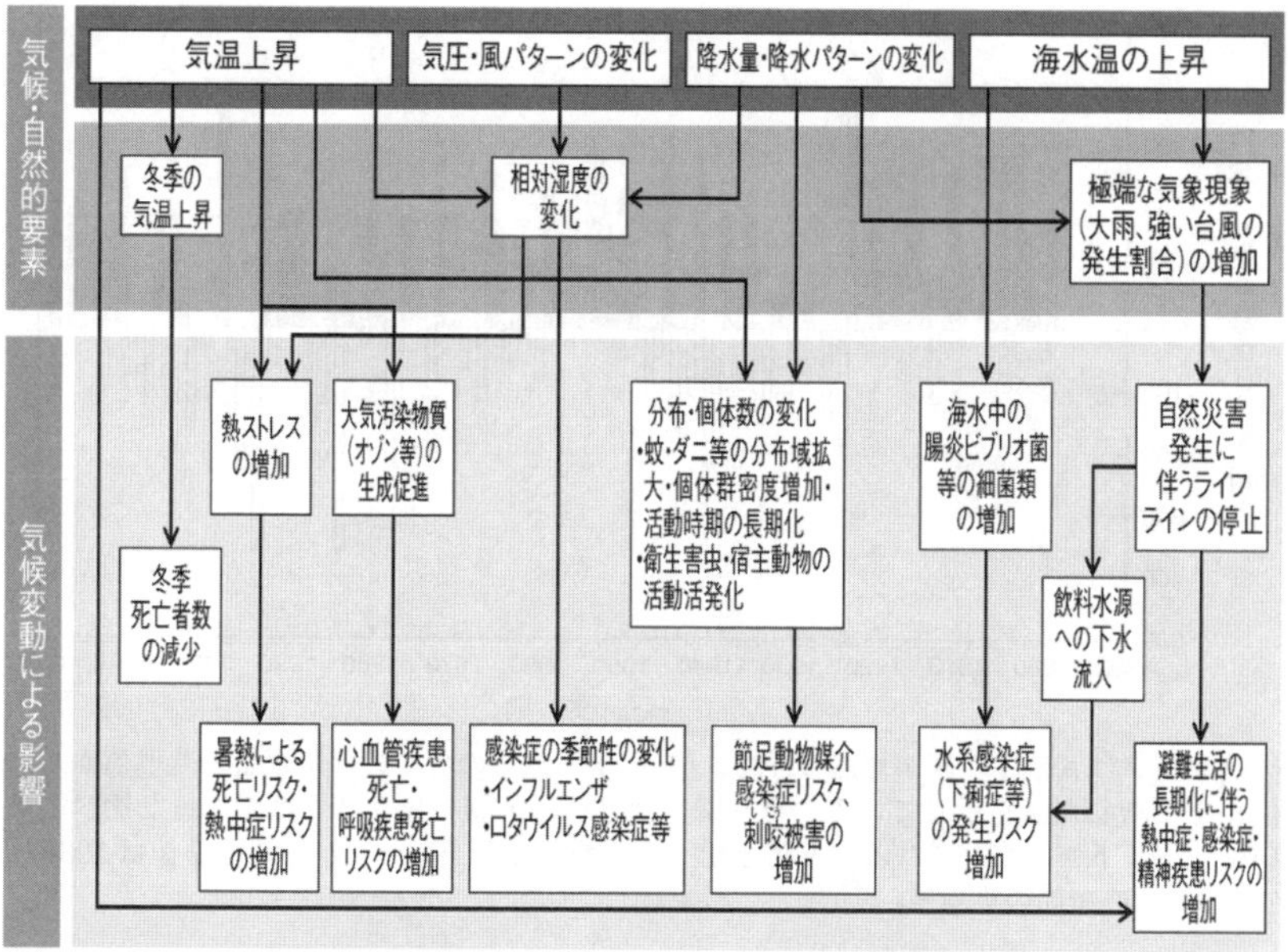

（文章と図は、環境省「気候変動影響評価報告書 詳細（令和２年12月）」をもとに作成）

グラフ１　日本の年平均気温偏差の経年変化

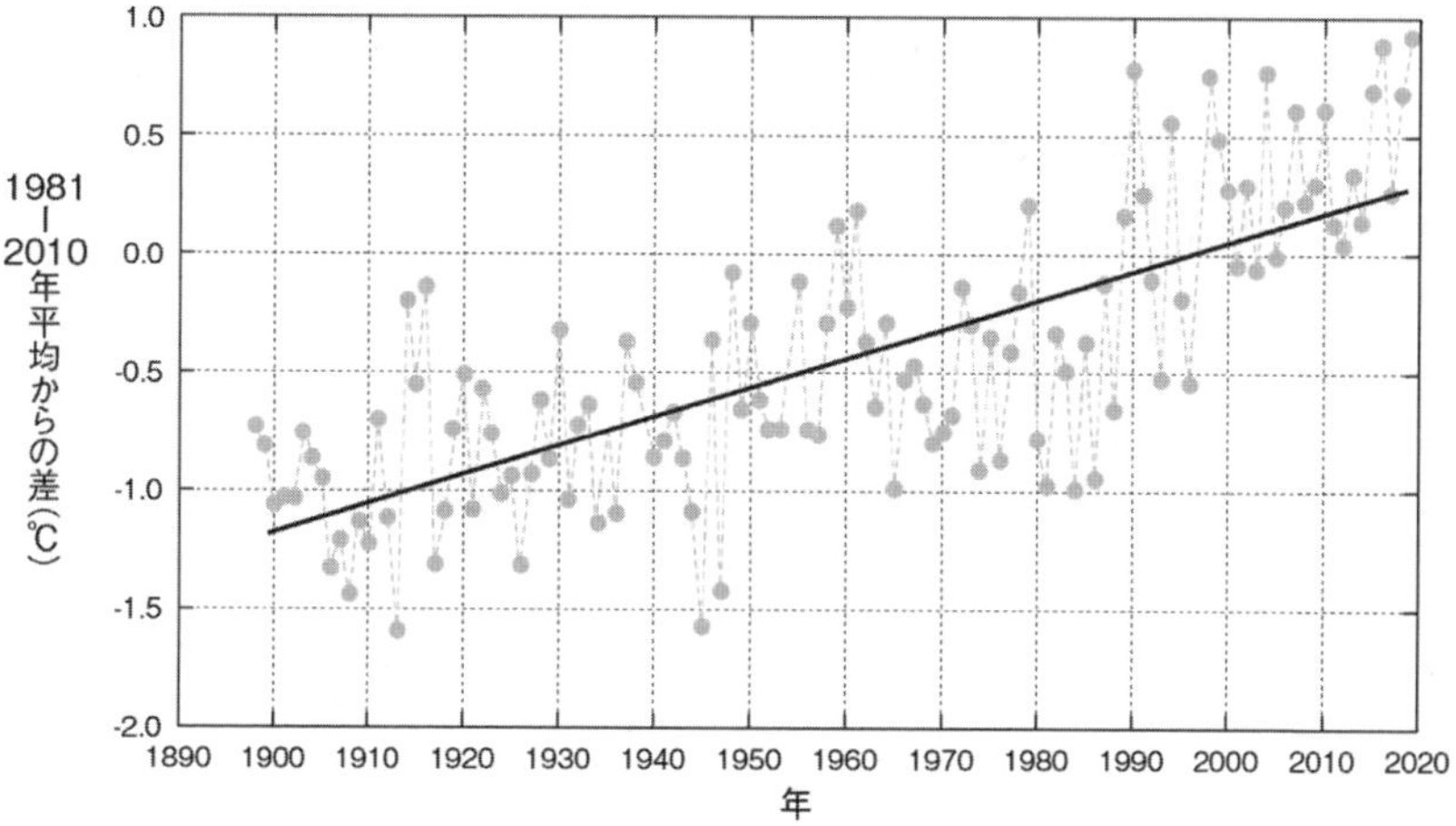

点線で結ばれた点は、国内15観測地点での年平均気温の基準値からの偏差を平均した値を示している。直線は長期変化傾向（この期間の平均的な変化傾向）を示している。基準値は1981～2010年の30年平均値。

グラフ２　日本の年降水量偏差の経年変化

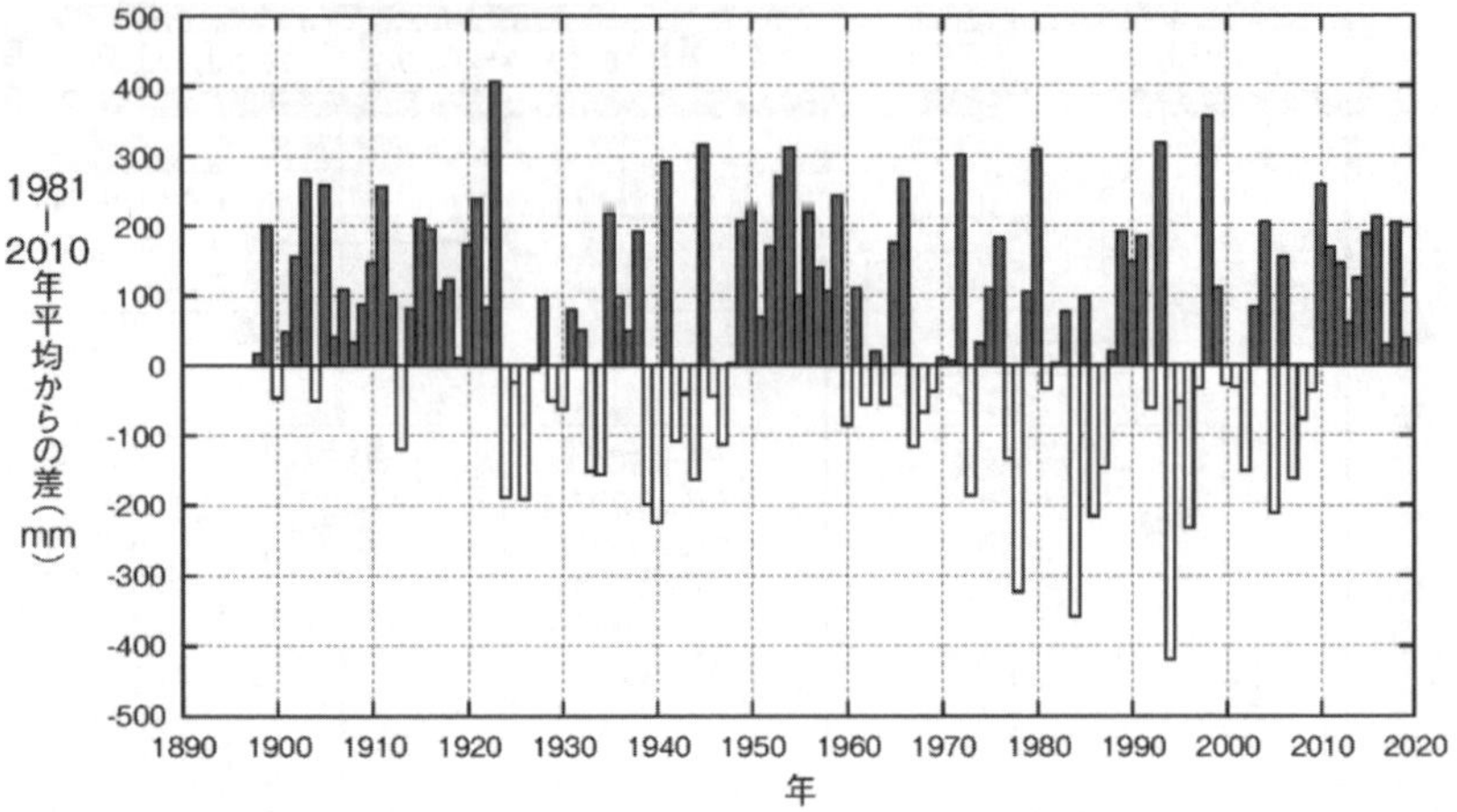

棒グラフは気象庁の観測地点のうち、国内51地点での各年の年降水量の基準値からの偏差を平均した値を示している。０を基準値とし、上側の棒グラフは基準値と比べて多いことを、下側の棒グラフは基準値と比べて少ないことを示している。基準値は1981～2010年の30年間の平均値。

グラフ３　台風の発生数及び日本への接近数

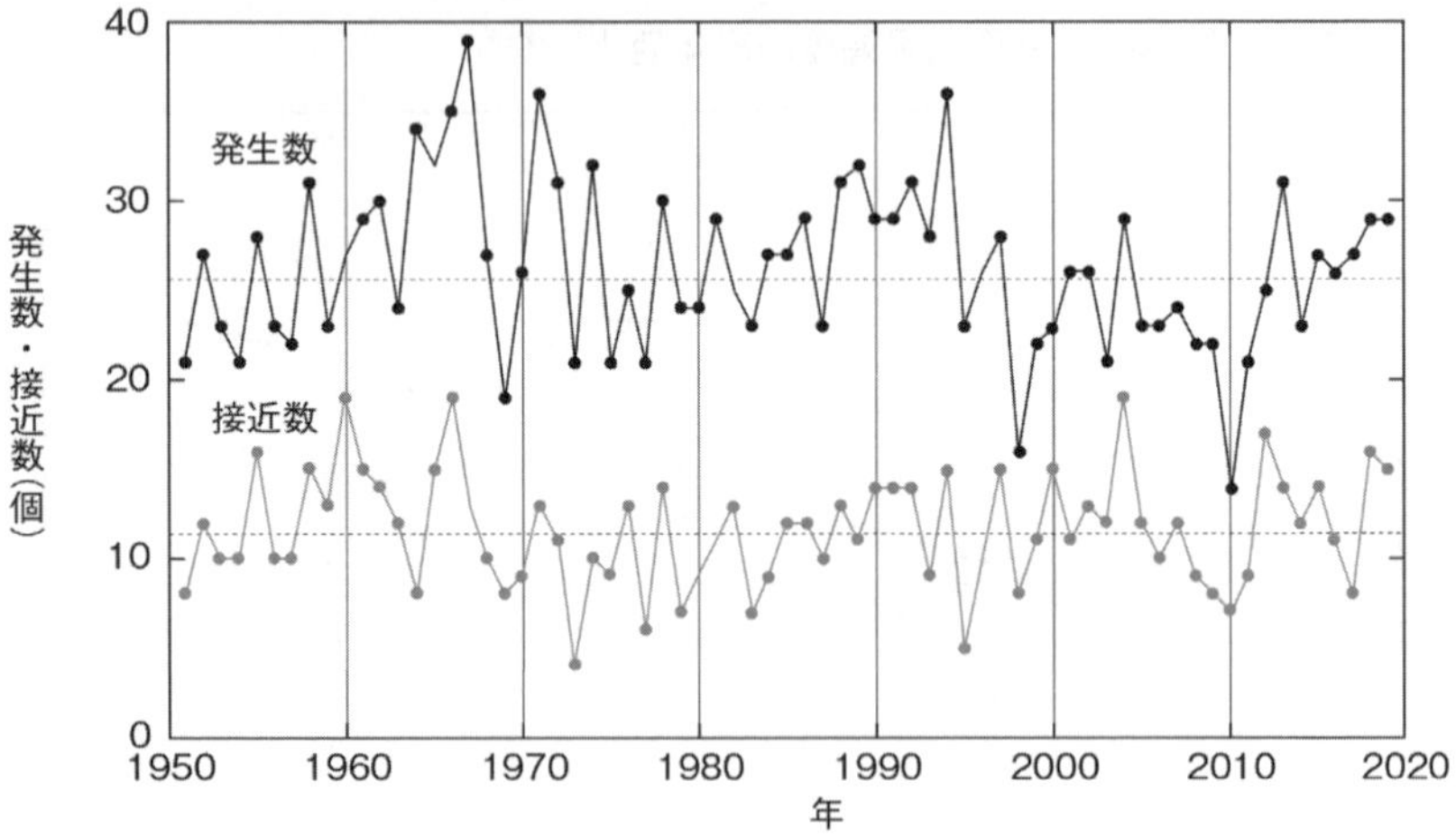

点線は平年値（1950年～2020年の平均）を表す。

（グラフ１～グラフ３は、気象庁「気候変動監視レポート2019（令和２年７月）」をもとに作成）

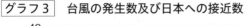

【資料Ⅱ】

地球温暖化の対策は、これまで原因となる温室効果ガスの排出を削減する「緩和策」を中心に進められてきた。しかし、世界が早急に緩和策に取り組んだとしても、地球温暖化の進行を完全に制御することはできないと考えられている。温暖化の影響と考えられる事象が世界各地で起こる中、その影響を抑えるためには、私たちの生活・行動様式の変容や防災への投資といった被害を回避、軽減するための「適応策」が求められる。例えば、環境省は熱中症予防情報サイトを設けて、私たちが日々の生活や街中で熱中症を予防するための様々な工夫や取り組みを紹介したり、保健活動にかかわる人向けの保健指導マニュアル「熱中症環境保健マニュアル」を公開したりしている。これも暑熱に対する適応策である。また、健康影響が生じた場合、現状の保健医療体制で住民の医療ニーズに応え、健康水準を保持できるのか、そのために不足しているリソース[注1]があるとすれば何で、必要な施策は何かを特定することが望まれる。例えば、21世紀半ばに熱中症搬送者数が2倍以上となった場合、現行の救急搬送システム（救急隊員数、救急車の数等）ですべての熱中症患者を同じ水準で搬送可能なのか、受け入れる医療機関、病床、医療従事者は足りるのか、といった評価を行い、対策を立案していくことが今後求められる。また緩和策と健康増進を同時に進めるコベネフィット[注2]を追求していくことも推奨される。例えば、自動車の代わりに自転車を使うことは、自動車から排出される温室効果ガスと大気汚染物質を減らし（緩和策）、自転車を漕《こ》ぐことで心肺機能が高まり健康増進につながる。肉食を減らし、野菜食を中心にすることは、家畜の飼育過程で糞《ふん》尿などから大量に排出されるメタンガスなどの温室効果ガスを抑制すると同時に、健康増進につながる。こうしたコベネフィットを社会全体で追求していくことは、各セクター[注3]で縦割りになりがちな適応策に横のつながりをもたらすことが期待される。

（橋爪真弘《はしづめまさひろ》「公衆衛生分野における気候変動の影響と適応策」による）

（注）1　リソース――資源。
2　コベネフィット――一つの活動が複数の利益につながること。
3　セクター――部門、部署。

第7問 チャレンジテスト（実用的文章）

問1　【資料Ⅰ】文章と図との関係について、次の(i)(ii)の問いに答えよ。

(i)　文章の下線部ⓐ～ⓔの内容には、図では**省略されているものが二つ**ある。その二つの組合せとして最も適当なものを、次の①～⑤のうちから一つ選べ。

①　ⓑとⓔ　　②　ⓐとⓓ　　③　ⓒとⓔ　　④　ⓑとⓓ　　⑤　ⓐとⓒ

(ii)　図の内容や表現の説明として**適当でないもの**を、次の①～⑤のうちから一つ選べ。

①　「気候変動による影響」として環境及び健康面への影響を整理して図示し、文章の内容を読み手が理解しやすいように工夫している。

②　気温上昇によって降水量・降水パターンの変化や海水温の上昇が起こるという因果関係を図示することによって、文章の内容を補足している。

③　「気候・自然的要素」と「気候変動による影響」に分けて整理することで、どの要素がどのような影響を与えたかがわかるように提示している。

④　「気候・自然的要素」が及ぼす「気候変動による影響」を図示することにより、特定の現象が複数の影響を生み出し得ることを示唆している。

⑤　気候変動によって健康分野が受ける複雑な影響を読み手にわかりやすく伝えるために、いくつかの事象に限定して因果関係を図示している。

問2　次のア〜エの各文は、ひかるさんが【資料Ⅰ】、【資料Ⅱ】を根拠としてまとめたものである。【凡例】に基づいて各文の内容の正誤を判断したとき、その組合せとして最も適当なものを、後の①〜⑤のうちから一つ選べ。

【凡例】

正　し　い――述べられている内容は、正しい。 誤っている――述べられている内容は、誤っている。 判断できない――述べられている内容の正誤について、【資料Ⅰ】、【資料Ⅱ】からは判断できない。

ア　気候変動による気温の上昇は、冬における死亡者数の減少につながる一方で、高齢者を中心に熱中症や呼吸器疾患など様々な健康リスクをもたらす。

イ　日本の年降水量の平均は一九〇一年から一九三〇年の三〇年間より一九八一年から二〇一〇年の三〇年間の方が多く、気候変動の一端がうかがえる。

ウ　台風の発生数が平年値よりも多い年は日本で真夏日・猛暑日となる日が多く、気温や海水温の上昇と台風の発生数は関連している可能性がある。

エ　地球温暖化に対して、温室効果ガスの排出削減を目指す緩和策だけでなく、被害を回避、軽減するための適応策や健康増進のための対策も必要である。

①　ア　正しい　　イ　誤っている　　ウ　誤っている　　エ　判断できない
②　ア　誤っている　　イ　判断できない　　ウ　誤っている　　エ　誤っている
③　ア　正しい　　イ　誤っている　　ウ　判断できない　　エ　正しい
④　ア　誤っている　　イ　正しい　　ウ　判断できない　　エ　正しい
⑤　ア　判断できない　　イ　正しい　　ウ　判断できない　　エ　誤っている

問3　気候変動が健康に影響を与えることを知り、高校生として何ができるか考えたひかるさんは、【資料Ⅰ】と【資料Ⅱ】を踏まえたレポートを書くことにした。次の【目次】は、ひかるさんがレポートの内容と構成を考えるために作成したものである。これを読んで、後の(i)(ii)の問いに答えよ。

【目次】

テーマ：気候変動が健康に与える影響と対策

はじめに：テーマ設定の理由

第１章　気候変動が私たちの健康に与える影響
　a　暑熱による死亡リスクや様々な疾患リスクの増加
　b　感染症の発生リスクの増加
　c　自然災害の発生による被災者の健康リスクの増加

第２章　データによる気候変動の実態
　a　日本の年平均気温の経年変化
　b　日本の年降水量の経年変化
　c　台風の発生数及び日本への接近数

第３章　気候変動に対して健康のために取り組むべきこと
　a　生活や行動様式を変えること
　b　防災に対して投資すること
　c　［　X　］
　d　コベネフィットを追求すること

おわりに：調査をふりかえって
参考文献

(i) 【資料Ⅱ】を踏まえて、レポートの第3章の構成を考えたとき、【目次】の空欄 X に入る内容として最も適当なものを、次の①～⑤のうちから一つ選べ。

① 熱中症予防情報サイトを設けて周知に努めること
② 保健活動にかかわる人向けのマニュアルを公開すること
③ 住民の医療ニーズに応えるために必要な施策を特定すること
④ 現行の救急搬送システムの改善点を明らかにすること
⑤ 縦割りになりがちな適応策に横のつながりをもたらすこと

(ii) ひかるさんは、級友に【目次】と【資料Ⅰ】【資料Ⅱ】を示してレポートの内容や構成を説明し、助言をもらった。**助言の内容に誤りがあるもの**を、次の①～⑤のうちから一つ選べ。

① Aさん テーマに掲げている「対策」という表現は、「健康を守るための対策」なのか、「気候変動を防ぐための対策」なのかわかりにくいから、そこが明確になるように表現すべきだと思うよ。
② Bさん 第1章のbの表現は、aやcの表現とそろえたほうがいいんじゃないかな。「大気汚染物質による感染症の発生リスクの増加」とすれば、発生の原因まで明確に示すことができると思うよ。
③ Cさん 気候変動と健康というテーマで論じるなら、気候変動に関するデータだけでなく、感染症や熱中症の発生状況の推移がわかるデータも提示できると、より根拠が明確になるんじゃないかな。
④ Dさん 第1章で、気候変動が健康に与えるリスクについて述べるんだよね。でも、その前提として気候変動が起きているデータを示すべきだから、第1章と第2章は入れ替えた方が、流れがよくなると思うよ。
⑤ Eさん 第1章から第3章は、調べてわかった事実や見つけた資料の内容の紹介だけで終わっているように見えるけど、それらに基づいたひかるさんなりの考察も書いてみたらどうだろう。

チャレンジテスト（実用的文章）

第8問

解答・解説　本冊232ページ

共通テスト試作問題（第B問）

❖ヒロミさんは、日本語の独特な言葉遣いについて調べ、「言葉遣いへの自覚」という題で自分の考えを【レポート】にまとめた。【資料Ⅰ】～【資料Ⅲ】は、【レポート】に引用するためにアンケート結果や参考文献の一部を、見出しを付けて整理したものである。これらを読んで、後の問い（問1～4）に答えよ。

【レポート】

男女間の言葉遣いの違いは、どこにあるのだろうか。【資料Ⅰ】によると、男女の言葉遣いは同じでないと思っている人の割合は、七割以上いる。実際、「このバスに乗ればいいのよね？」は女の子の話し方として、「このカレーライスうまいね！」は男の子の話し方として認識されている。これは、性差によって言葉遣いがはっきり分かれているという、日本語の特徴の反映ではないだろうか。

一方、［X］にも着目すると、男女の言葉遣いの違いを認識しているものの、女性らしいとされていた言葉遣いがあまり用いられず、逆に男性らしいとされる言葉遣いをしている女性も少なからず存在することが分かる。

ここで、【資料Ⅱ】【資料Ⅲ】の「役割語」を参照したい。これらの資料によれば、言葉遣いの違いは性別によるとはかぎらない、そして、［Y］ということである。

たしかに、マンガやアニメ、小説などのフィクションにおいて、このような役割語は、非常に発達している。役割語がなければ、「キャラクタ」を描けないようにすら感じる。とくに、文字は映像と違って、顔は見えないし声も聞こえない。役割語が効率的にキャラクタを描き分けることによって、それぞれのイメージを読者に伝えることができる。その一方で、キャラクタのイメージがワンパターンに陥ってしまうこともある。

それでは、現実の世界ではどうだろうか。私たちの身近にある例を次にいくつか挙げてみよう。

Z

以上のように、私たちの周りには多くの役割語があふれている。したがって、役割語の性質を理解したうえで、フィクションとして楽しんだり、時と場所によって用いるかどうかを判断したりするなど、自らの言葉遣いについても自覚的でありたい。

【資料Ⅰ】 性別による言葉遣いの違い

調査期間　2008/11/23〜2008/12/08
調査対象　小学生〜高校生10,930人（男子5,787人、女子5,107人、無回答36人）
調査方法　任意で回答
単位　全て％

質問１
男の子（人）が使うことばと、女の子（人）が使うことばは、同じだと思いますか？

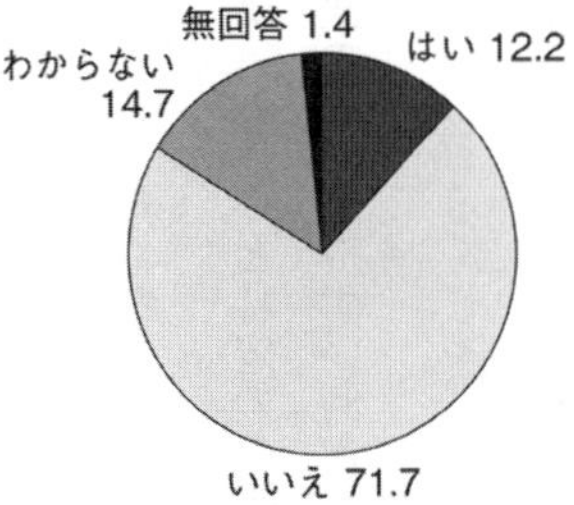

質問２
①次の各文は、男の子、女の子、どちらの話し方だと思いますか？

「このバスに乗ればいいのよね？」

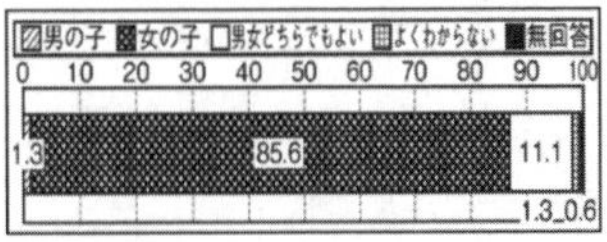

「このカレーライスうまいね！」

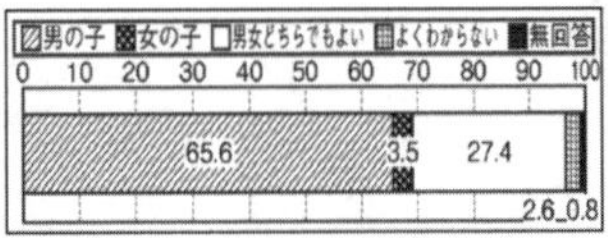

②次のようなことばづかいはしますか？

「このバスに乗ればいいのよね？」

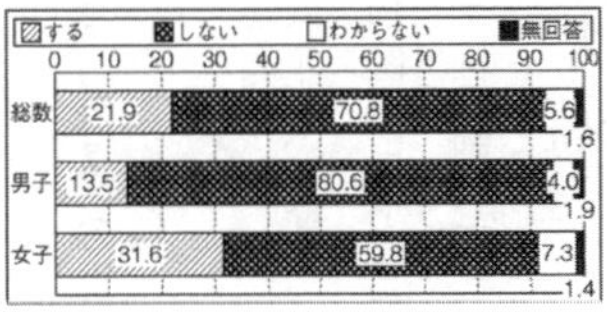

「このカレーライスうまいね！」

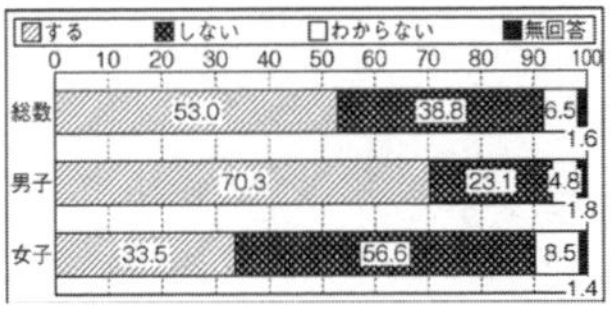

（旺文社「第６回ことばに関するアンケート」による）

【資料Ⅱ】 役割語の定義

役割語について、金水敏『ヴァーチャル日本語 役割語の謎』（岩波書店、二〇〇三年、二〇五頁）では次のように定義している。

ある特定の言葉遣い（語彙・語法・言い回し・イントネーション等）を聞くと特定の人物像（年齢、性別、職業、階層、時代、容姿・風貌、性格等）を思い浮かべることができるとき、あるいはある特定の人物像を提示されると、その人物がいかにも使用しそうな言葉遣いを思い浮かべることができるとき、その言葉遣いを「役割語」と呼ぶ。

すなわち、特定の話し方あるいは言葉遣いと特定の人物像（キャラクタ）との心理的な連合であり、ステレオタイプ(注)の言語版であるとも言える。役割語の分かりやすい例として、次のようなものを挙げることができる。

a　おお、そうじゃ、わしが知っておるんじゃ。
b　あら、そうよ、わたくしが知っておりますわ。
c　うん、そうだよ、ぼくが知ってるよ。
d　んだ、んだ、おら知ってるだ。
e　そやそや、わしが知ってまっせー。
f　うむ、さよう、せっしゃが存じております る。

上記の話し方はいずれも論理的な内容が同じであるが、想起させる話し手が異なる。例えばaは男性老人、bはお嬢様、cは男の子、dは田舎もの、eは関西人、fは武士などの話し手が当てられるであろう。

（金水敏《きんすいさとし》「役割語と日本語教育」『日本語教育』第一五〇号による）

（注）ステレオタイプ――型にはまった画一的なイメージ。紋切り型。

【資料Ⅲ】 役割語の習得時期

多くの日本語話者は、「あら、すてきだわ」「おい、おれは行くぜ」のような言い方が女性や男性の話し方を想起させるという知識を共有している。しかし、現実の日常生活の中でこのようないかにも女性的、いかにも男性的というような表現は今日の日本ではやはりまれになっている。

日常的な音声言語に、語彙・語法的な特徴と性差に関する積極的な証拠が乏しいにもかかわらず、多くのネイティブの日本語話者は、〈男ことば〉と〈女ことば〉を正しく認識する。むろんこれは、絵本やテレビなどの作品の受容を通して知識を受け入れているのである。この点について考えるために、私が代表者を務める科研費(注)の研究グループの、幼児の役割語認識の発達に関する予備的な実験調査を紹介しよう。図1として示すのは、その実験に用いたイラストである。この図を被実験者の幼児に示し、さらに音声刺激として次のような文の読み上げを聞かせ、絵の人物を指し示させた。

図1　役割語習得に関する実験刺激

a　おれは、この町が大好きだぜ。
b　あたしは、この町が大好きなのよ。
c　わしは、この町が大好きなんじゃ。
d　ぼくは、この町が大好きさ。
e　わたくしは、この町が大好きですわ。

その結果、三歳児では性差を含む役割語の認識が十分でなかったのに対し、五歳児ではほぼ完璧にできることが分かった（音声的な刺激を用いたので、語彙・語法的な指標と音声的な指標のどちらが効いていたかはこれからの検討課題である）。

幼児が、これらの人物像すべてに現実に出会うということはほとんど考えにくい。これに対して、幼児が日常的に触れる絵本やアニメ作品等には、役割語の例があふれている。

（金水敏「役割語と日本語教育」『日本語教育』第一五〇号による）

（注） 科研費——科学研究費補助金の略。学術研究を発展させることを目的にする競争的資金。

問１　【レポート】の空欄 X には、【レポート】の展開を踏まえた【資料Ⅰ】の説明が入る。その説明として最も適当なものを、次の①～⑤のうちから一つ選べ。

①「このバスに乗ればいいのよね？」を使わない女子は六割近くにのぼり、「このカレーライスうまいね！」を使わない男子は二割を超えていること

②「このバスに乗ればいいのよね？」を使う女子は三割程度にとどまり、「このカレーライスうまいね！」を使う女子は三割を超えていること

③「このバスに乗ればいいのよね？」を使わない女子は六割近くにのぼり、「このカレーライスうまいね！」を使わない男女は四割近くにのぼること

④「このバスに乗ればいいのよね？」を使わない女子は六割近くにのぼり、「このカレーライスうまいね！」を使うか分からないという女子は一割程度にとどまっていること

⑤「このバスに乗ればいいのよね？」を使う女子は三割程度にとどまり、「このカレーライスうまいね！」を男女どちらが使ってもいいと考える人は三割近くにのぼること

問2 【レポート】の空欄 Y には、【資料Ⅱ】及び【資料Ⅲ】の要約が入る。その要約として最も適当なものを、次の①〜⑤のうちから一つ選べ。

① イラストと音声刺激を用いた発達段階に関する調査によって、役割語の認識は、五歳でほぼ獲得されることが明らかになったが、それは絵本やアニメといった幼児向けのフィクションの影響である

② 役割語とは、特定の人物像を想起させたり特定の人物がいかにも使用しそうだと感じさせたりする語彙や言い回しなどの言葉遣いのことであり、日本語の言葉遣いの特徴を端的に示した概念である

③ 年齢や職業、性格といった話し手の人物像に関する情報と結びつけられた言葉遣いを役割語と呼び、私たちはそうした言葉遣いを幼児期から絵本やアニメ等の登場人物の話し方を通して学んでいる

④ 日本語話者であれば言葉遣いだけで特定の人物のイメージを思い浮かべることができるが、こうした特定のイメージが社会で広く共有されるに至ったステレオタイプとしての言語が役割語である

⑤ 特定の人物のイメージを喚起する役割語の力が非常に強いのは、幼児期からフィクションを通して刷り込まれているためであるが、成長の過程で理性的な判断によってそのイメージは変えられる

問3　【レポート】の空欄 Z には、役割語の例が入る。その例として適当でないものを、次の①～⑤のうちから一つ選べ。

① 家族や友だちに対してはくだけた言葉遣いで話すことが多い人が、他人の目を意識して、親密な人にも敬語を用いて話し方を変える場合が見受けられる。

② アニメやマンガ、映画の登場人物を真似るなどして、一般的に男性が用いる「僕」や「俺」などの一人称代名詞を用いる女性が見受けられる。

③ ふだん共通語を話す人が話す不自然な方言よりも、周りが方言を話す環境で育てられた人が話す自然な方言の方が好まれるという傾向が見受けられる。

④ 「ツッコミキャラ」、「天然キャラ」などの類型的な人物像が浸透し、場面に応じてそれらを使い分けるというコミュニケーションが見受けられる。

⑤ スポーツニュースで外国人男性選手の言葉が、「俺は～だぜ」、「～さ」などと男性言葉をことさら強調して翻訳される場合が見受けられる。

問4　ヒロミさんは、【レポート】の主張をより理解してもらうためには論拠が不十分であることに気づき、補足しようと考えた。その内容として適当なものを、次の①～⑥のうちから二つ選べ。ただし、解答の順序は問わない。

① 「今日は学校に行くの」という表現を例にして、日本語における役割語では語彙や語法より音声的な要素が重要であるため、文末のイントネーションによって男女どちらの言葉遣いにもなることを補足する。

② 英語の「I」に対応する日本語が「わたし」、「わたくし」、「おれ」、「ぼく」など多様に存在することを例示し、一人称代名詞の使い分けだけでも具体的な人物像を想起させることができることを補足する。

③ マンガやアニメなどに登場する武士や忍者が用いるとされる「～でござる」という文末表現が江戸時代にはすでに使われていたことを指摘し、役割語の多くが江戸時代の言葉を反映していることを補足する。

④ 役割語と性別、年齢、仕事の種類、見た目などのイメージとがつながりやすいことを踏まえ、不用意に役割語を用いることは人間関係において個性を固定化してしまう可能性があるということを補足する。

⑤ 絵本やアニメなどの幼児向けの作品を通していつの間にか認識されるという役割語の習得過程とその影響力の大きさを示し、この時期の幼児教育には子どもの語彙を豊かにする可能性があるということを補足する。

⑥ 役割語であると認識されてはいても実際の場面ではあまり用いられないという役割語使用の実情をもとに、一人称代名詞や文末表現などの役割語の数が将来減少してしまう可能性があるということを補足する。

別　冊

大学入学
共通テスト

現代文
集中講義 改訂版

Obunsha